A BOA ESCOLA NO DISCURSO DA MÍDIA

FUNDAÇÃO EDITORA DA UNESP

Presidente do Conselho Curador
Marcos Macari

Diretor-Presidente
José Castilho Marques Neto

Editor Executivo
Jézio Hernani Bomfim Gutierre

Assessor Editorial
João Luís C. T. Ceccantini

Conselho Editorial Acadêmico
Antonio Celso Ferreira
Cláudio Antonio Rabello Coelho
Elizabeth Berwerth Stucchi
Kester Carrara
Maria do Rosário Longo Mortatti
Maria Encarnação Beltrão Sposito
Maria Heloísa Martins Dias
Mario Fernando Bolognesi
Paulo José Brando Santilli
Roberto André Kraenkel

Editora Assistente
Denise Katchuian Dognini

GERALDO SABINO
RICARDO FILHO

A BOA ESCOLA NO DISCURSO DA MÍDIA

UM EXAME DAS REPRESENTAÇÕES SOBRE EDUCAÇÃO NA REVISTA *VEJA* 1995-2001

© 2005 Editora UNESP

Direitos de publicação reservados à:

Fundação Editora da UNESP (FEU)
Praça da Sé, 108
01001-900 – São Paulo – SP
Tel.: (0xx11) 3242-7171
Fax: (0xx11) 3242-7172
www.editoraunesp.com.br
feu@editora.unesp.br

CIP – Brasil. Catalogação na fonte
Sindicato Nacional dos Editores de Livros, RJ

R376b

Ricardo Filho, Geraldo Sabino
    A boa escola no discurso da mídia: um exame das representações sobre educação na revista *Veja*, 1995-2001 / Geraldo Sabino Ricardo Filho. – São Paulo: Editora UNESP, 2005.

    Anexos
    Inclui bibliografia
    ISBN 85-7139-637-X

    1. Veja (Revista). 2. Educação – Brasil – História. 3. Política educacional – Brasil. 4. Comunicação de massa e educação – Aspectos sociais – Brasil. 5. Jornalismo – Aspectos políticos – Brasil. 6. Imprensa e política – Brasil. I. Título.

05-3690   CDD 370.981
                                                                                                          CDU 37(81)

Este livro é publicado pelo *Programa de Publicação de Melhores Teses ou Dissertações na Área de Humanas* – Pró-Reitoria de Pós-Graduação da UNESP (PROPG) / Fundação Editora da UNESP (FEU)

Editora afiliada:

Asociación de Editoriales Universitarias
de América Latina y el Caribe

Associação Brasileira de
Editoras Universitárias

À minha família, meu "porto seguro".
À professora Rosa Fátima de Souza.
À Artur José Renda Vitorino.

AGRADECIMENTOS

Este livro é resultado de uma dissertação de mestrado em educação escolar defendida na Universidade Estadual Paulista (UNESP/Araraquara) em 2003, perante uma banca examinadora formada pelas professoras Rosa Fátima de Souza e Maria da Graça Setton, cuja argüição serena e contundente valorizou sobremaneira a dissertação apresentada. O tema foi sugerido pelo orientador do trabalho, professor Jaime Cordeiro, que indicou quão profícuo seria utilizar fontes alternativas (revista *Veja*) para entender a conformação do campo educacional brasileiro na década de 1990.

Esta obra contou com a ajuda imprescindível de várias pessoas, tanto na USP quanto na UNESP. Nomeá-las seria um exercício de memória que poderia incorrer em algumas omissões, assim, agradeço a todos que contribuíram para a realização da dissertação, inclusive com os incentivos para que esta viesse a lume no formato de livro. Outrossim, fica registrada também a iniciativa do PROPG de promover o concurso das melhores teses e dissertações, otimizando, dessa forma, a divulgação dos trabalhos acadêmicos, bem como do Programa de Pós-Graduação em Educação Escolar, pelo trabalho inconteste de fortalecimento da pesquisa no campo educacional.

SUMÁRIO

Prefácio 11

Apresentação 15

Lista de abreviaturas 22

Introdução 23

1 Educação e comunicação 49

2 A representação da *boa escola* na Revista *Veja* 77

3 A formação da rede de legitimidade 135

Considerações finais 209

Fontes pesquisadas 219

Referências bibliográficas 235

Anexos 241

PREFÁCIO

No início da década de 1990, José Mário Pires Azanha advertia a respeito da fragilidade das pesquisas que proliferavam no campo dos estudos educacionais brasileiros, baseadas num exagerado apego formal a uma suposta fundamentação teórica e pouco preocupadas com a demonstração empírica de suas afirmações. A essa tendência, Azanha chamou, muito apropriadamente, de *abstracionismo pedagógico*.

O trabalho de Geraldo Sabino Ricardo Filho inscreve-se numa tradição muito distinta. Apoiado na sua formação de historiador, ele se vale de uma cuidadosa e extensa pesquisa empírica, bem como de textos provenientes da grande imprensa, além de algumas publicações especializadas do campo educacional brasileiro, para examinar a construção de um conjunto de formulações discursivas e de prescrições em torno da representação da *boa escola* no Brasil entre 1995 e 2001.

Tomando como fonte privilegiada *Veja*, revista semanal de maior circulação no país, Geraldo demonstra como os autores que nela escreviam sobre educação conseguiram alargar as fronteiras do campo educacional e conquistar legitimidade para um conjunto de propostas de reformas que se consubstanciavam nas políticas educativas desenvolvidas durante a gestão de Paulo Renato Souza no

Ministério da Educação. O campo educacional, então, é examinado na confluência dos campos universitário, político e da imprensa, mediante os esforços de um conjunto de atores políticos e intelectuais que acabaram constituindo aquilo que o autor chama, no seu trabalho, de *rede de legitimidade*.

Os intelectuais mais vinculados ao campo universitário têm resistido a conceder prestígio ou autoridade àqueles que se movem na direção do jornalismo em busca de legitimidade para suas propostas de política educacional. No entanto, como bem demonstra o trabalho de Ricardo Filho, publicações como *Veja*, mediante a cooptação de um conjunto de autores, bem como de suas estratégias políticas e de "marketing", conseguem se estabelecer como lugares significativos de produção de um consenso em torno de certas políticas públicas.

A participação na revista *Veja* dos autores considerados os "pais da nova escola" (Cláudio Moura Castro, Sérgio Costa Ribeiro e João Batista Araújo e Oliveira) se faz com base nas credenciais obtidas originalmente nos campos universitário e político. Com talento, eles conseguem executar estratégias bem-sucedidas de ocupação de espaços no campo da mídia, que, ao acolhê-los, também recebe um acréscimo de prestígio aos seus veículos.

Recusando as regras desse jogo, grande parte dos atores do campo educacional brasileiro continua apostando na autoridade da academia e das suas instituições de pesquisa como credenciais suficientes para propor medidas de política educativa ao Estado brasileiro. Estigmatizando os ditos "pais da nova escola" como invasores provenientes de fora do campo, os intelectuais acadêmicos têm perdido sucessivamente suas apostas. O Estado, propondo-se como agente modernizador da educação, tem adotado políticas formuladas fora da universidade, geradas sob influência dos organismos financiadores internacionais e dos políticos e intelectuais que conseguem transitar entre os diversos setores do campo educacional.

Mobilizando com consistência o referencial teórico oferecido pela sociologia de Bourdieu, Geraldo Sabino Ricardo Filho consegue utilizá-lo num trabalho que pode ser classificado como um acurado exame da história imediata dos debates educacionais no Brasil, na trilha sugerida por Nora, da reaparição do evento proporcionada pela crescente importância do aparato produtivo da cultura da mídia no mundo contemporâneo.

Demonstrando como um determinado veículo da imprensa brasileira, não por acaso a revista semanal de maior circulação, tem estabelecido interlocução com os diversos embates que se travam no campo educacional brasileiro nos últimos anos, o livro de Geraldo constitui-se, de um lado, num estudo esclarecedor dos diversos embates e das maneiras de articulação e constituição de um determinado discurso sobre a educação no país; de outro, ele também se apresenta como um modo exemplar de tratamento dos textos provenientes da cultura da mídia. Embora hoje se reconheça a importância desses veículos na produção de representações sociais hegemônicas no mundo contemporâneo, poucas vezes se tem visto, pelo menos no nosso país, estudos preocupados em desvendar seus mecanismos de produção e suas repercussões mais amplas, que, neste caso, atingem até mesmo os formuladores das políticas públicas de Estado.

Concluindo esta breve apresentação, ressalto o prazer que foi poder observar o surgimento do trabalho de Geraldo Sabino Ricardo Filho no Programa de Pós-Graduação em Educação Escolar da UNESP em Araraquara, observação essa feita do ponto de vista de orientador. Os méritos e as qualidades intelectuais do autor ficarão tão evidentes aos leitores deste livro que eles poderão compreender como foi, de fato, meu privilégio poder acompanhar o seu nascimento.

São Paulo, agosto de 2005
Jaime Cordeiro
Faculdade de Educação da Universidade de São Paulo

APRESENTAÇÃO

A pesquisa[1] que originou este livro procurou investigar, dentro de uma preocupação com a história da educação, uma história imediata produzida aparentemente pelos efêmeros produtos da cultura da mídia, em especial na sua forma impressa, cujas notícias e reportagens não resistiriam à própria diversidade de informações publicadas, motivadas pelas lógicas do "marketing" e das disputas no campo jornalístico. Aceitando a definição de Bourdieu (1997) de que esse campo possui regras próprias de funcionamento inerentes ao seu microcosmo, não se pode negar, entretanto, que seus jornalistas realizam atividades de atração e repulsão em relação a outros campos, uma vez que a sincronia de um espaço social se faz pelos processos de interdependência que se estabelecem, aproximando regiões de fronteiras entre subcampos, ocupados e disputados por atores com capital específico e *habitus* inerentes aos seus campos de origem, mas que agregaram outros capitais em suas movimentações.

Assim, as notícias, para além de sua aparente dispersão, ganharam uma reordenação ao serem organizadas dentro de uma série

---

1 Essa pesquisa, desenvolvida no Programa de Pós-Graduação em Educação Escolar, contou com o auxílio financeiro da CAPES entre junho de 2002 e julho de 2003.

16 GERALDO SABINO RICARDO FILHO

documental demarcada entre os anos 1995 e 2001, período em que se constatou um aumento considerável de abordagens sobre educação na imprensa brasileira (M. H. M. Castro, 1996; Vieira, 2000). Contudo, essas pesquisas, por serem quantitativas, não se preocuparam tanto com os atores que estavam legitimando as notícias ou sendo legitimados pelas proposições inerentes às reflexões teóricas divulgadas pela imprensa.

A pesquisa na qual esta obra se baseia circunscreveu-se a um veículo de comunicação, a revista *Veja*, cuja liderança no campo das revistas semanais de informação no Brasil se expressa com uma tiragem de mais de 1.200.000 exemplares. Laurentino Gomes[2] afirma que essa revista impressa é mais feminina que masculina, tendo um público compostos por 51% de mulheres, o que justifica a ênfase em matérias sobre educação dos filhos, carreira da mulher, comportamento etc. Assim, a projeção de leitores desse periódico – em torno de 4.800.000 pessoas, em sua maioria pertencentes às classes A e B, de acordo com os padrões sociais de classificação feita pela revista – transforma *Veja* num abrangente veículo de comunicação, ostentando a quarta colocação entre as maiores revistas do gênero no mundo, *ranking* conquistado, por um lado, pelo poderio do Grupo Abril, que apostou que as revistas ilustradas, muito em voga no Brasil até os anos 1960, estariam com seus dias contados com a chegada da televisão; e de outro, pelo próprio crescimento da indústria cultural no país, que continuamente redefine novas formas de consumo entre a população. As matérias sobre educação dessa revista foram examinadas entre as décadas de 1980 e 1990, mas a documentação, classificada por temas e grupos (ver anexos), foi reduzida a um período definido, entre 1995 e 2001, com pequenos recuos em função da configuração do objeto, que, por ser delineado no processo da investigação, não poderia ser muito limitado em termos cronológicos.

---

2 Entrevista com Laurentino Gomes, editor executivo de *Veja* on-line em 20.4. 2001, visto em Daniella Amâncio Aragão (2001, p.161).

A BOA ESCOLA NO DISCURSO DA MÍDIA **17**

Como resultado da investigação, o objeto *boa escola* se revelou um *slogan* apropriado nas páginas de *Veja*, mas legitimado por atores que desenvolviam estratégias diferenciadas para disputar a liderança no campo universitário, sobretudo no campo educacional – alguns deles denominados, nas páginas da revista, de os "pais da nova escola". A freqüência com que nomes como os de Claudio de Moura Castro, Sérgio Costa Ribeiro e João Batista de Araújo e Oliveira eram citados em matérias da publicação suscitou um olhar mais atento às suas trajetórias acadêmicas, que se cruzavam com as de outros atores, como Guiomar Namo de Mello, Rose Neubauer, Paulo Renato Souza, Maria Alice Setúbal, entre outros, exigindo, assim, que se definisse o lugar de produção do discurso/*slogan boa escola* em *Veja*. Por meio de cruzamentos sugeridos por citações de artigos, assessorias em secretarias de educação, prefácios, conselhos editoriais de revistas especializadas, participações em eventos e materiais de discussão do MEC e a sua pertença ao campo universitário, foi possível definir uma categoria de análise aqui denominada de *rede de legitimidade*, cuja composição permitiu que se entendessem as interfaces entre atores que disputavam o objeto *boa escola* nas fronteiras do campo educacional.

A organização do trabalho, portanto, tem em sua "Apresentação" a exposição do processo que engendrou o objeto *boa escola* nas páginas de *Veja*, bem como uma pequena reflexão acerca da importância da história imediata e do papel do acontecimento e suas contribuições para a história da educação, além de formas discursivas, como os *slogans*, as metáforas e as definições, recursos lingüísticos utilizados pelos atores da *rede de legitimidade* e encontrados nas matérias da revista. Depois é feita a exposição dos motivos que levaram ao crescimento das notícias sobre educação na imprensa brasileira nesse período para, em seguida, apresentar a organização das matérias sobre educação por temas e grupos, o que permite perceber a importância da imprensa nos debates educacionais e o lugar da cultura da mídia nas disputas desse campo. Encontra-se também a preocupação de caracterizar, nesta obra, o campo educacional, a fim de diferenciá-lo conceitualmente do campo universitário, demonstrando que o que será aqui analisado são as regiões de fronteira do subcampo educacional, bem como as aproximações que ocorrem com atores oriundos de diversos campos e que utilizam estratégias variadas para controlar a prescrição da *boa escola* mediante seu capital específico e a redefinição das estratégias e regras do jogo para disputar a liderança no campo universitário. Para tanto recorreu-se às pertinentes reflexões de Boaventura de Souza Santos (2001) acerca da redefinição do papel da universidade no mundo contemporâneo.

No Capítulo 1 discute-se sobre a cultura da mídia e suas relações com a indústria cultural, demonstrando a importância de estudos que procuram relacionar a produção de formas simbólicas e as apropriações multifacetadas que os indivíduos realizam na conformação de suas identidades. As leituras possíveis da cultura da mídia foram beneficiadas com estudos de Douglas Kellner (2001) e Martín-Barbero (2001, 2003), embora as reflexões aqui empreendidas enveredem para a ainda hegemônica língua legítima, consubstanciada no domínio da escrita e nos *ritos de instituição* (Bourdieu, 1998b), que permitem a reprodução de distinções, definindo autoridade e formas de dominação. O consumo de bens simbólicos permite que os indivíduos desenvolvam apropriações diferenciadas dos espaços sociais e novas demandas podem surgir com grupos sociais que recriam a política e as relações com o Estado. Contudo, o que se procurou discutir nesse capítulo é o papel da língua legítima, restrita à autoridade de intelectuais que ocupam o centro do poder (por meio de capital simbólico), além de espaços e legitimidade nas disputas que ocorrem no campo educacional. Além disso, ao desenvolver uma pequena história da revista *Veja*, foi possível entender a participação de uma parcela do campo jornalístico nas lutas que se travam no campo educacional, uma vez que, de acordo com Maria Celeste Mira (1997), essa revista é porta-voz das posições políticas do Grupo Abril.

O Capítulo 2 apresenta as abordagens da revista sobre o ensino básico, no qual se explicita de que forma o objeto *boa escola* foi construído. A descrição das matérias foi dividida nos seguintes te-

A BOA ESCOLA NO DISCURSO DA MÍDIA   **19**

mas: ensino básico, escola/trabalho, avaliação e projetos do estado/terceiro setor. Também foram examinados especificamente alguns artigos de Moura Castro sobre esses mesmos assuntos. Apesar do período demarcado (1995-2001), foram acrescentadas algumas matérias publicadas no início da década de 1990 em virtude da necessidade de resgatar de que forma esse periódico construiu sua concepção de boa escola e em que momento alguns intelectuais, entre eles os chamados "pais da nova escola", passaram a legitimar a concepção pedagógica defendida em *Veja*. Assim, a descrição dos temas não obedece a um critério puramente cronológico, mas ao longo das matérias é possível perceber uma alteração substancial das abordagens que a revista realiza. Utilizando-se dos mesmos especialistas e mantendo sua coerência quanto à sua concepção pedagógica, a revista passa a divulgar as reformas educacionais do MEC com um tom imperativo, denotando, dessa forma, não uma preferência política, mas a apropriação do *slogan boa escola* por um grupo de atores que, oriundos do campo universitário, desenvolveram estratégias variadas para ampliar as fronteiras do campo educacional, ocupando para isso posições nos campos jornalístico e político, consubstanciadas em capital estatal, formando assim uma *rede de legitimidade*.

O Capítulo 3 procurou definir a categoria de análise aqui denominada *rede de legitimidade* e de que forma ela acaba por desenvolver autoridade para prescrever a *boa escola* no campo educacional. A *rede de legitimidade* é explicitada mediante o resgate da trajetória de alguns de seus atores, em especial aqueles que são citados na revista *Veja*. O reiterado exemplo da reforma educacional do estado de Minas Gerais, durante a gestão de Walfrido dos Mares Guia, e a afirmação de que os assessores Claudio Moura Castro, Sérgio Costa Ribeiro e João Batista Araújo e Oliveira eram genitores de uma nova escola, exigiu que se fizessem algumas comparações entre a produção acadêmica desses intelectuais e a abordagem imperativa feita pela revista do Grupo Abril sobre as reformas educacionais do MEC durante a gestão de Paulo Renato Souza. Suas trajetórias e produção acadêmica confirmam a conquista de legitimidade no campo educacional, entretanto, desenvolvendo estratégias dentro do campo universitário, passando pelos campos jornalístico e político, e utilizando-se de seu capital específico, mas ampliando sobremaneira seu *habitus* de intelectual com o movimento feito para esses campos. Desse modo, esses atores reivindicam a ortodoxia do campo universitário, mas redefinem o monopólio da prescrição pedagógica nas lutas que se travam no campo educacional, admitindo também atores oriundos do chamado terceiro setor, mas com poder simbólico expresso por meio de títulos acadêmicos. Desse modo, a sincronia e a diacronia empreendidas no campo educacional permitem visualizar também o Estado participando das tomadas de posição com as estratégias desenvolvidas em regiões de fronteira. A conquista de liderança faz do Estado o centro de produção de capital estatal, com poder de sedução para cooptar intelectuais. Mas embora o Estado tenha meios para impor seu monopólio prescritivo, ele participa das lutas travadas no campo educacional, no qual também atuam atores ligados à *rede de legitimidade*.

As "Considerações finais" procuram sintetizar as reflexões feitas ao longo dos capítulos, procurando inserir a *boa escola* e sua apropriação em *slogan* feito pela *rede de legitimidade*. Pode-se afirmar que existe um consenso acerca dessa *boa escola*, normatizada pelo Estado e vulgarizada por parte da imprensa, mas não menos verdadeira e não menos real e alheia às disputas no campo educacional (espaço onde todos esses atores atuam). As trajetórias que permitiram que os mistérios dos labirintos do poder fossem desvendados pelas análises empreendidas com o conceito de *rede de legitimidade* beneficiaram-se das reflexões de Jaime Cordeiro (1999), cuja obra permitiu estabelecer as interfaces entre os atores aqui relacionados e que construíram liderança no campo universitário, bem como as estratégias por eles utilizadas para ampliar as fronteiras do campo educacional.

LISTA DE ABREVIATURAS

ANDI – Agência de Notícias dos Direitos da Infância
Anped – Associação Nacional de Pós-Graduação e Pesquisa em Educação
BID – Banco Interamericano de Desenvolvimento
BIRD – Banco Internacional de Reconstrução e Desenvolvimento
Capes – Fundação Coordenação de Aperfeiçoamento de Pessoal de Nível Superior
Cenpec – Centro de Estudos e Pesquisas em Educação, Cultura e Ação Comunitária
CIAC – Centro Infantil de Atendimento à Crianças
CIEP – Centro Integrado de Educação Popular
Clacso – Consejo Latinoamericano de Las Ciencias Sociales
CNRH – Centro Nacional de Recursos Humanos
CNTE – Confederação Nacional dos Trabalhadores em Educação
Coegesp – Coordenadoria de Ensino da Grande São Paulo
Comped – Comitê dos Produtores da Informação Educacional
Consed – Conselho Nacional de Secretários de Educação
ENEN – Exame Nacional do Ensino Médio
FCC – Fundação Carlos Chagas
FDE – Fundação para o Desenvolvimento da Educação
FGV – Fundação Getulio Vargas

Fundef – Fundo Nacional de Desenvolvimento do Ensino Fundamental

Fundescola – Fundo de Fortalecimento da Escola

IAS – Instituto Ayrton Senna

IBGE – Fundação Instituto Brasileiro de Geografia e Estatística

IEA – Instituto de Estudos Avançados

INEP – Instituto Nacional de Estudos e Pesquisas Educacionais

IPEA – Instituto de Pesquisa Econômica Aplicada

LDB – Lei de Diretrizes e Bases da Educação Nacional

LNCC – Laboratório Nacional de Computação Científica

MEC – Ministério da Educação e do Desporto

Mobral – Movimento Brasileiro de Alfabetização

NEMP – Núcleo de Estudos Mídia e Política

OIT – Organização Internacional do Trabalho

ONG – Organizações Não-Governamentais

Orealc – Escritório Regional de Educação para a América Latina e Caribe

PFL – Partido da Frente Liberal

PSDB – Partido da Social Democracia Brasileira

PT – Partido dos Trabalhadores

PUC/RJ – Pontifícia Universidade Católica do Rio de Janeiro

SAEB – Sistema de Avaliação do Ensino Básico.

Saresp – Sistema Avaliação de Rendimento Escolar do Estado de São Paulo

Senai – Serviço Nacional de Aprendizagem Industrial

SESI – Serviço Social da Indústria

UFMG – Universidade Federal de Minas Gerais

UNB – Universidade de Brasília

Undime – União Nacional dos Dirigentes Municipais de Educação

Unesco – Organização das Nações Unidas para a Educação, Ciência e Cultura

Unicamp – Universidade Estadual de Campinas

Unicef – Fundo das Nações Unidas para a Infância

USP – Universidade de São Paulo

INTRODUÇÃO

> Hoje a educação entrou na agenda política e
> na primeira página dos jornais justamente por-
> que entrou na agenda do brasileiro comum.
>
> Castro (*Veja*, 23 ago. 2000, p.20)

A documentação da pesquisa que deu origem a este livro, formada pelas matérias sobre educação publicadas pela revista *Veja*,
permitiu que vários temas educacionais fossem observados em
meio à profusão de notícias produzidas pelos meios de comunicação
de massa. Sua conversão em fonte documental exigiu a compreensão de que o fato histórico e sua temporalidade são inerentes à simultaneidade dos acontecimentos, e que as mediatizações pós-
evento são feitas na perspectiva de uma história imediata. Há que se
perguntar, por exemplo, de que maneira a divulgação de uma lei
acerca da reforma do Ensino Fundamental pode ser analisada e in-
serida como um documento histórico, uma vez que as apropriações
e resistências de uma prescrição normativa ainda estão ocorrendo
no cotidiano escolar. A cultura da mídia modificou as formas de
historicizar o tempo histórico, de tal modo que, utilizando-se a analogia com o quadro de Paul Klee, *Angelus novus*, feita por Benjamin
(1991), o tempo de contemplação dos eventos e a possibilidade de
reordená-los na dimensão teleológica do progresso se reduz, com a

velocidade dos produtos da indústria cultural, em presente contínuo, advindo daí a importância da história imediata no exame de fontes alternativas para a história da educação.

Dessa forma, as fontes alternativas para a apreensão de uma história imediata, na perspectiva de Lacouture (1993) e mesmo de Nora (1989), quando este discute a idéia de acontecimento para um historiador do tempo presente, encontram uma sintonia perfeita com trabalhos sensíveis (no campo educacional) às implicações da cultura da mídia na sociedade moderna.

Para Nora (1989), o acontecimento sofreu uma alteração de significado em virtude das transformações decorrentes do crescimento dos meios modernos de comunicação. Lembra ele que, num sistema tradicional de informação, os acontecimentos não afetavam profundamente a vida das pessoas, ou, caso afetassem, elas ignoravam tal alteração. Os atores ou produtores dos acontecimentos eram, de um lado, os transmissores (pregador de sermão da paróquia, mercadores da Idade Média, agentes oficiais do poder), enquanto de outro lado estavam os receptores, que os recebiam em níveis e tempos distintos. O crescimento dos produtos da cultura da mídia alterou os níveis de produção de um acontecimento, passando para um tempo instantâneo de difusão e recepção. Assim, para Nora, não há acontecimento sem os produtos da cultura da mídia:

> Hoje em dia, o mais pequeno acontecimento é vivido como sendo já histórico, memorável, inscrevendo-se já na história, quando nem sequer se sabe se ele terá lugar ou se virá a ter alguma importância. Quantas vezes se ouve falar de um "encontro histórico" entre dois personagens importantes, quando ele ainda nem sequer teve lugar e pode talvez ser anulado! Promove-se o vivido em histórico, o que muda completamente a natureza do histórico e também do vivido. Dentro de alguns anos, tudo terá caído e far-se-á uma filtragem considerável, separando aquilo que tiver dado curso das coisas e aquilo que as não tiver mudado. Acontece ainda que o facto de elas terem sido vividas como o foram afecta também em profundidade a maneira como permanecerão ou não permanecerão. (1989, p.47-8)

A exclusividade do historiador em decidir se o acontecimento pertencerá à história perdeu-se na prerrogativa do acontecimento que, no dizer de Nora, é quem faz o historiador. O acontecimento corresponde ao acesso privilegiado para a história do presente. No entanto, na análise desse autor, fica claro que, em meio à avalanche de informações provenientes dos produtos dos meios modernos de comunicação, tanto o jornalista quanto o historiador precisam do passado para reescrever a história do tempo presente.

Dessa forma, o processo de escolarização de massa, na maioria dos países, apresenta, de acordo com Meyer (2000), um "surpreendente isomorfismo", uma vez que o mundo globalizado permite uma certa homogeneização dos sistemas nacionais de educação. Porém, o que diferencia esse fato é a presença maior de outros atores lutando pela prerrogativa de definir o lugar da educação na sociedade, sobretudo com a atuação da imprensa, fazendo com que uma determinada concepção pedagógica seja um acontecimento nem sempre resgatado de sua forma efêmera, própria de um presente contínuo que os meios de comunicação de massa veiculam diariamente, em virtude da justaposição de textos e imagens dentro do poder disseminado que a enunciação da língua legítima produz ao instituir esse real mediante a representação autorizada. Grande parte dessa dimensão discursiva é feita com a ampliação e produção de *slogans* educacionais.[1]

---

1 Nos estudos de Israel Scheffler (1974) são abordadas formas discursivas relacionadas à educação. O discurso pedagógico apresenta então três tipos de construções lingüísticas: as definições, as metáforas e os *slogans*. As definições científicas, quando apropriadas fora de seu campo constituinte, passam a ter uma aplicação prática, podendo, a rigor, expressar noções de ordem geral; as metáforas denotam analogias, similaridades e paralelos presentes num termo de um dado discurso, ao passo que os *slogans* expressam características assimétricas, populares e tom menos solene. Os *slogans* não permitem reflexão e não constam como figura importante nas teorias educacionais, muito menos permitem explicação – servem para serem repetidos com insistência, pois sua forma pouco padronizada não permite facilidade ou esclarecimento no discurso. "Em educação, os *slogans* proporcionam símbolos que unificam as idéias e atitudes chaves dos movimentos educacionais. Exprimem e promovem, ao mesmo tempo, a comunidade de espírito, atraindo novos aderentes e fornecendo confiança e firmeza

A pesquisa com a revista *Veja*

Pesquisas realizadas com a chamada mídia impressa vêm desenvolvendo reflexões sobre o papel dos jornais e revistas, tanto quanto sobre as formas como as informações são difundidas, as fontes para a produção das notícias e a formação dos jornalistas que produzem essas matérias, comprovando que a educação conta hoje com atores em vários campos. Em relação à educação, as pesquisas históricas aos poucos utilizam produtos da cultura da mídia, cujos exemplos são investigações de influências de recepção entre os leitores, representações jornalísticas sobre a Aids (Fausto Neto, 1999), entre outras preocupações que denotam o interesse pelo uso de fontes tidas como não especializadas, mas que permitem estudar temas e objetos antes circunscritos às revistas de educação ou restritos aos cânones acadêmicos. A ampliação do conceito de documento, com a incorporação dos produtos dos meios de comunicação de massa, se mostrou profícua em relação às reflexões realizadas acerca da redefinição do campo educacional, tornando-se, assim, uma das fontes utilizadas nesta pesquisa – as outras foram revistas especializadas e documentos oficiais (especialmente pareceres e materiais de divulgação do MEC), uma vez que a metodologia dessa pesquisa exigiu que se estabelecessem as trajetórias não só da revista *Veja*, mas também dos atores que realizavam movimentos em vários campos.

Assim, em termos comparativos, a ANDI (Agência de Notícias dos Direitos da Infância) desenvolve pesquisas em parceria com o IAS (Instituto Ayrton Senna) e o Unicef sobre as formas como os jornais e as revistas abordam os temas ligados à educação. Contudo, o trabalho da ANDI se preocupa menos com o processo constituin-

---

aos veteranos. Assemelham-se, assim, aos *slogans* religiosos e políticos e, como esses, são produtos de um espírito partidário" (Scheffler, 1974, p. 46). No entanto, o autor chama atenção para a passagem gradativa do *slogan*, como símbolo catalisador, para doutrinas explicativas, fazendo com que o espírito partidário se esvaneça e um dado termo assuma um caráter explicativo de uma determinada corrente pedagógica. Assim, Scheffler argumenta que os *slogans* devem ser analisados e criticados, de acordo com os contextos em que eles foram criados, bem como as doutrinas das quais se originaram.

te do campo educacional e mais com os resultados da constituição pedagógica e suas apropriações pela imprensa.

Desse mesmo modo, o NEMP[2] (Núcleo de Estudos de Mídia e Política), da universidade de Brasília (UnB), apresentou os resultados de uma pesquisa sobre a presença do tema educação na imprensa no fórum "Mídia e Educação – Perspectiva para a Qualidade da Informação".[3] O NEMP trabalhou com 62 jornais, dentre os quais cinco são de circulação nacional (*Folha de S.Paulo, O Estado de S. Paulo, Jornal do Brasil, O Globo* e *Correio Braziliense* – de acordo com os critérios do NEMP, este último é considerado nacional pela quantidade e repercussão de matérias sobre educação). Nessas publicações foram examinados 1763 artigos, colunas, editoriais, notas e reportagens entre os anos de 1997 e 1998. A metodologia utilizada baseou-se na técnica do mês composto (dias do ano escolhidos aleatoriamente formando um mês padrão para cada ano analisado).

A pesquisa do NEMP constatou um aumento significativo na cobertura de temas educacionais nos jornais em relação ao período anterior a 1996, muito embora, de acordo com as discussões do fórum, o jornalismo de educação ainda seja considerado incipiente no Brasil. A proporção de matérias que relacionam educação ao Esta-

---

2 A pesquisa foi encomendada pelas seguintes instituições: MEC, ANDI, Instituto Ayrton Senna, revista *Imprensa*, Fundescola e Unicef, e discutida no fórum "Mídia e Educação – Perspectiva para a Qualidade da Informação". Além dessa pesquisa foi realizado, por Maria Helena Magalhães de Castro (1996), um estudo sobre a cobertura da imprensa dos temas relacionados ao ensino básico.

3 Entidades participantes: Realização: ANDI (Agência de Notícias dos Direitos da Infância), Instituto Ayrton Senna, Unicef (Fundo das Nações Unidas para a Infância), MEC (Ministério da Educação e do Desporto), NEMP (Núcleo de Estudos Mídia e Política), Fundescola (Ministério da Educação – Banco Mundial), Consed (Conselho Nacional de Secretários de Educação). Patrocínio: Fundação Roberto Marinho, Banco do Brasil, Semesp (Secretaria Municipal de Educação de São Paulo). Apoio: Cenpec (Centro de Estudos e Pesquisas em Educação, Cultura e Ação Comunitária), Secretaria de Estado da Educação (SP), Governo do Estado de São Paulo. Produção do evento: revista *Imprensa*. Cobertura online: Projeto Aprendiz. Vídeo institucional: TV PUC-SP. Realizado em novembro de 1999 em São Paulo.

28 GERALDO SABINO RICARDO FILHO

do é 83% do total pesquisado. Havia diferenças, todavia, entre jornais considerados nacionais e regionais. Aqueles possuíam maior infra-estrutura, além de acesso a fontes diversificadas com um índice menor de pautas governamentais, desenvolvendo uma quantidade maior de matérias com teor crítico, ao passo que os demais eram dependentes de anúncios oficiais, reproduziam *releases* de assessorias governamentais ou matérias de jornais nacionais, geralmente publicados sem autoria. Essas características dos jornais regionais e sua proximidade com o poder local, de acordo com o NEMP, dificultam a cobertura jornalística e possíveis investigações sobre as prefeituras.

De acordo com essa pesquisa, o MEC (Ministério da Educação e do Desporto) montou uma eficiente estrutura de comunicação por meio de sua assessoria de imprensa para divulgar suas ações políticas, tornando-se o interlocutor privilegiado a que os jornais recorrem para a produção de suas matérias sobre educação, especialmente a partir de 1995. Um conjunto significativo de ações governamentais – por exemplo, Provão (Exame Nacional de Curso), SAEB (Sistema de Avaliação do Ensino Básico), ENEM (Exame Nacional do Ensino Médio), Guia do Livro Didático, Reforma do Ensino Médio, Parâmetros Curriculares Nacionais, entre outros – foi devidamente divulgado por meio dessa assessoria do MEC, como atestam as matérias examinadas pela pesquisa do NEMP.

Além disso, a pesquisa constatou que as matérias sobre educação padecem do mesmo problema que outros temas nos jornais, sobretudo os relativos à economia: a fixação nas estatísticas, especialmente quando utilizando dados do INEP (Instituto Nacional de Estudos e Pesquisas Educacionais). Porém, de acordo com as discussões realizadas pelo fórum, a questão qualitativa da educação não é mensurável e o processo ensino-aprendizagem tem um tempo de desenvolvimento diferente da efêmera notícia de um jornal, fato que motivou, nesse fórum, propostas para um bom jornalismo em educação.

A escolha das matérias sobre educação da revista *Veja* como fonte de pesquisa para este livro foi motivada por duas questões,

A BOA ESCOLA NO DISCURSO DA MÍDIA **29**

mas com desdobramentos que se completavam: a primeira se preocupava em desvendar que tipo de discurso pedagógico a revista veiculava em suas matérias; a segunda procurava delinear a trajetória dos atores que escreviam as matérias e o perfil acadêmico dos intelectuais que colaboravam com artigos, entrevistas ou declarações na revista, legitimando, assim, os temas abordados. Isso só foi possível perceber em virtude da liderança da revista no campo das revistas semanais de informação, tida como formadora de opinião, atingindo, de acordo com o setor de atendimento ao leitor da própria revista, uma projeção de 4.800.000 de leitores, em sua maioria com formação universitária.

A investigação utilizando as matérias da revista *Veja* procurou estabelecer relações entre agentes, instituições e imprensa. Assim, foi feito o levantamento de publicações (reportagens, notícias, entrevistas, editoriais) durante o período de 1995 a 2001, enfatizando-se durante a classificação das matérias as trajetórias de intelectuais e a freqüência com que eram citados na revista. Foram examinadas 253 matérias jornalísticas distribuídas em 58 reportagens, 71 artigos, 90 notícias, 11 entrevistas e 5 editoriais sobre educação. O levantamento do período anterior a 1995 foi realizado com o objetivo de situar a posição da revista no debate educacional no começo da década de 1990, permitindo, assim, constatar o crescimento de matérias sobre educação em *Veja*, sobretudo a partir de 1995.

A separação das matérias sobre educação em grupos temáticos ajudou a compor um quadro panorâmico da documentação pesquisada, dando visibilidade aos temas que estiveram na agenda de *Veja*, destacando o período e a freqüência com que as matérias foram publicadas, além de deixar claro o espaço de publicação desses temas na revista (cf. Anexos). Destaca-se ainda o fato de a maioria das matérias serem assinadas: de acordo com Julio Cesar de Barros,[4] os jornalistas da revista não têm formação específica em educação,

---

4 Informação obtida por meio de conversa com o secretário de Redação da revista *Veja*, Julio Cesar de Barros, em 12.8.2002.

mas procuram estudar o assunto a ser publicado e consultam especialistas no tema tratado.

As matérias selecionadas foram divididas em quatro grupos: grupo 1 – ensino básico e um subgrupo (escola/trabalho); grupo 2 – educação geral; grupo 3 – Ensino Superior, e grupo 4 – artigos de Moura Castro. A classificação dos grupos teve a finalidade de separar os temas de acordo com sua especificidade, mas fundamentalmente em conformidade com os objetivos da pesquisa, podendo, a rigor, uma ou mais matérias pertencerem a mais de um grupo.

No grupo 1, a classificação reuniu as matérias que tratavam especialmente da escolarização formal. Nesse grupo são organizadas as reportagens que divulgam políticas educacionais por meio de reformas (em especial da escolarização formal), bem como artigos que desenvolvem diagnósticos sobre o ensino básico e que dizem respeito ao chamado terceiro setor, mormente com ações que procuram resolver problemas de analfabetismo e repetência nas escolas. Destaca-se ainda a presença de matérias e artigos que procuram divulgar os resultados das avaliações de rendimento escolar e refletir sobre eles.

No subgrupo escola/trabalho foram reunidas as matérias que procuram aproximar as alterações decorrentes da globalização dos níveis de escolarização da população brasileira, razão pela qual receberam uma classificação à parte, embora estejam imbricadas na concepção de escolarização formal divulgada pela revista. Tal separação permitiu observar que essas matérias eram publicadas em seções e editoriais diferentes, razão pela qual se pode inferir que a revista procurou associar os níveis salariais à escolaridade da população e, com efeito, divulgou pesquisas com o objetivo de comprovar as dificuldades da economia brasileira em competir com outros países em virtude da baixa escolaridade dos trabalhadores.

O grupo 2 reuniu a maior parte das matérias educacionais publicadas na revista. A classificação englobou assuntos comportamentais, informações sobre o ensino de línguas estrangeiras, cursos no

A BOA ESCOLA NO DISCURSO DA MÍDIA 31

exterior, orientação sexual, informática na escola, vestibular, enfim, temas que atendem, geralmente, a interesses multifacetados dos leitores.

O grupo 3 foi constituído de matérias que abordam temas variados, como vestibular, avaliação, abertura de cursos, greves, pesquisa, financiamentos, bolsas de estudo, universidades públicas ou particulares. Embora a revista defenda a aplicação prioritária de recursos no ensino básico, pode-se observar uma quantidade significativa de matérias sobre o ensino universitário, em especial sobre o Provão, amplamente divulgado e analisado pelo periódico em virtude de a revista atingir um público leitor cujo perfil tende a construir trajetórias escolares visando atingir ou manter as formas de *status* inerentes aos diplomas universitários.

O grupo 4 reúne artigos de Moura Castro. A colaboração desse autor é singular, pois se trata de um especialista que, quinzenalmente, aborda temas educacionais na revista. A classificação de seus artigos num grupo específico foi necessária dada a diversidade de assuntos analisados (universidade, avaliações, reformas educacionais, Ensino Fundamental, escolas técnicas, Ensino Médio etc.), nem sempre sendo possível classificá-los numa modalidade específica de ensino.

A característica de uma revista semanal de informação com abrangência nacional é apresentar uma diversidade de matérias, abordando temas variados em diversas modalidades de ensino. Por exemplo: sobre o ensino básico foram publicadas 34 matérias; ensino universitário, 36 matérias; a educação geral teve uma cobertura maior, com 76 matérias, e Moura Castro escreveu 71 artigos. A organização das matérias em grupos permitiu conhecer as prioridades que a revista dedica aos assuntos educacionais. Embora os temas ligados à educação geral recebam uma cobertura maior, as outras modalidades de ensino (escolarização formal) apresentam um certo equilíbrio quantitativo nas publicações. Destaca-se, por meio desses grupos, o crescimento qualitativo das matérias sobre educação, especialmente pelo fato de a revista incluir em seus qua-

32 GERALDO SABINO RICARDO FILHO

dros a colaboração de um especialista na área (Moura Castro), o que corrobora a preocupação do periódico de aumentar sua participação no debate educacional.

Em meio à quantidade de matérias sobre educação publicadas em *Veja*, foi necessário definir qual era de fato o objeto a ser analisado. Uma revista de informação se consubstancia ao organizar os fatos considerados relevantes na semana para informar seu leitor. No caso de *Veja* o acontecimento é construído com a preocupação, amiúde, de transformá-lo em boa notícia.

O fato é que existe uma informação construída em forma de notícia e consumida por um determinado tipo de leitor. A expressão "boa notícia" é recorrente nos textos de *Veja*: mesmo quando a matéria indica uma crítica, o discurso envereda, de alguma forma, para as possíveis soluções do problema. Assim, o que se discute é a maneira como o pesquisador opera para examinar uma notícia transformada em fonte, mas que, muitas vezes, ainda não foi totalmente digerida – em outras palavras, ainda não recebeu o estatuto de documento histórico, pois a construção do objeto é feita com acuidade, tanto temporal quanto dos conteúdos que podem identificar séries, consubstanciados em conceitos capazes de oferecer determinadas pistas para defini-lo. Todavia, o exame de fontes alternativas para investigar de que forma a educação é debatida na sociedade, privilegiando uma documentação nem sempre legitimada na história da educação, permitiu que o objeto *boa escola* fosse encontrado nas páginas da revista *Veja*, produzido por atores cuja colaboração na imprensa revela que o debate educacional está há muito tempo fora dos limites e controle do campo universitário.

Se o objeto *boa escola* pode ser considerado lugar-comum no campo educacional, isso se deve ao fato de que existe um determinado consenso sobre ele. Entender a produção desse consenso no campo educacional exige conhecer as trajetórias desses atores que engendram conceitos de acordo com seu poder de liderança e legitimidade nesse campo. O MEC, por exemplo, durante o governo Fernando Henrique Cardoso, fez uso do *slogan "boa escola para to-*

A BOA ESCOLA NO DISCURSO DA MÍDIA **33**

dos",[5] contribuindo, por meio de seu poder prescritivo, para ampliar esse consenso. No entanto, a inferência sobre o objeto *boa escola*, neste livro, é a expressão da passagem de sua condição de notícia (em forma de *slogan*) para a condição de objeto, sem que, no entanto, se desconsidere que sua formulação faz parte das lutas que se travam no campo educacional.

A delimitação do período (1995-2001) e a comparação das matérias com uma época anterior, especialmente com aquelas publicadas desde o início da década de 1980, permitiram que a constituição dessa série documental revelasse uma continuidade impressionante de atores e abordagens sobre o tema educação, redundando dessa fonte o objeto *boa escola*. As formas com que ele foi apropriado pela revista implicaram entender parte das trajetórias que os educadores realizam em nome do controle de sua prescrição. Dessa inferência foi desenvolvida a hipótese de que a *boa escola*, reapropriada em *slogan* educacional na revista *Veja*, foi legitimada por atores ligados a uma rede de legitimidade, contribuindo assim para a criação de um consenso pedagógico – e ampliando as fronteiras do campo educacional. Do mesmo modo, defende-se aqui a hipótese de que a língua legítima tem o poder de prescrever uma dada concepção pedagógica, permitindo sua representação por meio do discurso do especialista.

Procurou-se examinar a revista *Veja* utilizando-se as reflexões teóricas de Pierre Bourdieu. Esse sociólogo desenvolveu um conjunto de conceitos que permitiram entender a configuração social na qual a educação e, por extensão, a instituição escolar, são fatores decisivos na reprodução da dominação social. Este trabalho, portanto, procurou estabelecer uma mediação com a noção de campo, capital

---

5 No livro de Guiomar Namo de Mello (1986) encontra-se o artigo "Democratização do ensino: boa escola para todos", originalmente uma comunicação apresentada no simpósio "Seletividade do Ensino de 1º e 2º Graus". Reunião anual da SBPC, São Paulo, 1978, publicado na revista *Educação & Sociedade*, n.2, 1979, com o título "Fatores intra-escolares como mecanismos de seletividade no ensino de 1º grau". Curiosamente, em vários documentos publicados pelo MEC durante a gestão de Paulo Renato Sousa, encontra-se o *slogan "boa escola para todos"*.

cultural, *habitus*, capital simbólico, todos conceitos presentes na obra de Bourdieu e que aparecerão ao longo do livro, pois são referências teóricas que serviram de apoio para o exame do objeto *boa escola* por causa de sua precisão conceitual e do seu alcance universal quando confrontadas com documentos produzidos em tempo e espaços diferentes, mas cuja historicidade revela a força teórica dos conceitos, permitindo que a metodologia desenvolvida por meio das trajetórias dos atores analisados comprovasse as hipóteses estabelecidas com base na documentação escolhida para esta pesquisa. O conceito de *slogan*, conforme definição de Scheffler (1974), faz parte do suporte teórico que permite apreender de que forma o objeto *boa escola* é transformado em consenso no campo educacional.

O conceito de campo educacional

O conceito de campo desenvolvido por Pierre Bourdieu (1983) contribuiu para entender a conformação da educação como espaço de disputas. De acordo com esse autor, o campo é um espaço social de lutas cujas propriedades (mormente as estruturas estruturantes do *habitus*[6]) dependem das posições nesses espaços. Os campos

---

6 De acordo com Maria da Graça J. Setton (2002), o conceito de *habitus*, desenvolvido na obra de Pierre Bourdieu, apresenta uma leitura original com longa tradição nas ciências humanas. Pesquisas realizadas em diversas ocasiões e lugares permitiram confirmar sua validade conceitual, cuja aplicação tem alcance universal. "*Habitus* é ... concebido como um sistema de esquemas individuais, socialmente constituído de disposições estruturadas (no social) e estruturantes (nas mentes), adquirido nas e pelas experiências práticas (em condições sociais específicas de existência), constantemente orientado para funções e ações do agir cotidiano" (p.63). A autora chama a atenção para a interdependência entre *habitus* e campo, pois "a teoria praxiológica, ao fugir dos determinismos das práticas, pressupõe uma relação *dialética* entre sujeito e sociedade, uma relação de mão dupla entre *habitus* individual e a estrutura de um campo, socialmente determinado" (p.64). O artigo de Setton recupera a trajetória do conceito de *habitus* na obra de Bourdieu, relacionado-o com uma nova *configuração* (Elias), inserindo tal reflexão nas formas diversificadas com que os indivíduos produziriam seus "modelos de socialização".

possuem leis gerais, o que confere à sua autonomia relativa formas de funcionamento invariáveis em situações históricas e temporais distintas. Pode-se recorrer à analogia de um jogo, no qual os participantes conhecem e (re)conhecem as regras e estratégias pertinentes ao objeto em disputa, bem como os interesses inerentes ao campo que justificam e motivam o jogo. O campo apresenta-se como uma luta entre os ocupantes de posições legitimadas (dominantes), mas nem por isso definitivas, e os pretendentes a essas posições (dominados), cuja luta, dentro das regras do jogo, próprias do campo em disputa, faz com que os novos ingressantes desenvolvam uma atuação herética visando à quebra do monopólio das posições dominantes. As lutas que se travam nos respectivos campos são determinadas, até certo ponto, pelas trajetórias distintas que esses agentes apresentam, de acordo com seu capital específico.

As taxas conversíveis de capital específico têm validade dentro dos limites de um determinado campo, cuja estrutura se constitui numa relação de força entre agentes e instituições que participam do jogo. A autoridade específica de um campo é determinada pela conquista do monopólio da violência legítima (objeto em disputa), que caracteriza a distribuição do capital específico. A heterodoxia e também as heresias fazem parte das crises nas lutas travadas no campo, exigindo que os dominantes demarquem sua posição com um discurso da conservação da ortodoxia. Para ilustrar, pode-se pensar nas formas de censura que um determinado campo exerce nos dominados em defesa da *doxa*: as estratégias de conservação implicam determinar as fronteiras desse campo, tanto para os ingressantes quanto para aqueles que supostamente ameaçam redefinir essas fronteiras, a fim de impedir a quebra do monopólio da violência legítima dos dominantes:

> Esquece-se que a luta pressupõe um acordo entre os antagonistas sobre o que merece ser disputado, fato escondido por detrás da aparência do óbvio, deixada (sic) em estado de *doxa*, ou seja, tudo aquilo que constitui o próprio campo, o jogo, os objetos de disputa, todos os pressupostos que são tacitamente aceitos, mesmo sem que se saiba, pelo

simples fato de jogar, de entrar no jogo. Os que participam da luta contribuem para a reprodução do jogo contribuindo (mais ou menos completamente dependendo do campo) para produzir a crença no valor do que está sendo disputado. Os recém-chegados devem pagar um direito de entrada que consiste no reconhecimento do valor do jogo (a seleção e a cooptação dão sempre muita atenção aos índices de adesão ao jogo, de investimento) e no conhecimento (prática) dos princípios de funcionamento do jogo. Eles são levados às estratégias de subversão que, no entanto, sob pena de exclusão, permanecem dentro de certos limites. E de fato, as *revoluções parciais* que ocorrem continuamente nos campos não colocam em questão os próprios fundamentos do jogo, sua axiomática fundamental, o pedestal das crenças últimas sobre as quais repousa o jogo inteiro. (Bourdieu, 1983, p.91)

Depreende-se, assim, que as estratégias de subversão de um campo não permitem o questionamento da *doxa*, mas ao contrário, a disputa pela autoridade legítima faz com que os ingressantes sejam prudentes para que não sofram a excomunhão por parte dos dominantes, ou seja, para que o capital específico acumulado amplie suas taxas de conversibilidade no campo em disputa.

Desse modo, o campo educacional é um espaço amplo e heterogêneo, com regiões de fronteira que cruzam com outros campos mediante atores com trajetórias próprias e poder simbólico expresso em *habitus* incorporados, condizente com sua pertença a um determinado campo (intelectuais, professores, dirigentes sindicais, políticos etc.). Esses campos são interdependentes e cruzam as fronteiras do campo educacional à medida que seus atores reivindicam uma melhor concepção de educação, utilizando-se de estratégias de luta em que a visibilidade de seu capital específico permite ocupar posições de liderança, consubstanciada em consenso pedagógico. Caberia perguntar de que forma o campo educacional englobaria outros campos, ou se, no limite, não se estaria comprometendo o próprio conceito de campo desenvolvido por Pierre Bourdieu. O campo apresenta uma autonomia relativa, ou dependência, sendo necessário examinar as relações que ocorrem entre um determinado campo e o campo de poder (Bourdieu, 1999), sendo que este último remete a discussão à concepção de Estado, espaço em que se forma um capital estatal específico, disputado por diversos atores:

> O Estado é o resultado de um processo de concentração de diferentes tipos de capital, capital de força física ou instrumentos de coerção (exército, polícia), capital econômico, capital cultural, ou melhor, de informação, capital simbólico, concentração que, enquanto tal, constitui o Estado como detentor de uma espécie de metacapital, com poder sobre os outros tipos de Capital e sobre seus detentores. A concentração de diferentes tipos de capital (que vai junto com a construção dos diversos campos correspondentes) leva, de fato, à *emergência* de um capital específico, propriamente estatal, que permite ao Estado exercer um poder sobre os diversos campos e sobre os diferentes tipos específicos de capital, especialmente sobre as taxas de câmbio entre eles (e, concomitantemente, sobre as relações de força entre seus detentores). Segue-se que a construção do Estado está em pé de igualdade com a construção do campo do poder, entendido como espaço de jogo no interior do qual os detentores de capital (de diferentes tipos) lutam *particularmente* pelo poder sobre o Estado, isto é, sobre o capital estatal que assegura o poder sobre os diferentes tipos de capital e sobre a sua reprodução (notadamente por meio da instituição escolar). (Bourdieu, 2001c, p.99-101)

Naquilo que interessa mais de perto para entender a constituição do campo educacional, pode-se atribuir ao Estado, de acordo com o autor, o poder de normatizar, por meio de seu corpo jurídico, um conjunto de normas que são inculcadas e legitimadas pelas pessoas que aceitam essa violência simbólica. Admitido o conceito de Estado de Pierre Bourdieu, a inferência acerca do campo educacional se revela plenamente nas disputas que se operam em torno da reprodução de um determinado capital estatal, favorecido pelo controle e monopólio da instituição escolar, como argumenta o autor. Nesse sentido, é nas interseções entre vários campos que se cruzam com o campo educacional que as lutas pelo controle da prescrição de uma *boa escola* são mais bem explicadas.

38 GERALDO SABINO RICARDO FILHO

Todavia, neste livro, apenas um subcampo, dentro desse universo maior do campo educacional, será preocupação de investigação. Esse subcampo, caracterizado pelas fronteiras entre os campos universitário, jornalístico e político, permite uma visibilidade singular, uma vez que os atores envolvidos na delimitação ou ampliação de suas fronteiras buscam construir legitimidade mediante movimentos para outros campos (por exemplo, da universidade para o jornalismo, e também para o Estado), apropriando-se tanto de capitais inerentes a esse movimento quanto da acumulação de um capital específico no campo educacional, produzindo assim formas de consagração e prestígio que os habilitem a disputar a prescrição de uma *boa escola*. Ilustra-se tal afirmativa com os exemplos de alguns intelectuais que atuam nesse espaço de fronteira: de um lado, eles ganham prestígio com a colaboração na imprensa, consolidando posições que potencialmente permitem construir consenso acerca de suas prescrições pedagógicas; de outro, há um movimento em direção à burocracia de Estado, com o objetivo de ampliar o consenso pedagógico, o que significa, em outros termos, que esses atores atuam na ampliação das fronteiras do campo educacional, fazendo com que o próprio campo universitário, do qual eles são oriundos, tenha de redefinir novas estratégias para delimitar as fronteiras do campo educacional.

Assim, Maria Malta Campos[7] argumenta que o campo universitário não tem mais "o monopólio do assunto educação", uma vez que os meios modernos de comunicação, bem como o campo político, participam ativamente da chamada agenda educacional:

---

7 Maria Malta Campos foi presidente da Anped (Associação Nacional de Pós-Graduação e Pesquisa em Educação). É professora do curso de pós-graduação da PUC-SP e pesquisadora da Fundação Carlos Chagas. Foi umas das convidadas, representando o campo educacional, para emitir uma "fala provocativa" no fórum "Mídia e Educação – Perspectiva para a Qualidade da Informação" (2000). Embora essa "fala" seja feita num contexto de debate com os jornalistas, não se pode negar sua validade para as disputas que ocorrem para demarcar as fronteiras do campo educacional.

A BOA ESCOLA NO DISCURSO DA MÍDIA **39**

Hoje a situação mudou radicalmente. Agora existem competidores com poder de fogo muito grande: empresas, fundações empresariais com assessoria de imprensa, economistas aparentemente convertidos à causa da educação, o próprio MEC, que mudou seu perfil e tem significativo poder de acesso, com a priorização dada pelo ministro à comunicação.... Atualmente, há competição entre atores para ter voz e se fazer ouvir na sociedade, quando o tema é educação. Agora nós, pesquisadores e educadores, estamos tendo que competir com esses atores, ainda com poucas armas e pouca experiência em lidar com a mídia. Ao mesmo tempo, ao ver o espaço público conquistado rapidamente por novos atores sociais que discorrem sobre educação, o sentimento é de perplexidade e mágoa, porque durante todas essas décadas as únicas pessoas que se interessaram pelas escolas, que fizeram pesquisa, que denunciaram os problemas e sua gravidade, foi o nosso campo; e subitamente, a gente vê pessoas que descobriram a América há cinco minutos, que começam a falar um monte de bobagens, e isto se transforma em grandes manchetes, porque sua capacidade de ter acesso aos meios de comunicação e chegar ao público é muito grande. (2000, p.18)

A perplexidade do campo universitário é resultado da perda do monopólio da prescrição pedagógica? A reivindicação da autoridade do "nosso campo" poderia ser analisada como parte do processo de manutenção da violência legítima, definindo as taxas de capital específico que buscam delimitar as fronteiras do campo educacional. No entanto, os atores que contribuem para ampliar as fronteiras do campo educacional, de acordo com a atuação de intelectuais na revista *Veja*, não são ingressantes nesse campo, mas professores e pesquisadores, cuja produção acadêmica proporciona taxas de conversão de capital específico dentro do próprio campo universitário, disputando a liderança e questionando a autoridade e as taxas de conversibilidade de capital controladas por setores dominantes, redefinindo, nesse caso, as fronteiras do campo educacional, e engendrando perplexidades naqueles que se arvoram na exclusividade da prescrição pedagógica, a rigor, algo difícil de manter.

De acordo com as matérias sobre educação básica publicadas na revista *Veja*, pode-se observar que a perplexidade pedagógica,

40 GERALDO SABINO RICARDO FILHO

como aquela percebida na fala de Malta Campos, decorre da dificuldade de controlar a autoridade legítima da prescrição pedagógica no campo educacional. Com efeito, os autores citados na revista para apoiar e/ou legitimar as matérias são intelectuais oriundos do campo universitário, e suas intervenções na imprensa não são de pessoas que "descobriram a América há cinco minutos", ou de indivíduos recém-convertidos à causa da educação, ao contrário, são educadores com trajetórias acadêmicas no campo da educação, trajetórias essas consubstanciadas em poder simbólico para disputar a autoridade nesse campo. Cabe esclarecer, todavia, que o prestígio e a consagração contidos nas trajetórias não determinam que todos os indivíduos que colaboraram com o campo jornalístico sejam considerados intelectuais, mas a capacidade de movimentação deles em campos distintos, como se verá adiante, garante taxas maiores de conversão de capital específico, permitindo disputar a autoridade da prescrição pedagógica ou violência legítima. Pode-se inquirir se o campo universitário tem ou teve o monopólio da prescrição pedagógica para além de sua autonomia relativa. Ou ainda, se não seria na disputa pela legitimidade da educação em vários campos que os agentes e instituições reivindicam a liderança no campo educacional. Acerca dessa questão, Miceli mostra uma relação pertinente entre intelectuais e imprensa:

A situação é um tanto paradoxal. Os dois setores estão vinculados. Não há vida intelectual sem divulgação dos resultados – e essa divulgação quem pode fazer é a mídia. Por outro lado, o núcleo de produção intelectual mais pujante do presente se encontra na universidade – e a imprensa, em boa medida, depende do acesso a essas novidades para sobreviver. Ainda assim, os ressentimentos de parte a parte são grandes. Os intelectuais acham que são usados pelos jornalistas, que eles barateiam seu trabalho. A mídia reclama da timidez dos universitários – e há muito comodismo mesmo no ambiente intelectual. Não adianta ficar reclamando. É melhor reconhecer a necessidade de diálogo. Um setor simplesmente não tem, nem nunca terá, como viver sem o outro. (2001b, p.15)

A BOA ESCOLA NO DISCURSO DA MÍDIA **41**

As formas simbólicas veiculadas pelos meios modernos de comunicação permeiam toda a sociedade, fazendo com que o consumo e a apropriação de bens culturais sejam mediados pelas ambigüidades da indústria cultural, e muito embora o centro produtor de conhecimento continue sendo a universidade, conforme defende Miceli, há outros interesses no controle dessa produção, para além do monopólio desse campo. No caso da educação, o exemplo é singular. Há vários setores sociais participando e influenciando a execução das políticas educacionais, e a imprensa é um dos lugares em que é possível perceber a ampliação das fronteiras do campo educacional.

Falar do campo universitário envereda a discussão para a crise que a universidade está vivenciando nas últimas décadas. Seguindo as análises de Boaventura de Sousa Santos (2001), será feito um exame do papel dessa instituição, procurando inserir tal análise no processo em que se engendram as lutas no campo educacional, notadamente as áreas de fronteira em que campos distintos se cruzam com o campo universitário, explicitando assim o questionamento de seu monopólio na produção de conhecimento. De acordo com esse autor, a universidade se encontra num dilema em relação ao seu papel na sociedade. De um lado, lhe é exigido que cumpra um papel mais social; de outro, o Estado vem, sistematicamente, diminuindo seus recursos e condicionando os investimentos às avaliações externas com base na produtividade acadêmica, cujos critérios são alheios à lógica científica das pesquisas da universidade:

> Porque a verdade só é acessível a quem a procura sistematicamente, a investigação é o principal objetivo da universidade; porque o âmbito da verdade é muito maior que o da ciência, a universidade deve ser o centro de cultura, disponível para a educação do homem no seu todo; finalmente, porque a verdade deve ser transmitida, a universidade ensina e mesmo o ensino das aptidões profissionais deve ser orientado para a formação integral. (Jaspers, 1965, p.51 et seq., apud Santos, 2001, p.188)

Embora esses objetivos fossem questionados por alguns filósofos, diz o autor, suas premissas constituintes e reveladoras da função da universidade permaneceram inalteradas até a década de 1960, quando as transformações tecnológicas e sociais definiram para ela que seus objetivos seriam a investigação, o ensino e a prestação de serviços. Um conjunto de funções,[8] contidas num relatório da OCDE para a universidade, revela várias incompatibilidades e níveis de tensão, especialmente porque, tradicionalmente, essa instituição se caracterizava pela investigação livre e desinteressada, e os desafios impostos pela nova realidade fazem com que se explicite a crise de legitimidade que leva de roldão também a universidade a uma crise de hegemonia, crise essa que tende a redefinir suas atribuições, sobretudo o *status* que seus títulos outorgados conferem aos seus possuidores. Essa tensão gera contradições, de acordo com Santos (2001), especialmente em três níveis:

> A primeira contradição, entre conhecimentos exemplares e conhecimentos funcionais, manifesta-se como *crise de hegemonia*. Há uma crise de hegemonia sempre que uma dada condição social deixa de ser considerada necessária, única e exclusiva. A universidade sofre uma crise de hegemonia na medida em que a sua incapacidade para desempenhar cabalmente funções contraditórias leva os grupos sociais mais atingidos pelo seu déficit funcional ou o Estado em nome deles a procurar meios alternativos de atingir os seus objetivos. A segunda contradição, entre hierarquização e democratização, manifesta-se como *crise de legitimidade*. Há uma crise de legitimidade sempre que uma dada condição social deixa de ser consensualmente aceita. A universidade sofre uma crise de legitimidade na medida em que se torna socialmente visível a falência dos objetivos coletivamente assumidos. Finalmente, a

---

8 As dez principais funções da universidade, de acordo com relatório da OCDE, são: educação pós-secundária; investigação; fornecimento de mão-de-obra qualificada; educação e treinamento altamente especializados; fornecimento da competitividade da economia; mecanismo de seleção para empregos de alto nível por meio da credencialização; mobilidade social para os filhos e filhas das famílias operárias; prestação de serviços na região e na comunidade local; paradigmas de aplicação de políticas nacionais (por exemplo, igualdade de oportunidades para mulheres e minorias raciais), e preparação para os papéis de liderança social (OCDE, 1987, p.16 et seq., apud Santos, 2001, p.189).

A BOA ESCOLA NO DISCURSO DA MÍDIA **43**

terceira contradição, entre autonomia institucional e produtividade social, manifesta-se como *crise institucional*. Há uma crise institucional sempre que uma dada condição social estável e auto-sustentada deixa de poder garantir os pressupostos que asseguram a sua reprodução. A universidade sofre uma crise institucional na medida em que sua especificidade organizativa é posta em causa e se lhe pretende impor modelos organizativos vigentes noutras instituições tidas por mais eficientes. (p.190) (Os destaques são do original.)

A especificidade dessas crises exige um discernimento da idéia de universidade e das transformações históricas que redefiniram seu perfil, ou parte dele, com o desenvolvimento do capitalismo no mundo ocidental. Assim, de acordo com Santos, nos últimos vinte anos, a universidade convive com crises de legitimidade, de hegemonia e institucional, sendo diferentes as condições históricas e temporais em que elas ocorreram, bem como as ações que pretendem controlá-las. A crise de hegemonia, entretanto, é a mais abrangente em virtude dos questionamentos que se fazem em torno de sua exclusividade na produção e transmissão de conhecimentos, em parte também por ser aquela em que fatores condicionantes, inerentes aos períodos do capitalismo,[9] permitem localizá-la desde o período do capitalismo liberal, pois nesse momento crescem as demandas por conhecimentos científicos que a universidade incorpora com lentidão.

Nesse sentido, o autor distingue a alta cultura, nomeada cultura-sujeito, da cultura popular, designada como cultura-objeto, transformada em objeto das ciências emergentes (Etnologia, Folclore, Antropologia) com *status* de ciência universitária. A dicotomia entre alta cultura e cultura popular, na qual a universidade era o centro da cultura-sujeito, sofreu, após a Segunda Guerra Mun-

---

9 O autor propõe três períodos do capitalismo: o período do capitalismo liberal (até finais do século XIX); o período do capitalismo organizado (de finais do século XIX até os anos 1960), e o período do capitalismo desorganizado (de finais dos anos 1960 até hoje) (Santos, 2001, p.192).

44 GERALDO SABINO RICARDO FILHO

dial, a concorrência da cultura de massas, que, no dizer do autor, se caracteriza por apresentar:

> Uma nova forma cultural com uma distinta vocação para a cultura-sujeito e assim disposta a questionar o monopólio até então detido pela alta cultura. A cultura de massas tem uma lógica de produção, de distribuição e de consumo completamente distinta e muito mais dinâmica da que é própria da cultura universitária, e os seus produtos vão apertando o cerco à cultura universitária, quer porque reciclam constantemente os produtos desta, quer porque concorrem com esta na formação do universo cultural dos estudantes. Incapaz de transformar esta nova forma cultural numa cultura-objeto, a universidade deixa de ser o produtor central de cultura-sujeito e nessa medida perde centralidade. (p.193)

Contudo, a massificação e democratização da universidade, de acordo com o autor, foi dirimida pela dicotomia que se estabeleceu entre universidade de elite e universidade de massas, fazendo com que a cultura-sujeito fosse prerrogativa de uma universidade que não se reconhece na cultura de massas. Talvez fosse o caso aqui de redimensionar a análise e indicar até que ponto o questionamento do "nosso campo" reivindicado por parte do campo universitário não estaria expressando a dificuldade em incorporar a cultura de massas, ou no limite, em admitir que algumas universidades estão se "democratizando" mediante a apropriação dessa cultura.

Porém, a universidade não pode ser entendida, de acordo com o autor, sem a dicotomia que se estabeleceu entre educação e trabalho. O mundo cultivado da cultura não se coadunava com o mundo do trabalho, assim, "quem pertencia ao primeiro estava dispensado do segundo; quem pertencia ao segundo estava excluído do primeiro" (p.195). Essa dicotomia, que atravessou o período do capitalismo liberal, sofreu os reveses inevitáveis das demandas por tecnologias, configurando-se para esses dois mundos alterações internas:

> Assim, a educação que fora inicialmente transmissão da alta cultura, formação do caráter, modo de aculturação e de socialização adequa-

A BOA ESCOLA NO DISCURSO DA MÍDIA 45

do ao desempenho da direção da sociedade, passou a ser também educação para o trabalho, ensino de conhecimentos utilitários, de aptidões técnicas especializadas capazes de responder aos desafios do desenvolvimento tecnológico no espaço da produção. Por seu lado, o trabalho, que passou a ser também trabalho intelectual, qualificado, produto de uma formação profissional mais ou menos prolongada. A educação cindiu-se entre a cultura geral e a formação profissional, e o trabalho, entre o trabalho não qualificado e o trabalho qualificado. (p.196).

A incorporação da dicotomia entre o mundo do trabalho e o mundo da cultura pela universidade foi uma resposta para compensar a presença avassaladora da cultura de massas, utilizando-se para isso estratégias de responsabilizar-se pela formação profissional especializada. Esses problemas, que não serão equacionados e explicitam os níveis das crises que acometem a universidade, são mais visíveis no período do capitalismo desorganizado, no qual aparecem outras formas de instituições de pesquisa de caráter vocacional, e dirigidas às demandas do mercado de trabalho. Desse modo, reconhece-se, subjacente à crise de hegemonia da universidade, a concomitância da crise de legitimidade no momento em que se torna socialmente visível que a alta cultura não é mais exclusividade das chamadas "classes superiores, altas" (Santos, 2001). A incorporação de outros grupos sociais à universidade revela a alteração do ideal de educação, que deixa de ser um privilégio das "elites" para se transformar em fundamento de democratização da sociedade.

Contudo, um pouco à parte das reflexões de Santos, a crise de legitimidade não é tão visível quanto a crise de hegemonia, uma vez que a prerrogativa da outorga de títulos acadêmicos ainda conserva graus variados de legitimidade para a universidade, fazendo com que a perda progressiva de *status* seja sentida em virtude da incapacidade da universidade de conviver com as dicotomias que estão presentes em seu meio: a dicotomia entre cultura superior e cultura de massas, e a incongruência entre educação e trabalho. Mas se a reprodução do capital é a essência do sistema capitalista, seja qual for sua vertente e organização estatal, do mesmo modo, a universidade

46 GERALDO SABINO RICARDO FILHO

desenvolve formas de conviver com o acesso de grupos sociais. Por analogia, pode-se recorrer à discussão de Bourdieu (2001b) sobre o conceito de grife na sociedade. Possuir um título de uma universidade de "grife" significa que, mesmo em meio às crises provocadas pela democratização do ensino superior – diga-se de passagem, uma falsa democracia –, há uma alquimia da "grife" de um título acadêmico proporcionando que ele seja transubstanciado em capital simbólico, no mercado de trocas de bens simbólicos, reproduzindo assim a universidade de elite, permitindo que ela ofereça respostas à crise de legitimidade:

> Posta perante tais questões, a universidade mais uma vez prestou soluções de compromisso que lhe permitiram continuar a reclamar a sua legitimidade sem abrir mão, no essencial, do seu elitismo. Em resumo, pode-se dizer que se procurou desvincular na prática e à revelia do discurso ideológico, a procura da universidade da procura de democracia e de igualdade, de tal modo que a satisfação razoável da primeira não acarretasse a satisfação exagerada da segunda. Isto foi possível sobrepondo à diferenciação e estratificação da universidade segundo o tipo de conhecimentos produzidos ... . Os múltiplos dualismos referidos, entre ensino superior universitário e não universitário, entre universidade de elite e universidade de massas, entre cursos de grande prestígio e cursos desvalorizados, entre estudos sérios e cultura geral, definiram-se, entre outras coisas, segundo a composição social da população escolar. (Santos, 2001, p.212)

Esse ponto de inflexão corrobora as análises sociológicas e mesmo os relatórios oficiais da OCDE (Santos, 2001) acerca do acesso de grupos sociais, mormente aqueles das camadas populares preteridas, as quais afirmam que a expansão do ensino superior não dirimiu as desigualdades sociais, uma vez que a massificação da educação foi subordinada às exigências do crescimento econômico, revelando que o direito à educação significou para os filhos de operários, mulheres e minorias étnicas apenas o acesso a uma profissionalização de acordo com o desenvolvimento tecnológico, subordinado aos desígnios do sistema capitalista (ibidem). Desse modo, a

A BOA ESCOLA NO DISCURSO DA MÍDIA 47

crise institucional só pode ser delineada, embora subjacente às crises de hegemonia e de legitimidade que a universidade vivencia, se forem analisadas as formas com que o Estado se reorganizou nos últimos anos, especialmente pelos cortes orçamentários realizados nas áreas sociais, revertendo sua condição de produtor de políticas igualitárias – dentre elas a própria escolaridade – para uma situação multifacetada, de acordo com cada país, de comprador de serviços sociais, privatizando parte dos investimentos públicos destinados às universidades, obrigando-as a conviver com instituições privadas que também recebem recursos públicos, redundando no agravamento da crise institucional.

1
EDUCAÇÃO E COMUNICAÇÃO

A cultura da mídia e a legitimidade da língua legítima

Os produtos da chamada indústria cultural, difundidos pelos meios modernos de comunicação (rádio, televisão, cinema, computador, jornais, revistas etc.), utilizando-se de aparatos tecnológicos que favorecem o consumo desses produtos por todas as pessoas, transformaram a cultura (formas simbólicas compartilhadas) numa mercadoria acessível a vários grupos sociais, corroborando, assim, a crença de que se vive na época da informação instantânea e que isso, muitas vezes, é sinônimo de conhecimento. Desse modo, assiste-se a uma mudança radical das instituições, que, tradicionalmente, detinham o monopólio da produção cultural, especialmente a universidade e as escolas. Se os indivíduos conseguem construir suas identidades por meio desse consumo diversificado de bens culturais, resta saber se existe base empírica na hipótese de que há um conhecimento validado e legitimado que circula no formato de mercadoria e que permite que as pessoas tenham liberdade de escolha, servindo-se, dessa forma, de instrumentos simbólicos que favoreçam a construção de suas identidades.

Embora não seja o objetivo deste livro examinar toda a literatura acerca das reflexões sobre a chamada indústria cultural, algumas leituras podem elucidar um determinado desconforto quando se tenta relacionar comunicação e educação, sobretudo quando algumas teorias sobre esses campos, naturalmente interdependentes, são trabalhadas sem as mediações que os caracterizam pelos seus respectivos objetos em disputa. A abordagem descuidada do fenômeno midiático pode converter a pesquisa num libelo contra uma pedagogia alienante das massas, desconsiderando, portanto, que a difusão cultural é feita pelos meios de comunicação de massa, inclusive removendo, pela perplexidade atual, a aura científica que a produção acadêmica reservava a seus cientistas ou intelectuais, caso ainda se considere a universidade o único espaço válido de produção do conhecimento.

Douglas Kellner (2001) e John Thompson (2000), autores que realizam acuradas reflexões sobre esse tema, não evitaram o conceito de ideologia em seus trabalhos, mas tentaram redimensioná-lo de tal forma que os indivíduos não fossem concebidos simplesmente como consumidores da sua própria alienação, não obstante permanecessem nos meandros do conceito de ideologia. Além dos teóricos da Escola de Frankfurt, Adorno e Horkheimer (1985), há ainda autores que trataram do problema, em estudos clássicos sobre a indústria cultural. Em Eco (1970) e Morin (1977), as formas simbólicas difundidas pela indústria cultural são analisadas sem os vieses maniqueístas, mas é com os Estudos Culturais de Birmingham que a "cultura da mídia" ganha estatuto de disciplina acadêmica (Johnson, 1999).

Cultura da mídia, de acordo com Kellner, é uma expressão mais adequada para designar a natureza e a forma como a indústria cultural expressa sua dimensão propriamente cultural. Assim, com essa expressão, é possível evitar os usos ideológicos de termos como "cultura de massa" e "cultura popular", e entender o processo de produção, distribuição e recepção mediante a relação com os meios modernos de comunicação. Essa expressão tem ainda a vantagem de desmistificar o campo de estudos, mostrando que há uma interconexão entre cultura e comunicação na configuração de uma cultura midiática:

A BOA ESCOLA NO DISCURSO DA MÍDIA 51

Na verdade, a distinção entre "cultura" e "comunicações" é arbitrária e rígida, devendo ser desconstruída. Quer tomemos "cultura" como os produtos da cultura superior, quer como os modos de vida, quer como o contexto do comportamento humano, etc., veremos que há uma íntima ligação com a comunicação. Toda cultura, para se tornar um produto social, portanto "cultura", serve de mediadora da comunicação e é por essa mediada, sendo portanto comunicacional por natureza. No entanto, a "comunicação", por sua vez, é mediada pela cultura, é um modo pelo qual a cultura é disseminada, realizada e efetivada. Não há comunicação sem cultura e não há cultura sem comunicação. (Kellner, 2000, p.52-3)

Com essa definição, evitam-se as fórmulas maniqueístas de que o debate sobre educação e comunicação se reveste, podendo desenvolver reflexões mais apropriadas sobre os produtos da chamada indústria cultural. De acordo com Renato Ortiz (1995), a cultura mediada pelos meios modernos de comunicação é uma mercadoria que apresenta um valor de uso. Desse modo, o processo de coisificação no sentido marxista assume uma coloração diferente, uma vez que os produtos culturais desenvolvem uma cultura midiática com apropriações multifacetadas por parte dos indivíduos. Se as formas simbólicas circulam pela mediação dos veículos de comunicação, resta saber se as pessoas possuem acesso à escolarização que permita refletir acerca do "estatuto pedagógico da mídia" (Fischer, 1997) e sobre qual é a valorização e quais os níveis de distinção que o domínio das diversas formas de linguagem desenvolvidas na sociedade moderna garante aos indivíduos.

Kellner afirma que a cultura da mídia é industrial, configurando-se numa produção de massa direcionada para grupos sociais distintos, utilizando-se de fórmulas, códigos e normas convencionais. Trata-se de uma organização empresarial na qual a mercadoria (cultural comercial) tem por objetivo atrair lucros dentro da lógica da acumulação capitalista. Embora esse autor argumente que a cultura da mídia tenha o poder de desenvolver uma pedagogia cultural com a qual seus produtos influenciam as formas de percepção e construção de identidades, ele acredita que, resistindo à sua dominação, aprendendo a ler e a criticar os produtos culturais, é possível desenvolver formas de controle dessa cultura dominante e engendrar novas formas de resistência.

Nesse sentido, o autor aproxima-se de estudos que, de acordo com suas reflexões, situam-se entre a tradição dos Estudos Culturais britânicos e as reflexões da Escola de Frankfurt, passando por posições de teorias pós-modernas, do feminismo e da teoria multicultural. Kellner, entretanto, não se propõe a estabelecer uma genealogia de todas as contribuições dessas teorias ao fenômeno midiático, mas acredita que elas podem elucidar problemas e auxiliar umas às outras quando os limites impostos pela realidade exigem teorias explicativas diversificadas.

De acordo com Kellner, a teoria crítica desenvolvida pelos pensadores da Escola de Frankfurt, a partir da década de 1930, procurou analisar a economia política dos meios de comunicação e a reflexão cultural dos textos e estudos de recepção pelo público, bem como os efeitos sociais e ideológicos provocados pelas formas de massificação da cultura. A expressão "indústria cultural", informa o autor, definia o processo de industrialização da cultura, cujos produtos seriam padronizados, massificados e veiculados para as massas dentro dos imperativos comerciais do sistema capitalista. O consumo de um produto cultural, portanto, coisificado na condição de mercadoria, contribuía, de acordo com os teóricos da Escola de Frankfurt, para legitimar a dominação ideológica e inserir as pessoas na cultura de massas da sociedade.

Kellner, não obstante reconheça a força crítica dessa teoria, procurou apontar seus limites, especialmente em relação à ausência de investigações sobre a economia política da mídia e os processos de produção cultural, a falta de bases empíricas e históricas na construção da indústria da mídia, o aprofundamento de estudos sobre recepção e seus efeitos no público, além da incorporação de novas teorias e métodos para desenvolver uma teoria crítica da cultura e da mídia (Kellner, 2001). O autor critica ainda a dicotomia presente na teoria da Escola de Frankfurt entre cultura superior e inferior,

A BOA ESCOLA NO DISCURSO DA MÍDIA 53

que desconsidera outras formas culturais como música popular, novelas etc. A concepção monolítica de cultura para as massas, bem como a passividade dos consumidores enganados pelos efeitos ideológicos dos produtos da indústria cultural, são consideradas problemáticas, uma vez que essa teoria estabelece um efeito ideológico para a cultura inferior, destinadas às massas e, por conseguinte, apenas a cultura superior realizaria o movimento crítico de questionar a alienação.

A crítica a essa posição dicotômica, e muitas vezes pessimista, dos produtos da chamada indústria cultural é desenvolvida, a partir da década de 1960, pelo Birmingham Centre for Contemporary Cultural Studies, na Inglaterra. De acordo com Kellner (2001), os Estudos Culturais britânicos:

> Situam a cultura no âmbito de uma teoria da produção e reprodução social, especificando os modos como as formas culturais serviam para aumentar a dominação social ou para possibilitar a resistência e a luta contra a dominação. A sociedade é concebida como um conjunto hierárquico e antagonista de relações sociais caracterizadas pela opressão das classes, sexos, raças, etnias e estratos nacionais subalternos. Baseando-se no modelo gramsciano de hegemonia e contra-hegemonia, os estudos culturais analisam as formas sociais e culturais "hegemônicas" de dominação, e procuram forças "contra-hegemônicas" de resistência e luta. (p.48)

Destarte, os estudos culturais procuraram realizar reflexões utilizando-se de bases históricas com investigações empíricas em que são valorizadas formas culturais tidas como cultura inferior, como cinema, televisão e música popular. Todavia, Kellner destaca ainda que também há limites para essa teoria, uma vez que ela ignora a chamada cultura superior, que está excluída de suas análises. Além disso, para esse autor, não se trata de investigar formas culturais que expressam dominação ou subordinação, mas de desenvolver uma teoria que permita lutar contra a dominação e as relações estruturais de iniquidade e opressão. Assim, Kellner acredita que o estudo da cultura da mídia deve ser feito de tal modo que:

54 GERALDO SABINO RICARDO FILHO

Em termos simples, um estudo cultural multiperspectivístico utiliza uma ampla gama de estratégias textuais e críticas para interpretar, criticar e desobstruir as produções culturais em exame. O conceito inspira-se no perspectivismo de Nietzsche, segundo o qual toda interpretação é necessariamente mediada pela perspectiva de quem a faz, trazendo, portanto, em seu bojo, inevitavelmente, pressupostos, valores, preconceitos e limitações. Para evitar a unilateralidade e a parcialidade, devemos aprender "como empregar *várias* perspectivas e interpretações a serviço do conhecimento". (Nietzsche, 1969, p.119, apud Kellner, 2001, p.129)

O reconhecimento de que os objetos produzidos pelos meios modernos de comunicação devam ser analisados como parte do conhecimento produzido pela humanidade, admitindo a irrelevância da divisão entre cultura superior ou inferior, denota que o conceito de cultura da mídia, dentro dos pressupostos metodológicos e teóricos propostos por Kellner, amplia os estudos que relacionam cultura e comunicação. Mas ao preconizar que a crítica à indústria cultural possa de alguma forma emancipar os indivíduos de um domínio que induz ao engodo ideológico, o autor parece retomar os pressupostos iniciais da Escola de Frankfurt, especialmente por acreditar que as críticas aos produtos da indústria cultural podem proporcionar meios para o desenvolvimento de uma educação para traduzir essa cultura da mídia, aumentado assim a autonomia dos indivíduos e permitindo a produção de novas formas de cultura (Kellner, 2001).

A contribuição dos estudos da cultura da mídia se reveste de importância por dois motivos: o primeiro, por fazer com que os produtos da indústria cultural sejam analisados como o resultado de um conhecimento que permeia toda a sociedade, mas que apresenta matizes variados quanto ao conteúdo, na razão direta do capital cultural de seus consumidores; o segundo motivo é que esses produtos passam a ser uma fonte imprescindível na elaboração de estudos que permitam entender de que forma as narrativas e imagens dos meios modernos de comunicação "fornecem os símbolos, os mitos, e os recursos que ajudam a constituir uma cultura comum para a maioria dos indivíduos em muitas regiões do mundo hoje" (ibidem, p.9).

A representação da imprensa sobre temas candentes da sociedade foi desenvolvida por Antônio Fausto Neto (1999). Nesse estudo, o autor utiliza-se de matérias, artigos e editoriais jornalísticos entre o período em que a Aids (Síndrome da Imunodeficiência Adquirida) passa a ser notícia no Brasil, no início da década de 1980, até meados de 1995. Por meio dessa documentação, o autor desvenda de que forma os jornais produziram uma representação sobre a doença, incorporando discursos científicos, dramas individuais, campanhas oficiais, e atribuindo a ela significados variados ao longo dos desdobramentos que a síndrome assume perante a sociedade, pois, de acordo com o autor:

> 1) As mídias estruturam e estruturam-se no espaço público; 2) Enquanto integrantes do espaço público, as mídias atuam nele através de competências próprias, como as de acolher falas neles engendradas, dando-lhes, conseqüentemente, uma dimensão de visibilidade pública; 3) O processo de visibilidade que as mídias dão às diferentes falas que o espaço público produz passa por um conjunto de "leis" e condições de produção internas ao mundo das tecnoculturas das próprias mídias; 4) As experiências do cotidiano e das instituições são progressivamente mediatizadas por dispositivos midiáticos, instâncias que permitem o alargamento da legitimidade e a visibilidade de outros campos, mas ao mesmo tempo, possibilitam o destaque para o seu lugar específico como instância de produção dessa nova ordem. ... 5) Essas operações realizadas a partir das interações entre campo das mídias e outros campos permitem, por essa atividade mediatizadora peculiar, a constituição do espaço público, suas formas de funcionamento, seus atores e processos discursivos. (ibidem, p.16-7)

Com efeito, o espaço público, ou melhor dizendo, o campo em que agentes e instituições disputam poder e liderança, ganha visibilidade por intermédio da mídia, mas a interdependência dos campos em disputa não permite que o campo jornalístico produza todas as formas simbólicas compartilhadas em sociedade. Parte-se da premissa de que os indivíduos podem construir suas identidades e, a julgar pelas pesquisas de recepção ou efeitos da mídia, isso se confirmaria em parte (cf. Fausto Neto, 1999; Kellner, 2001). Esclarece-se, todavia, que esses trabalhos utilizam-se de uma documentação específica produzida pela cultura da mídia, nas quais a forma escrita estabelece uma relação diferenciada com seu público leitor.

Martín-Barbero (2001) investiga com propriedade os matizes culturais da América Latina, localizando as diferenças marcantes que a apropriação da cultura da mídia tem entre a população. Trata-se de uma sociedade que sofre o processo de aculturação, por meio da imagem, mormente com a televisão, em concomitância com a expressividade de sua cultura oral, mas que é excluída do processo de diversificação dos códigos de linguagem em virtude do analfabetismo que grassa em seu meio. Esse autor explicita uma questão que muitas vezes não é considerada nos debates sobre os impactos da cultura da mídia na sociedade: a relutância que os intelectuais, a universidade (o autor situa as faculdades de educação) e as escolas têm em relação aos novos códigos de linguagem que convivem com a escrita mas que não são devidamente traduzidos como formas de comunicação tão legítimas quanto o livro, apesar de Martín-Barbero inserir essa discussão numa sociedade em que a escolaridade não está universalizada. Podem-se inferir duas questões que estão subjacentes a essa análise do autor, sem contudo esgotar a polêmica que elas encerram. A primeira inferência está na afirmação de que o domínio da escrita permite desenvolver formas de distinção social, transformada em prestígio e dominação simbólica; a segunda desdobra-se nas formas de aquisição dessa língua legítima, de maneira desigual, pelos grupos sociais. É preciso reconhecer, assim, que o Estado promove uma universalização da escolaridade, mas o processo de formação de identidades dos indivíduos se realiza pela inserção nessa cultura da mídia. Daí a afirmação de a escola estar sofrendo uma concorrência pedagógica com os meios modernos de comunicação, sendo incapaz de incorporar a cultura da mídia como parte constituinte de seu saber pedagógico.

Contudo, não cabe aqui uma digressão exaustiva sobre as formas simbólicas, em especial a respeito dos códigos de linguagem mediatizados pela imagem, bem como o processo de letramento ou a construção social da leitura (Soares, 2002; Chartier, 2001), mas fundamentalmente, entender as contradições provocadas pela convivência de culturas com legitimidades antinômicas em relação ao domínio da língua legítima, em especial a sociedade brasileira, na qual a cultura da mídia é uma realidade na vida das pessoas, mas não o acesso a todos os códigos de linguagem e comunicação disponíveis, especialmente o acesso aos códigos da escrita, uma vez que, "conquanto a imprensa seja ainda o espaço de opinião decisiva dos setores dirigentes, ela representa, não obstante, em nossos países, uma mídia econômica e culturalmente inacessível às maiorias" (Martín-Barbero, 2001, p.40).

A discussão que se segue trabalha com a hipótese de que o domínio da língua legítima[1] e seu corolário preciso da escrita gramaticalmente aceita (Bourdieu, 1998b) produz formas de segregação motivadas pelas lutas com distribuição desigual de capital específico na produção de uma representação, de acordo com o objeto proposto para essa pesquisa, de uma *boa escola*.

Pierre Bourdieu elaborou um estudo acerca das trocas lingüísticas, estabelecendo um diálogo com as apropriações estruturalistas que as ciências sociais fizeram da lingüística. De acordo com esse autor, os lingüistas analisam o desenvolvimento da língua fora do espaço social em que ela é produzida. Para resolver isso, ele propõe uma alternativa que possa superar as análises economicistas e culturalistas, bem como entender a constituição de um mercado das trocas lingüísticas, o que implica ampliar os estudos

---

1 "A autoridade da língua legítima reside nas condições sociais de produção e de reprodução da distribuição entre as classes do conhecimento e do reconhecimento da língua legítima, e não no conjunto das variações prosódicas e articulatórias definidoras da pronúncia refinada como sugere o racismo classista, e muito menos na complexidade da sintaxe ou na riqueza do vocabulário, quer dizer, nas propriedades intrínsecas do próprio discurso" (Bourdieu, 1998b, p.93).

da língua para compreender a fala socialmente produzida numa relação de mercado.

> Todo ato de fala e, de um modo geral, toda ação é uma conjuntura, um encontro de séries causais independentes: de um lado as disposições, socialmente modeladas, do *habitus* lingüístico, que implicam uma certa propensão a falar e a dizer coisas determinadas (interesse expressivo), definida ao mesmo tempo como capacidade lingüística de engendramento infinito de discursos gramaticalmente conformes, e como capacidade social que permite utilizar adequadamente essa competência numa situação determinada; do outro, as estruturas do mercado lingüístico, que se impõem como um sistema de sanções e de censuras específicas. (ibidem, p.24)

Essa troca lingüística acontece numa relação de força simbólica entre um agente dotado de um determinado capital lingüístico e o seu interlocutor. "A eficácia própria desse poder exerce-se não no plano da força física, mas sim no plano do sentido e do conhecimento" (Bourdieu, 2000, p.60). Essa competência só pode ser verificada se existir um mercado para ela. De acordo com o autor, do mesmo modo que, no mercado econômico, há monopólios, produtores e produtos em competição desigual, o mercado lingüístico também possui leis gerais que determinam a formação de preços:

> O mercado lingüístico é algo muito concreto e, ao mesmo tempo, muito abstrato. Concretamente, é uma certa situação social, mais ou menos oficial e ritualizada, um certo conjunto de interlocutores, situados abaixo e acima na hierarquia social, ou seja, uma série de propriedades percebidas e apropriadas de maneira infraconsciente e que orientam inconscientemente a produção lingüística. Definido em termos abstratos, é um certo tipo de leis (variáveis) de formação dos preços das produções lingüísticas. (Bourdieu, 1983, p.97)

O capital lingüístico só tem validade de trocas e possibilidades de antecipação de lucros dentro de um mercado, sendo, portanto, necessário, que haja a unificação de uma língua oficial, controlada e censurada pelas autoridades com poder para prescrever essa domi-

A BOA ESCOLA NO DISCURSO DA MÍDIA 59

nação. Os dicionários e a unificação do Estado-Nação por meio do ensino de uma língua gramaticalmente legítima (escola) concretizam o poder de dominação não pelo poder econômico, mas pela mediação com as formas simbólicas de controle dos discursos, cujo sentido é o resultado da competência lingüística de um locutor socialmente reconhecido, dispondo de capital cultural, expresso em títulos escolares, capital social, expresso num *habitus* lingüístico, e sua relação com um mercado de preços em que esse discurso ocorre.

A legitimidade da língua legítima, ao ser produzida num mercado de preços, permite entender o "rito de instituição", no caso em questão, na sociedade brasileira, pois Bourdieu trabalha "as propriedades invariantes dos rituais sociais entendidos como ritos de instituição" (ibidem, p.98). De acordo com o autor, esse rito, mais que marcar uma passagem ou uma separação, deveria ser analisado pela linha que define essa separação entre, por exemplo, o menino circuncidado e o menino não-circuncidado, ou todas as práticas em que se naturalizam segregações sociais, uma vez que consagra um indivíduo em detrimento de um outro que não passou pelo ritual e que será marcado pela falta dessa passagem. Assim, opera-se uma distinção social entre aqueles que foram aprovados em primeiro lugar num exame vestibular e o outro candidato, que não foi classificado. Bourdieu utiliza-se do exemplo de um concurso, argumentando que ao primeiro serão garantidos todos os privilégios e vantagens da carreira escolhida (engenheiro politécnico), enquanto o outro não será nada. Contudo, no caso brasileiro, e em outros países, isso não parece ser diferente: o candidato não classificado dirige-se para uma universidade de menor prestígio, na qual ele pode ser um engenheiro politécnico, e mesmo recebendo o título que o separa socialmente daqueles que não serão universitários, o ritual de instituição se opera dentro do processo de outorga de títulos entre as universidades.

Os sociólogos da ciência chegaram à conclusão de que as maiores realizações científicas eram de autoria de pesquisadores egressos das instituições escolares de maior prestígio. Tal fato se explica em ampla medida pela elevação do nível de aspirações subjetivas que determinam o reconhecimento coletivo (isto é, objetivo) destas aspirações e a atribuição a uma classe de agentes (os homens das grandes escolas, os escritores consagrados etc.), aos quais não apenas tais aspirações são concedidas e reconhecidas como direitos ou privilégios (em oposição às pretensões pretensiosas dos pretendentes), mas também atribuídas, impostas à ordem. Fico pensando no desenho de Schulz no qual se vê Snoopy dizer, encarapitado no teto de sua casinha: "De que maneira ser modesto quando se é o melhor". Seria preciso dizer simplesmente: quando é de reconhecimento público – eis o efeito de oficialização – que se é o melhor, aristos. (Bourdieu, 1998b, p.101)

Há algumas semelhanças com a análise de Boaventura de Sousa Santos (2001), em especial no que se refere à tentativa da universidade de garantir seu monopólio por meio da distinção acadêmica. Contudo, Bourdieu demonstra que os ritos de instituição, por meio dos diplomas, são a garantia de que há um reconhecimento social inibindo as realizações de quem não ostenta essa consagração. Não obstante, pode-se inferir acerca da figura do especialista na imprensa brasileira. Não só sua presença no processo de legitimidade de uma notícia ou inserção no debate se faz par a par com sua distinção acadêmica, como também a titulação, sempre destacada após a menção do nome, enfatizando quem é esse intelectual e qual é sua instituição, geralmente aquelas consideradas de prestígio.

Por analogia, no Brasil, a aquisição da leitura, ainda que os documentos oficiais declarem que o Ensino Fundamental esteja praticamente universalizado, expressa um grau de distinção muito grande, mormente pelo analfabetismo funcional que compete como a tragédia do analfabetismo estrutural, de acordo com dados de avaliações internacionais (PISA) e fontes do MEC/INEP. Desse modo, a segmentação de jornais e revistas define a distinção de um público leitor, e aí "público" é tomado no sentido de acesso a leitores diversificados. "Enquanto o livro manteve e até reforçou durante muito tempo a segregação cultural entre as classes, foi o jornal que começou a possibilitar o fluxo, e o cinema e o rádio que intensificaram o encontro" (Martin-Barbero, 2003, p.71).

A BOA ESCOLA NO DISCURSO DA MÍDIA 61

Contudo, essa parece ser a dificuldade das análises sobre a presença dos meios modernos de comunicação na vida dos indivíduos, pois o acesso à informação democratizou e inseriu as pessoas no processo de produção da cultura, submetendo a cultura dita superior a uma crise de identidade em virtude do crescimento de uma cultura de massas. No entanto, essa não esmoreceu, seja pela presença da escola e dos rituais de instituição que estabelecem os limites culturais e, por conseguinte, os níveis de prestígio e consagração a que se pode usufruir mediante o domínio da língua legítima, seja pela dualidade do sistema de ensino, que reproduz e naturaliza a segregação cultural. Martín-Barbero (2001), por exemplo, analisa a pouca importância que a escola dedica às imagens num mundo em que essa forma de linguagem deve ser tratada menos como ilustração da sala de aula e mais como um código de comunicação utilizado, especialmente, pelos mais jovens. No entanto, a escrita ainda é um fator de distinção dentro do processo de dominação simbólica em que o capital cultural objetivado ou apropriado define os níveis do poder discursivo e nos quais ele pode ser pronunciado. Em outras palavras, o capital cultural de uma pessoa é medido pelos anos de escolaridade e pelos títulos acadêmicos acumulados, não pelo número de horas assistindo à televisão ou acessando a Internet.[2] Portanto, a língua legítima tem o poder de definir as representações daquilo que se pretende fazer existir, mediante a palavra autorizada que, ao ser enunciada, é instituída na e pela capacidade de agentes que reconhecem e são reconhecidos pelos leitores, que aceitam a legitimidade da representação feita pelo veículo de comunicação das notícias que "representam" a vida em sociedade, por meio da figura do especialista que atesta com seu prestígio e consagração a verdade enunciada.

---

2 Essa discussão foi feita pela professora Maria Celeste Mira, em outubro de 2002, durante reflexões realizadas no grupo de estudos sobre a obra de Pierre Bourdieu, organizado pela professora Dra. Maria da Graça Setton, na Faculdade de Educação da Universidade de São Paulo.

A história da revista *Veja*

> Se um marciano viesse à Terra e decidisse ficar sabendo dos eventos da hora que passa, haveria de alcançar a banca mais próxima para munir-se de uma revista semanal de informação. Depois da leitura, somente lhe faltaria tirar o chapéu para si mesmo, pois a revista semanal de informação, desde que realmente digna do rótulo, conta os fatos, explica os porquês e relaciona-os com o passado para desenhar, com razoável grau de aproximação, o perfil do futuro. Assim, nem mesmo um marciano poderia considerar-se perdido sobre o planeta Terra.
>
> Carta (*Veja*, set. 1972)

A notícia de um marciano chegando à Terra seria um fato inenarrável, e tão irreal quanto a transmissão de notícias sobre a invasão de discos voadores. Mas a finalidade de uma revista de informação, apresentada aos leitores, se confirmou como uma realidade na imprensa brasileira. 1968 foi um ano de acontecimentos insólitos no Brasil e em outros países, a efervescência de fatos políticos e sociais mudou a compreensão das pessoas sobre o mundo. Algumas utopias se dilaceraram na "Primavera de Praga", outras foram sepultadas nas selvas bolivianas, e alguns sonhadores no Brasil perderam suas vidas na luta contra o regime militar. Se 1968 é o ápice das revoltas, revoluções, tempos da contracultura, a década revela também o crescimento significativo de uma indústria cultural no Brasil, agora em moldes empresariais, fazendo com que o desenvolvimento tecnológico corroborasse com o crescimento das formas simbólicas de comunicação. Todavia, o predomínio das imagens da TV não inviabilizou o projeto de criação de uma revista semanal de informação, ao contrário, ela pôde construir legitimidade e liderança nesse campo, beneficiando-se do poder de distinção que a chamada mídia impressa tem perante alguns setores da população, não obstante sua história revelar dificuldades iniciais para criar essa tradição.

De acordo com as pesquisas de Maria Celeste Mira (1997), André Luiz Piva de Carvalho (1998) e Daniella Amâncio Aragão

A BOA ESCOLA NO DISCURSO DA MÍDIA **63**

(2001), o projeto de criação de uma revista de informação, à maneira da *Time* ou de outras revistas de grande sucesso nos Estados Unidos, já era cogitado no Brasil em meados dos anos 1950. No princípio dessa década, o Grupo Abril começara sua inserção no mercado editorial brasileiro, explorando inicialmente as revistas em quadrinhos, deixando o projeto de uma revista de informação para ser criado após desenvolver experiências com outros modelos de revistas, de acordo com os diretores da editora. A publicação de revistas como *Realidade*, *Cláudia* e *Quatro Rodas* contribuiu, no final dos anos 1960, para o desenvolvimento de uma revista de informação.

Seu principal idealizador, Roberto Civita, tivera uma formação acadêmica nos Estados Unidos, tendo estudado economia e jornalismo, concomitantemente, na Universidade da Pensilvânia. Nessa universidade, após ter defendido uma tese sobre uma editora local, a *Curtis*, ele é escolhido como estagiário pelo grupo *Time-Life*. Na sua volta ao Brasil, Roberto Civita almejava criar uma revista de negócios, outra masculina, e uma de informação, inspirada na norte-americana *Time*.

O projeto de *Veja* pode ser considerado ousado, pois objetivava a criação de uma revista de informação num campo dominado por revistas com características jornalísticas distintas. *O Cruzeiro* se preocupava em publicar matérias com curiosidades sobre o Brasil, de acordo com Aragão (2001), enfatizando as informações com ilustrações, mas não primava pela isenção e rigor jornalístico. Com a *Manchete* havia uma posição que diferia exatamente por privilegiar, em suas matérias, mais cores e imagens, em detrimento dos textos.

Dentro dessa disputa no campo jornalístico, a equipe de *Veja* foi organizada com a participação de diversos jornalistas, em especial os vindos do *Jornal da Tarde*, comandados pelo jornalista Mino Carta, contratado para produzir essa nova revista de informação.[3]

---

3 A maior parte dos jornalistas que trabalharam na criação da revista *Veja* foi contratada por meio de anúncios que o Grupo Abril veiculou nos principais jornais e revistas do país com o objetivo de contratar jovens universitários, com graduação em qualquer área, mas que gostassem de ler e escrever. O Grupo Abril promoveu um curso de jornalismo em suas dependências para os candidatos

64 GERALDO SABINO RICARDO FILHO

Veja foi lançada em setembro de 1968 em meio a uma poderosa campanha publicitária que envolveu, inclusive, as redes de televisão. Mas apesar das várias expectativas da equipe que se formou, os primeiros anos da revista resultaram num total fracasso de vendas. Alguns motivos apontados pelas pesquisas do Ibope estavam na pouca aceitação do público leitor de uma revista sem a quantidade de imagens que as outras em circulação na época apresentavam. É preciso mencionar o crescimento da televisão no dia-a-dia das pessoas, bem como o processo de urbanização e um aumento, apesar de incipiente, das taxas de escolaridade, que estavam alterando o acesso da sociedade brasileira à informação.

As estratégias de luta dos editores da revista *Veja* exigiram um trabalho de reconhecimento desse campo em disputa para criar formas de subvertê-lo. De início, de acordo com Mira (1997), *Veja* enfatizou o texto das matérias, dando pouca importância às imagens, o que provocou, nos leitores, uma reação pouco amigável: as pesquisas do Ibope de 1969 detectaram uma preferência de apenas 2% em relação à revista do Grupo Abril, e colocando na liderança de vendas as revistas *Manchete* e *O Cruzeiro*. Dessa forma, para aceitar as leis inerentes ao campo, e ao mesmo tempo lutar para atingir posições hegemônicas, os editores de *Veja* incorporaram, gradativamente, mais fotos e cores, contudo, sem renunciar ao seu projeto original de fazer uma revista de informação semanal. O crescimento das vendas da revista nos anos seguintes se deu pelas estratégias que o grupo desenvolveu para salvá-la da bancarrota. De acordo com Mário Sérgio Conti (apud Aragão, 2001), Roberto Civita teve a idéia de criar um sistema de vendas por assinatura, algo inexistente no Brasil naquele momento. Para isso foi feito um acordo com os representantes dos jornaleiros, para que estes não boicotassem as vendas nas bancas. Essa medida comercial foi um sucesso progressivo, no entanto, não se pode atribuir apenas ao trabalho de marke-

---

selecionados, formando, assim, a primeira equipe que iria produzir uma revista semanal de informação sob o comando de Mino Carta, o único, à exceção de Roberto Civita, com experiência nessa área do jornalismo (Souza, 1988).

A BOA ESCOLA NO DISCURSO DA MÍDIA **65**

ting o mérito do crescimento da revista, mas associá-lo aos fatores ligados à circulação das formas simbólicas, atributo do crescimento da indústria cultural no país, no qual a televisão e suas imagens instantâneas inviabilizaram a maioria das revistas ilustradas, mas fazendo com que a maior parte dos jornais e revistas se adaptassem à imagem da televisão, privilegiando uma dada especialização ou segmentação na forma de abordar o acontecimento (Carvalho, 1998).

Atualmente, de acordo com Aragão (2001), *Veja* possui mais de um milhão de assinaturas, o que representa mais de 80% das suas vendas. Esses dados colocam a revista na condição de líder no país e na América Latina – e a quarta maior do mundo. A posição dominante de *Veja* nesse campo dos meios de comunicação, apesar da concorrência de publicações como *Isto É* e *Época*, é indubitável (a revista *Época* apresenta uma tiragem de cerca de meio milhão de exemplares, enquanto *Isto É* não publica sua tiragem, mas pelos indicadores do IVC, não supera *Veja*). Além disso, essa publicação é dotada de uma complexa e bem estruturada rede de distribuição em todo o Brasil, dentro de um projeto bem-sucedido de integrar todas as regiões brasileiras por meio da informação.

Cabe lembrar, entretanto, que após a demissão de Mino Carta da direção da *Veja*,[4] ele funda anos mais tarde (1976) a revista *Isto É*. A proposta dessa revista era, em termos jornalísticos, diametralmente diferente: pretendia apresentar matérias com pontos de vista matizados por polêmicas e, segundo consta, criar um debate com a sociedade. No entanto, essa publicação era estreante nesse campo jornalístico, o que justifica sua posição herética, mas para se adequar às modalidades da competição e lutas no campo, a revista é vendida para a Editora Três em 1979, e os textos jornalísticos se

---

4 A saída de Mino Carta da direção da revista *Veja* é controvertida. De um lado, as diversas matérias publicadas por jornalistas que trabalharam na revista (ou ainda trabalham) apresentam versões amenizadas da demissão de Carta, ao passo que o próprio deixa claro, em entrevista à revista *Comunicação & Educação*, que sua saída se deu por motivos políticos (pressão do ministro da Justiça Armando Falcão) (Fígaro, 2002).

aproximam do estilo de *Veja*. Em outras palavras, de acordo com Mira (1997), aceitam-se as regras do jogo desse campo para subverter o próprio campo, mas dentro da lógica de mercado, a fim de sobreviver e disputar a legitimidade e a dominação com as leis inerentes aos objetos em luta.

Veja realizou diversas inovações gráficas, com o objetivo de revestir sua posição hegemônica no campo com novas estratégias. Na "Carta ao Leitor" (set. 1996), por exemplo, é anunciada uma revista mais colorida e atraente. Completando essas mudanças, *Veja* aumentou o número de colaboradores, contratando intelectuais, geralmente com formação em economia, para escrever sobre assuntos variados, como análises de conjunturas, tendências econômicas e educação. De acordo com Julio Cesar de Barros,[5] a revista se organiza da seguinte forma: Editorias (Brasil, Internacional, Economia e Negócios, Artes e Espetáculos, Guia, Geral); Abertura (as seções Carta ao Leitor, Páginas Amarelas,[6] Cartas, Radar, Holofote, Contexto, *Veja* Essa, Gente, *Veja On-line*, Datas, *Veja* Recomenda, Livros mais Vendidos); Colunas (Ponto de Vista, Ensaio, Em Foco, Diogo Mainardi). Na coluna Ponto de Vista há o revezamento dos colaboradores Diogo Mainardi, Dorrit Harazim, Gloria Kalil, Stephen Kanitz, Cláudio Moura Castro e Luiz Felipe de Alencastro. O Grupo Abril investe também na área multimídia, criando um portal de acesso à Internet, o BOL (Brasil *Online*), mas para ampliar os investimentos esse portal se funde com o do Grupo Folha, dando origem ao portal UOL (Universo *Online*). Dessa forma, existe uma *Veja On-line*, com um site de notícias diárias, confirmando a lide-

---

5 Informação obtida com Julio Cesar de Barros, secretário de Redação da revista *Veja*, mediante conversa em 17.10.2002.

6 As entrevistas são denominadas Páginas Amarelas, nome firmado no início dos anos 1970, quando a revista passou a publicar, em suas páginas iniciais, uma entrevista com uma personalidade de destaque em sua área de atuação. Inicialmente, as páginas deveriam apresentar uma cor diferente das do corpo da revista. Contudo, em virtude do estoque de papel amarelo na Editora Abril, essa cor utilizada se popularizou, permanecendo, assim, essa tonalidade (Mira, 1997).

rança da revista também nesse novo campo jornalístico. Contudo, de acordo com Aragão (2001), a elaboração de uma revista *online* acompanha ainda as formas tradicionais da edição impressa. Além disso, Carvalho (1998) argumenta que mesmo com o computador, a leitura no monitor não desperta tanto prazer no leitor, pois o contato com a revista impressa, utilizando-se da visão e do tato, incentiva a imaginação diante do contato com as páginas, a tipologia das letras, os espaços em branco ou coloridos, as ilustrações, revertendo assim, de acordo com o autor, em ações complementares à leitura e às formas como as informações são assimiladas.

O estilo de *Veja*

Em *Veja* (8 set. 1971) há uma definição de Mino Carta sobre o estilo da revista, na qual, em meio às suas reminiscências, ele discorre sobre a concepção de jornalismo que deveria caracterizar sua criação:

> Lembro-me das minhas primeiras aulas de jornalismo, recebidas do meu pai, jornalista, quando eu, menino de reações tão óbvias quanto as previstas pelos livros de psicologia, desejava ser igual a êle. Meu pai era bastante irônico, sobretudo em relação a si mesmo, e temia as frases importantes e empoladas – ainda assim tinha os seus momentos, já não recordo se no dias de sol. E então dizia que a obrigação do jornalista é informar e ao mesmo tempo oferecer ao leitor a possibilidade plena de entender a informação em todos os seus significados, não apenas por obra de um texto claro, mas também relacionando-o com outras que com ela tivesse a ver e extraindo-lhe as causas e antecipando-lhe os desenvolvimentos. No começo de 1968, muitos anos depois dessas aulas, ao ser convidado para dirigir a redação de uma revista que haveria de chamar-se *VEJA*, eu percebi que dificilmente voltaria a ter a oportunidade semelhante de pôr em prática aquêles ensinamentos de meu pai. Aceitei o convite pronto a saborear a oportunidade. Mas o gôsto dela, no princípio, não foi agradável, para mim e para todo o pessoal de *VEJA*. No cardápio dos nossos propósitos o prato de resistência era a ambição de criar uma fórmula brasileira para o gênero de sema-

nário imaginado há 48 anos por dois moços, nos seus passeios pelas alamêdas de uma universidade americana: Britton Hadden e Henry Luce, os inventores de "Time". Logo, ao ser lançada exatamente há três anos, *VEJA* revelou-se uma tarefa muito mais importante do que supunham mesmo aquêles entre nós, que vinham de longos anos de profissão. E enquanto ensaiávamos penosamente um estilo original e adequado ao público que pretendíamos atingir, mais penosamente ainda procurávamos cobrir a distância que separa um jornalismo satisfeito com a simples descrição dos fatos de um jornalismo voltado para as razões e as conseqüências dêsses fatos. Verificamos que o caminho é perigoso antes que comprido – e percorrê-lo valeu por uma escalada. Mais do que tudo, pagamos pela nossa ousadia. Hoje sabemos o que *VEJA* é e o que dela queremos: descobrimos a nossa receita e se, de quando em quando, não podemos usar, mantemos um cardápio variado, capaz de agradar a diversos paladares. ... Mais uma vez *VEJA* buscou identificar as leis que regulam o fluir dos acontecimentos. Com a humildade daqueles que não se dizem objetivos, pois a objetividade não é uma qualidade humana, é a característica dos robôs. Mas com a certeza de ter sido, sempre e acima de tudo, honesta.

A análise de Carta acerca das dificuldades de *Veja* para se firmar como uma revista semanal de informação e o perfil de leitor que ela pretendia atingir revelam duas situações que se fizeram presentes na história da revista. A primeira por conta dos problemas que a publicação encontrou para legitimar essa concepção de jornalismo em meio às tradicionais revistas ilustradas, daí a insistência desse autor de conceituar o estilo dessa revista. A segunda, inerente ao leitor que consumiria *Veja*, estava na forma como a notícia seria apresentada, e esse ponto merece um detalhamento maior, uma vez que alguns editoriais em que Mino Carta procurou realizar esse convencimento demonstram a evolução de *Veja* quanto ao estilo que se firmou nas matérias publicadas. A situação política não era favorável à prática jornalística em virtude da censura política, mas a revista se caracterizou como um veículo de resistência à ditadura militar exatamente por ousar denunciar fatos durante o AI-5 (Ato Institucional nº 5), época em que as matérias que contrariassem a chamada

A BOA ESCOLA NO DISCURSO DA MÍDIA **69**

ordem estabelecida eram impedidas de ser publicadas. Mas mesmo nesse clima de censura, Mino Carta escreve em "Carta ao Leitor" (4 out. 1972) comentários em que se mesclam denúncias de um surto de meningite e o papel da imprensa de informar os acontecimentos:

> No Brasil, a opinião pública acostumou-se a ver apresentados, na justa e galvanizante medida, os dados extraordinários do nosso crescimento econômico .... Da mesma forma, programas de ação política e social, movidos pela mais elevadas intenções, foram levados ao conhecimento do público através da mobilização maciça dos meios de comunicação, em campanhas destinadas a conquistar-lhes rapidamente o apoio popular. Nessa larga e bem-intencionada operação, corre-se o risco de vender também uma idéia paradoxal: a de que somente o agradável há de ser noticiado, o que pode vir a ser, às vezes, uma nova versão do antigo jogo de tapar o sol com a peneira. ... Já há meses, na cidade de São Paulo e em alguns outros pontos do país, ocorre o recrudecimento de uma doença muito temida, a meningite. Discute-se se é o caso de falar-se em epidemia ou de surto epidêmico, como se as duas expressões não significassem a mesma coisa – mas somente agora, no momento em que os boatos fervilham, os colégios são invadidos por mães apavoradas e as farmácias esgotam os seus estoques de remédios, as autoridades começam a fornecer algumas informações ... Ainda assim são informações vagas desamparadas dos números que deveriam dar a medida do fenômeno. Por isso a desinformação gera pânico – e a imprensa, esta imprensa tão desprestigiada, hoje em dia tão facilmente acusada de propalar falsidades e de abeberar-se nas águas do sensacionalismo, fica isolada na tarefa antiga, humilde e mais uma vez indispensável: a de informar.

Nota-se aqui a fina ironia com que o autor descreve o papel da imprensa, em especial dos veículos de comunicação que conviviam com a censura prévia em suas redações, mas que não impediu, seja por incompetência dos censores, seja ainda pelo talento e criatividade[7] dos jornalistas, de se realizarem críticas à situação do país como

---

7 Podem-se atribuir à criatividade dos jornalistas fatos como estes: "no nº 287 saem cartas de nove redatores da própria *Veja* falando sobre a matéria 'o longo drama chileno', que teria saído no número anterior. Na verdade, a matéria total-

70 GERALDO SABINO RICARDO FILHO

a descrita acima. Pode-se perceber que o texto articula a denúncia do evidente surto de meningite às realizações econômicas e sociais que, embora figurassem nas propagandas oficiais do regime, não eram a realidade que a população experimentava em seus lares, em especial porque o chamado milagre brasileiro não se converteu na distribuição mais eqüitativa de renda e justiça social.

Depreende-se que as "Cartas ao Leitor" publicadas sob a responsabilidade de Mino Carta têm por objetivo destacar a construção de um perfil da revista quanto ao tipo de jornalismo que caracterizaria uma publicação semanal de informação, nos moldes da norte-americana *Time*, mas que sofreu diversas adaptações, de acordo com as demandas explicitadas pelos leitores de *Veja*. Assim, é atribuída a Mino Carta, por exemplo, a idéia de iniciar a revista com uma entrevista com uma personalidade de destaque, dando origem às "Páginas Amarelas", bem como a contratação de Millôr Fernandes para escrever uma coluna na revista, além de encartes com fascículos sobre a chegada do homem à Lua. O crescimento posterior de *Veja* consolida o gênero revista semanal de informação no Brasil, o qual é destacado por Silva (1983) quando realiza uma análise dos primeiros quinze anos da revista:

> *Veja* é [uma] revista que segue claramente um modelo norte-americano. Apesar das características que a abrasileiraram, ela segue os padrões clássicos definidos por Henry Luce para a *Time* em 1922: é uma publicação departamentalizada, que apresenta um resumo das principais notícias da semana em todas as áreas de forma organizada, em seções e subseções; pratica o jornalismo interpretativo que tenta tirar de cada fato suas ligações com os demais e mostrar-lhes os antecedentes e

---

mente vetada, não fora publicada" (Souza, 1988, p.99). Exemplos dessas cartas: "Sr. Diretor: a respeito da reportagem 'o longo drama chileno' (*Veja*, n° 286), gostaria de observar o seguinte: o Chile é um país comprido. José Roberto Guzzo, redator-chefe da revista *VEJA*, São Paulo, SP". Ou: "Sr. Diretor: faltou destacar na reportagem sobre o Chile que ele tem sua extremidade norte no norte, e sua extremidade sul no sul. Sérgio Pompeu, redator-chefe da revista *Veja*, São Paulo, SP" (ibidem).

A BOA ESCOLA NO DISCURSO DA MÍDIA **71**

eventuais desdobramentos; procura atingir o leitor padrão com um estilo de redação impessoal e elegante, uniforme da primeira à última página, como se toda a revista tivesse sido escrita por uma só pessoa. (ibidem, p.29)

A fórmula preconizada por Luce[8] encontra semelhanças em editoriais de Mino Carta e também em declarações de Roberto Civita (Reis & Borgneth, 1978), em entrevista no décimo aniversário da revista, na qual ele procura caracterizar a forma como as informações devem ser produzidas, especialmente diante das alterações que ocorrem na sociedade. De acordo com Carvalho (1998), as revistas procuram superar a simultaneidade da televisão e a periodicidade dos jornais com estratégias identificadas pela criatividade, processos inventivos, padrão de organização, utilização de alta tecnologia, com o uso de imagens, fotos, gráficos, ilustrações, ênfase nas cores, diagramação, arte e utilização de material de qualidade, como papéis brilhantes. São formas pelas quais *Veja* superou as resistências iniciais de sua proposta jornalística:

> Entre as estratégias da revista, ainda com o objetivo de suplantar os outros *media*, observamos sua preocupação em se apossar do fato, que de certa forma já foi dispensado pelo jornal e a televisão – isto não quer dizer que a revista pega as sobras, muito pelo contrário, sua apropriação do principal é definida e soberana, mesmo que aqueles veículos disputassem o fato, a revista o tomaria para si de qualquer jeito, distribuindo-o juntamente com os demais acontecimentos para que sofram um processo de hierarquização em função de suas diversas seções (po-

---

8 Os criadores da *Time* preconizam o seguinte: "As pessoas falam muito sobre o que não sabem. Isso não é culpa dos jornais: eles exprimem todas as notícias. Isso não é culpa das revistas semanais: elas desenvolvem adequadamente e conectam as notícias. Dizer, com cinismo fácil, que é culpa das próprias pessoas, é reduzir a questão. As pessoas são desinformadas porque nenhuma publicação adaptou-se ao tempo que os homens ocupados podem gastar simplesmente para manterem-se informados" (Theodore Peterson. *Magazines in the Twentieth Century*. Urbana, Chicago, Londres: University of Illinois, s/d. p.326, citado em Mira, 1997, p.133).

72 GERALDO SABINO RICARDO FILHO

lítica, economia, artes, cultura, etc.), quando a capa alcança o privilégio maior. Tais seções, comparadas a verdadeiras janelas para a exposição dos fatos, são estruturadas para que a revista seja reconhecida como um dispositivo de compreensão da realidade. Se não houvesse essa preocupação com a estrutura, ou homogeneização através das seções hierarquizantes, a lógica dos discursos da atualidade do relato jornalístico utilizado pela revista não encontraria suporte, seria engolida pela mídia diária. (ibidem, p.124)

Pode-se inferir que essas estratégias de organizar os acontecimentos, com o recurso analítico e, muitas vezes, de prognósticos de notícias, como por exemplo a divulgação de uma nova lei no ensino básico, dentro das hierarquias estabelecidas na revista, seduzem o leitor com a noção de que aquela informação tem consistência com a realidade, somando-se a isso a presença da figura do especialista que corrobora as matérias publicadas, dando-lhes aspecto de cientificidade e legitimidade.[9] Todavia, de acordo com as análises de Mira (1997), *Veja* está orientada para um público que interfere no conteúdo das publicações mediante a interação que as pesquisas de marketing realizam, fazendo com que a revista altere ou enfatize reportagens de acordo com as demandas de seus leitores. De acordo com Carvalho (1998), as revistas são produzidas para atender determinados grupos da sociedade que, em termos de marketing, dirigem-se a estratégias deb aproximação entre o público e o produto a ser consumido.

Mas a característica de uma revista de ou para a classe média implicaria encontrar um conceito que pudesse caracterizar esse termo, talvez próprio para pesquisas de mercado, mas insuficiente para categorias de análises que possam fornecer explicações pela sua prefe-

---

9 Uma pesquisa viável sobre essa questão poderia ser feita entre os professores e coordenadores pedagógicos das escolas que utilizam com muita freqüência matérias publicadas sobre comportamento ou temas de interesse geral em suas reuniões pedagógicas. Poderia se investigar de que forma é feita a apropriação desse material jornalístico na escola.

A BOA ESCOLA NO DISCURSO DA MÍDIA   **73**

rência ou mesmo leitura. Desse modo, defende-se aqui que o consumo de um bem simbólico está ligado ao acesso dos indivíduos à escolaridade formal, uma vez que esse acesso desigual promove níveis de distinção motivada pelo capital cultural, inerente a indivíduos que reconhecem a autoridade da língua legítima.

Os intelectuais, a imprensa e o Estado

A história da revista *Veja* não se explica sem a noção de campo jornalístico desenvolvida por Bourdieu (1997). De acordo com esse autor, não se pode explicar a vinculação de uma emissora ou de um jornal por estarem ligados a um determinado grupo, mas, além disso, é necessário entender as relações que se estabelecem com outras emissoras, com os anunciantes, bem como sua inserção no mercado e "o capital coletivo de jornalistas prestigiosos", pois:

> o mundo do jornalismo é um microcosmo que tem leis próprias e que é definido por sua posição no mundo global e pelas atrações e repulsões que sofre da parte de outros microcosmos. Dizer que ele é autônomo, que tem sua própria lei, significa dizer que o que nele se passa não pode ser compreendido de maneira direta a partir de fatores externos. (ibidem, p.55)

Com o conceito de campo jornalístico, é possível entender o papel do jornalista num mundo produtor de formas simbólicas. De acordo com Bourdieu, os jornalistas detêm o monopólio da informação, mormente com os instrumentos de sua produção e circulação, e por meio desse domínio conseguem um controle relativo sobre a difusão de produções culturais de artistas, cientistas e escritores. Esse monopólio, analisa o autor, permite que um livro como *O mundo de Sofia* seja legitimado como um bom estudo de filosofia, apenas porque suas vendas atingiram a cifra de 800 mil exemplares na França, além de ter sua divulgação nos meios de comunicação de massa. No entanto, esses jornalistas,

> embora ocupem uma posição inferior, dominada, nos campos de produção cultural, eles exercem uma forma raríssima de dominação: têm o

74 GERALDO SABINO RICARDO FILHO

> poder sobre os meios de se exprimir publicamente, de existir publicamente, de ser conhecido, de ter acesso à notoriedade pública ... e eles podem desviar uma parte desse poder de consagração em seu proveito (o fato de que os jornalistas estão, mesmo os mais reconhecidos, em posição de inferioridade estrutural com relação a categorias que eles podem dominar ocasionalmente, como os intelectuais – entre os quais eles ardem para classificar-se – e os políticos, contribui sem dúvida para explicar sua tendência constante ao antiintelectualismo). (Bourdieu, 1997, p.65-6)

Quanto ao papel do intelectual e sua participação nos meios de comunicação de massa, Bourdieu (1997) analisa a colaboração na imprensa, qualificando essa produção intelectual de heterônoma, uma vez que, na falta de consagração para esses intelectuais entre seus pares, ela passa a ser buscada fora do seu campo. De acordo com o autor, esses intelectuais "são o cavalo de Tróia através do qual a heteronomia, isto é, as leis do comércio, da economia, se introduzem no campo" (ibidem, p.91). Os intelectuais reconhecidos por seus pares, por meio do seu capital específico, têm mais possibilidades de resistir a essa colaboração, pois ela significa a perda da autonomia do seu campo. Em outras palavras, o colaborador seria aquele intelectual "fracassado" em seu campo, e que teria de buscar sua consagração na imprensa (comercial) mesmo que à custa de uma fama efêmera.

Analisadas à luz dos desdobramentos que se revelaram no exame das matérias sobre educação publicadas na revista *Veja*, há uma diferença entre o intelectual colaborador na imprensa e as formas de consagração do mundo acadêmico na França. A dependência praticamente recíproca entre a imprensa e a universidade no Brasil desenvolve formas ambivalentes no prestígio do intelectual que realiza movimentos da academia para a imprensa. A rigor, a colaboração de intelectuais na imprensa constitui uma certa tradição no jornalismo brasileiro, sobretudo desde os chamados anatolianos. Miceli (2001a) examina as trajetórias de formação desse grupo na sociedade brasileira, permitindo entender as relações entre o Estado e os

A BOA ESCOLA NO DISCURSO DA MÍDIA **75**

intelectuais, em situações históricas diferentes, como por exemplo: as formas de contribuições que o grupo intitulado "anatolianos" prestavam ao poder durante a Primeira República. Estudando as trajetórias de vários escritores (classificados como polígrafos), o autor localiza suas posições no campo, mostrando que eles, oriundos de famílias oligárquicas decadentes, acabam se utilizando do capital social de que suas famílias ainda dispunham para se beneficiar das sinecuras e benesses do Estado.

Seu papel era atender às demandas dos chefes oligárquicos por meio de escritos elogiosos na imprensa, além de participar das campanhas eleitorais. Os intelectuais de uma geração posterior, mormente aqueles que atuaram no governo Vargas, terão algumas situações parecidas com os anatolianos, sobretudo com o capital cultural, que poderia ser expresso num diploma de curso superior, e com as redes de relações de suas famílias (capital social), facilitando a ocupação de cargos públicos em diversos escalões criados para as promoções que o Estado desenvolveu, notadamente pelo seu caráter intervencionista. Mas a situação desses intelectuais difere da dos anatolianos sobretudo pelas formas de relacionamento que poderão desenvolver perante o poder central. Suas redes de fidelidade estarão ligadas a uma burocracia em franca expansão no período, durante o qual a cultura passa a ser, de acordo com o autor, um "negócio oficial", "implicando um orçamento próprio, a criação de uma *intelligentzia* e a intervenção em todos os setores de produção, difusão e conservação do trabalho intelectual e artístico" (Miceli, 2001a, p.198). Esses intelectuais, cooptados pelo Estado, estarão se beneficiando da expansão de um funcionalismo de carreira, mas suas obras estarão condicionadas às formas de consagração que o poder estatal estabelece ao se colocar como árbitro da concorrência intelectual:

> Assim, a concentração de poder em mãos da elite burocrática vem responder, de um lado, às novas exigências do trabalho de dominação que não tiveram atendimento adequado no nível das instituições a serviço dos grupos dominantes da "sociedade civil", e, de outro, resulta das pressões que os grupos relegados da classe dirigente fazem no sen-

tido da extensão de oportunidades de trabalho no setor público. Esse padrão de troca entre decadência econômica e dependência patrimonial permeia a transação entre os detentores do mando político e os agentes em vias de serem incorporados ao sistema de poder, os primeiros "comprando" não apenas os serviços, mas ainda a teia de servidão por meio da qual os demais são pinçados. (ibidem, p.243)

Dessas inferências, fica a hipótese a respeito do papel que assumiria o intelectual e sua obra num mundo onde a importância da indústria cultural cresceu imensamente, ampliando seu poder de difusão de formas simbólicas, podendo, inclusive, redefinir os níveis de consagração da produção cultural da universidade. Com outros meios, inclusive com a legitimidade que os títulos acadêmicos lhes conferem, "os intelectuais à brasileira" não interromperam a cooptação que acontece no Estado, mas a intensificaram mediante estratégias pelo controle de capital estatal, confirmando que a sedução do Estado faz parte desse intelectual. Assim, a colaboração na imprensa tanto pode ser o de resultado do prestígio acadêmico de um intelectual como o de estratégias de consagração dentre as várias formas utilizadas para demarcar ou ampliar as fronteiras no campo educacional. Nesse sentido, não há grandes rupturas históricas entre os intelectuais e o Estado, considerando as trajetórias que alguns deles realizam para disputar o poder da prescrição pedagógica, consubstanciadas numa *rede de legitimidade*, conceito a ser analisado mais à frente.

2
A REPRESENTAÇÃO DA *BOA ESCOLA* NA REVISTA *VEJA*

A evolução das matérias sobre educação básica na revista *Veja*

Veja é produzida para atender a um perfil de leitor que, de acordo com Mira (1997), obriga as editoras a desenvolver estratégias de marketing para conhecer seus desejos e preferências de abordagens, provocando processos contínuos de reformulação para atender a essas demandas. Desse modo, as matérias publicadas são cada vez mais diversificadas e ligadas às características do leitor, especialmente os assinantes da revista.

O crescimento da publicação de matérias sobre educação acompanha uma tendência do jornalismo impresso, considerando-se os estudos da ANDI, do NEMP e de pesquisadores que investigam o fenômeno midiático (Castro, 1996; Fausto, 1999). Todavia, o aumento da cobertura sobre educação em *Veja* permite afirmar que não há preferência por uma única modalidade de ensino; ao contrário, a classificação proposta neste livro (ver Anexos) revela que as publicações sobre ensino básico e ensino superior estão equilibradas. Os artigos de Moura Castro, bem como as reportagens sobre educação geral, confirmam a característica da revista de diversificar as abordagens de suas publicações, e, ao mesmo tempo, manter seu propósito inicial de ser um veículo de informação nacional.

O período analisado compreende os anos de 1995 a 2001, durante o qual acontece um conjunto de reformas educacionais, especialmente no ensino básico, que foram divulgadas com uma abordagem favorável na revista. Entretanto, esse recorde cronológico não está ligado diretamente ao governo Fernando Henrique Cardoso, mas é resultado da confrontação da documentação com outras fontes durante a década de 1990, permitindo, assim, que essa série documental revelasse um corte significativo entre as matérias publicadas antes dessa década. Desse modo, o levantamento dos artigos publicados entre o início dos anos 1980 e 2001 permitiu comprovar que o período em que há aproximações positivas com as políticas educacionais do Estado se concentra entre 1995 e 2001. Somente com a duração de um dado evento é que se pode confirmar tanto o objeto como o período, por isso, a concepção de uma *boa escola* em *Veja*, bem como os atores que legitimam esse *slogan*, são os mesmos que procuram realizar a ampliação das fronteiras do campo educacional mediante tomadas de posição do campo universitário para os campos político e jornalístico, produzindo uma *rede de legitimidade* que contribui para produzir o consenso em torno de uma *boa escola*.

A descrição foi feita com um retrocesso ao início da década de 1990, sendo que o leitor poderá perceber em que momento há uma mudança radical das abordagens da revista perante as políticas educacionais e a evolução do *slogan boa escola*, sempre associado à eficácia econômica e aos atores intitulados "pais da nova escola". Desse modo, em torno da legitimidade conferida a esses "genitores" na reforma educacional do estado de Minas Gerais, é construído um consenso em relação a temas divergentes no campo educacional, como, por exemplo, a avaliação externa, a prioridade de investimentos no ensino básico e a adequação da escola ao mundo do trabalho. Entretanto, cabe esclarecer que não se está investigando as políticas educacionais de um dado governo, mas as formas pelas quais essas fontes alternativas podem contribuir para entender as disputas que ocorrem no campo educacional.

Ensino básico

Apesar de *Veja* utilizar a expressão ensino básico, tal definição está eivada de ambigüidades se comparada com o texto legal da Constituição do Brasil e com a LDB (Lei de Diretrizes e Bases da Educação Nacional), na qual o ensino básico compreende o ensino infantil, o Ensino Fundamental e o Ensino Médio. No artigo "Tudo pelo bê-á-bá" (25 out. 1995) sobre o Fundef (Fundo de Manutenção e Valorização do Magistério), a expressão *ensino básico* aparece vinculada à lei, no entanto, ela contempla apenas o Ensino Fundamental, fato que provoca críticas à prioridade feita apenas a esse grau de ensino. Em outra matéria, "A grande revolução silenciosa" (10 jul. 1996), o próprio ministro da Educação, Paulo Renato Souza, declara à revista que sua prioridade é o ensino básico, aquele, diz ele, que vai da alfabetização até a 8ª série. Na "Carta ao Leitor" (20 nov. 1991), o ensino básico é definido como as escolas de 1º grau,[1] públicas ou particulares. A revista *Veja* não realizará nenhuma crítica às leis que foram elaboradas no período de 1995 a 2001, utilizando-se de outras estratégias de debate com os atores do campo educacional que se mostraram contrários às reformas educacionais do MEC. Do mesmo modo, não haverá nenhuma menção quando da promulgação da LDB em 1996. Conforme poderá ser analisado com as descrições a seguir, a boa escola é redefinida com os mesmos atores ao longo de toda a década de 1990, explicitando de que forma a revista se insere no debate educacional, as formas de censura praticadas pelos chamados "pais da nova es-

---

1 A nomenclatura do sistema de ensino sofreu alterações substanciais, a começar pela Lei n.5.692/71, que definiu e ampliou para oito anos a obrigatoriedade da escolaridade, e dividiu as escolas em 1º grau (da 1ª à 8ª série) e 2º grau (do 1º ao 3º colegial), sendo que para o segundo grau o ensino era compulsoriamente profissionalizante. Com a Constituição de 1988, a nomenclatura é modificada para Ensino Fundamental, antigo 1º grau, e Ensino Médio, antigo 2º grau. A LDB (Lei de Diretrizes e Bases da Educação Nacional), promulgada em 1996, define, em seu artigo 21, que a educação básica é formada pela educação infantil, Ensino Fundamental e Ensino Médio.

80 GERALDO SABINO RICARDO FILHO

cola", especialmente na coluna "Ponto de Vista", com a colaboração de Moura Castro.

"A máquina que cospe crianças" (20 nov. 1991) é uma matéria de capa publicada na seção "Educação", assinada pelo editor executivo à época, Eurípedes Alcântara, que coordenou a reportagem, buscando informações em vários lugares do Brasil e em outros países. O editorial da revista, a "Carta ao Leitor", todo ele dedicado à reportagem da capa, explica que o objetivo era "compor um painel do ensino de 1° grau no país, tanto nas escolas públicas como nas particulares". Além disso, continua o editorial, foram feitas comparações com o sistema de ensino de outros países para servir de parâmetro aos padrões do sistema de ensino brasileiro. O quadro encontrado foi calamitoso: falta de material escolar, professores sem formação adequada e mal remunerados, burocracia, desperdício de verbas, alunos desinteressados. Nas escolas particulares, freqüentadas pela classe média, afirma-se que a qualidade do ensino é um pouco melhor, mas não muito distante da caótica escola pública. O editorial afirma, ainda, que a péssima qualidade da educação compromete o futuro do país, pois sem boa educação não há progresso, portanto, se faz premente ampliar a escolarização, considerada um processo complexo, dispendioso e medido em décadas. Essa mesma "Carta ao Leitor" define também o papel da imprensa no debate educacional:

> Não é função da imprensa apontar os caminhos para solucionar os grandes males nacionais. A tarefa de revistas e jornais é noticiar o que está acontecendo, contribuindo para que, através da informação e dos debates, a sociedade escolha as melhores opções. ... a educação não é uma tarefa apenas do governo, tem de envolver as comunidades, os professores, os alunos e os pais, e só pode se solidificar se o país como um todo tomar consciência de que sem boas escolas todos sairão perdendo. Essa consciência, felizmente, parece estar se espalhando pelo Brasil. Falta agora transformá-la em vontade, em atos que tornem possível começar a construção de um ensino básico eficiente.

Embora o editorial afirme que o papel da imprensa é a produção de notícias, o Grupo Abril se insere no debate político por meio

A BOA ESCOLA NO DISCURSO DA MÍDIA **81**

da revista *Veja*, mediante essas estratégias de persuasão utilizadas no editorial. Assim, "A máquina que cospe crianças" é um *slogan* convincente nessa reportagem, que ocupou 12 páginas. Indagando, de início, de que forma o país poderia sair da crise, a resposta, diz a revista, seria provavelmente com uma *"boa escola"*, uma vez que esta deixou de ser um privilégio das elites e transformou-se na solução para os problemas do país. Antes era possível ignorar a falta de escolaridade da população porque o crescimento econômico prescindia de mão-de-obra qualificada; atualmente, afirma a revista, "país analfabeto é país pobre" (ibidem, p.46). De acordo com a reportagem, a transformação do mundo do trabalho, em decorrência de uma tecnologia cada vez mais automatizada e computadorizada, necessita de mão-de-obra qualificada para realizar operações complexas, mas em virtude do péssimo desempenho escolar o crescimento econômico do país está comprometido. O ensino básico no Brasil é lastimável, expulsando e reprovando as crianças de tal forma que, de acordo com estatísticas (pirâmide escolar produzida pelo MEC), de cada cem alunos matriculados no Ensino Fundamental, apenas doze atingem o Ensino Médio, dos quais seis cursarão o ensino universitário, e dentre estes, apenas dois poderão cursar uma universidade pública – os demais freqüentarão universidades particulares.

Moura Castro, à época trabalhando na OIT (Organização Internacional do Trabalho), declara à revista que a sociedade brasileira tem a escola que deseja, contudo, ele diz que é possível melhorar o sistema educacional desde que os investimentos sejam feitos nas áreas prioritárias, sem desperdício de verbas. Sri Lanka, Bangladesh, Costa Rica e Uruguai são citados como exemplo de países que organizaram seus sistemas de ensino sem gastos vultosos, entretanto, para *Veja*, o governo não é o único responsável por resolver os problemas do sistema do ensino, cabendo aos pais e professores uma participação mais efetiva. A publicação reconhece que os governos vêm tratando os professores como "Barnabés de sexta categoria" (p.47), no entanto, há críticas aos professores, que, em suas pautas de reivindicações durante as greves, não incluem me-

82 GERALDO SABINO RICARDO FILHO

lhoria nos currículos ou cursos de aperfeiçoamento, e aos pais pertencentes à classe média, que, ao matricularem seus filhos em escolas particulares, pensam estar se livrando do péssimo ensino das escolas públicas, mas na verdade, informa a reportagem, pesquisas de institutos considerados idôneos pela revista[2] comprovam que muitas escolas particulares têm desempenho semelhante ao das escolas públicas.

Mas a "escola tem remédio" (p.47), desde que os projetos de reforma educacional não sejam "mirabolantes" (termo recorrente nas matérias da revista para criticar projetos governamentais), com investimentos vultosos. Os exemplos de projetos mirabolantes são os CIEP, CIAC e o Mobral,[3] considerados soluções salvacionistas cujos resultados são insatisfatórios. A educadora Guiomar Namo de Mello declara à revista que a escola deveria ensinar Português e Matemática, mas, em vez disso, ela se transformou num lugar de assistencialismo, no qual há "recomposição de cardápio" (p.47), formação político-ideológica e educação sexual e ambiental. Em seguida, *Veja* compara a declaração de Mello com o CIEP do Rio de Janeiro, no qual os índices de evasão e repetência são idênticos aos de uma escola convencional, mas com um custo anual por aluno quatro vezes maior. Porém, a reportagem informa que não há falta de vagas para as crianças, embora se reconheça que os professores ganhem mal – no entanto, não é por falta de recursos que isso acontece, mas em função de problemas burocráticos e clientelísticos em vários estados da União.

Utilizando-se de tabelas e gráficos comparativos de gastos com educação em vários países, de número de dias letivos e de carga horária, são feitas análises para reforçar o diagnóstico de que a escola pública precisa de uma reforma. No entanto, a reportagem procura

---

2 Há apenas um gráfico, atribuído à Fundação Carlos Chagas, demostrando esses dados.

3 As siglas significam, respectivamente: Centro Integrado de Educação Popular, Centro Infantil de Atendimento a Crianças e Movimento Brasileiro de Alfabetização.

A BOA ESCOLA NO DISCURSO DA MÍDIA 83

enaltecer os exemplos bem-sucedidos de cidades que procuraram resolver os problemas de evasão e repetência, como é o caso do município de Novo Hamburgo, no Rio Grande do Sul. Os exemplos satisfatórios de alguns projetos são usados para mostrar ao leitor que, apesar do quadro catastrófico, há soluções para o ensino básico no Brasil. Dessa forma, a matéria inquire seu leitor ao apresentar soluções, mas adverte, "é preciso acabar com o desperdício de dinheiro e estabelecer qual é a escola de que o Brasil precisa" (p.48).

Os gastos com educação no Brasil, informa a revista, são 4% do PIB (Produto Interno Bruto), proporção idêntica à de países desenvolvidos, como a Itália, por exemplo, embora o PIB brasileiro seja menor que o italiano. Justifica-se que os recursos devam ser bem aplicados e recorre-se ao modelo de administração das empresas, pois de acordo com a revista, estas têm condições de gastar dinheiro sem desperdiçá-lo. O Senai (Serviço Nacional da Indústria) é exemplar nesse caso, a ponto de se propor a administração das verbas do salário-educação pelos próprios empresários, a fim de evitar critérios políticos na distribuição dos recursos. Como exemplo, lembra a revista que 10% do dinheiro do salário-educação arrecadado pelo MEC foram enviados para o Rio Grande do Sul em vez de para o Piauí, estado que necessitava de mais verbas, porque o ministro da Educação à época, Carlos Chiarelli, era gaúcho.

A reportagem divulga um exemplo de reforma educacional bem-sucedida encontrado em Minas Gerais. Nesse estado, tendo à frente da Secretaria da Educação Walfrido dos Mares Guia Neto, as escolas passaram a escolher seus diretores, por meio de uma eleição de que participava a comunidade escolar. Moura Castro, um dos consultores dessa reforma, afirma à revista que a mola mestra da escola é o diretor: quando há entrosamento, diz ele, com os pais, professores e alunos, consegue-se administrar melhor um colégio, mesmo com dificuldades materiais.

Ainda nessa reportagem, a formação dos professores é destacada com o título "Síndrome da rejeição", na qual o modelo de uma professora severa e dedicada deu lugar a outro perfil de docente, mal preparado, muitos deles atuando no ensino básico sem terem

84 GERALDO SABINO RICARDO FILHO

formação adequada para a função. Além disso, há no Nordeste 20% de professores leigos trabalhando no Ensino Fundamental. De acordo com *Veja*, a remuneração de um professor primário é de um quarto do que esse mesmo profissional recebia em 1968, entretanto, esse problema era menor quando as escolas eram apenas para a elite, e as professoras, em geral pertencentes à classe média, eram formadas em bons colégios e não dependiam do salário para sua sobrevivência. O acesso das camadas populares à escola, no início da década de 1970, teve por conseqüência a queda da qualidade[4] do ensino e, com ele, a deterioração do curso normal, no qual se formavam as professoras. Outra decorrência são os salários baixos do magistério ou a péssima formação dos candidatos, fazendo com que as vagas nos cursos de licenciatura não sejam preenchidas. De acordo com a revista, a classe média, considerada o grupo formador de opinião, matricula seus filhos na escola particular e deixa de se interessar pelos problemas da escola pública. A reportagem caracteriza, explicitamente, esse grupo social como um dos responsáveis para melhorar o ensino básico.

Essa mesma reportagem realizou comparações com sistemas de ensino de outros países, como Estados Unidos, Japão, Portugal e Chile. O sistema de ensino dos Estados Unidos possui uma estrutura com computadores, televisão e videocassete nas salas de aula, além de boas escolas públicas e acesso dos alunos do Ensino Médio à universidade (sete em cada dez). No entanto, a sociedade norte-americana não está satisfeita com o desempenho do seu sistema de

---

4 A queda da qualidade de ensino em virtude do acesso das camadas populares à escola pública será uma afirmação recorrente nas matérias descritas aqui. Nesse sentido, a defesa de uma *boa escola* feita pela revista *Veja* divulga as causas do "fracasso escolar", relacionando as políticas públicas consideradas equivocadas, a formação dos professores e o próprio aluno. Com o crescimento e institucionalização das avaliações externas, a qualidade do ensino passa a ser associada aos escores favoráveis, de acordo com as prescrições pedagógicas que serão implementadas durante o período de 1995 a 2001. Para uma discussão mais aprofundada do fracasso escolar e da queda da qualidade do ensino, ver: Azanha (1979), Beisiegel (1981) e Patto (1991).

ensino. O relatório "Uma nação em perigo", publicado em 1983, de acordo com a revista, foi um alerta para os problemas educacionais. Esse relatório afirma, entre outras questões, que a população dos Estados Unidos perderia terreno na competição internacional se o país não melhorasse seu sistema de ensino. Outros estudos revelam que a cada nova olimpíada matemática os norte-americanos são vencidos pelos japoneses, coreanos e alemães. Uma criança japonesa passa na escola 52% de tempo a mais que uma criança norte-americana. No Ensino Médio, os japoneses dedicam 19 horas de estudos em casa, ao passo que os norte-americanos despendem apenas 3,2 horas. O resultado disso são 25 milhões de norte-americanos considerados analfabetos funcionais. No entanto, a reportagem afirma que os problemas educacionais em países que discutem seriamente o assunto há mais tempo deveriam servir de parâmetros para os brasileiros. O tipo de escola que pode fazer as crianças aprender é um bom exemplo de que há semelhanças com as afirmações feitas por educadores no Brasil:

> Tanto nos EUA como no Brasil, dos alunos de classe média, um dos problemas é fazer a criança se interessar pelo estudo. Para conseguir isso, as nações ricas valorizam a educação como um bem supremo, envolvem toda a comunidade na solução das questões educacionais e estão conscientes de que os resultados não podem ser colhidos de um dia para o outro. Estudos feitos nos Estados Unidos, na Alemanha e no Japão mostram que os pais têm um papel insubstituível na formação escolar de seus filhos. ... Os americanos, por exemplo, chegaram à conclusão de que pouco poderá ser feito caso as autoridades não consigam convencer os pais de que a escola tem que ser boa para ensinar – e não para educar os filhos. Ou seja, quem tem que ensinar à criança o que é sexo ou que não se pode tomar drogas são os pais. Escola é para ensinar Inglês, Matemática, História e Geografia. (p.57)

As afirmações de Guiomar Namo de Mello, ou as declarações de Moura Castro, de que a escola é boa quando ensina bem, se coadunam, nesse momento, com as prescrições de educadores nos Estados Unidos. Outra questão destacada nessa reportagem é o envolvimento dos empresários com a educação, uma vez que há muitos investi-

86 GERALDO SABINO RICARDO FILHO

mentos de empresas na escolarização básica de funcionários que não freqüentaram a escola formal. A experiência norte-americana, informa a revista, revela que de cada dólar investido na escola básica há um retorno de cem dólares, reconvertidos em mão-de-obra treinada e qualificada. Há ainda comparações com Portugal, onde a situação do sistema de ensino era similar à do brasileiro (taxa de 20% de analfabetismo, evasão escolar, professores mal preparados e com salários defasados, escolas paupérrimas, salas superlotadas). A situação se alterou com a entrada de Portugal na Comunidade Econômica Européia, pois para isso foi necessário fazer uma reforma educacional. Com um investimento de aproximadamente 950 milhões de dólares, Portugal remodelou seu sistema de ensino, estabelecendo parcerias com empresas e municípios. Os resultados auferidos expressam-se na diminuição das taxas de analfabetismo, com previsão de reduzi-la a 2% até o ano 2000. Contudo, mudanças educacionais são lentas, os índices de evasão ainda são alarmantes. Foi a necessidade de modernização que impeliu os portugueses a reformar seu sistema de ensino. No Chile, informa a *Veja*, as escolas foram municipalizadas e o controle dos resultados é feito pelo Ministério da Educação, que repassa os recursos e fiscaliza a qualidade do ensino.

Boa educação pública e modernização econômica, afirma a reportagem, é sinônimo de progresso, pois os Tigres Asiáticos são os países que, proporcionalmente, mais investem em educação, ao passo que o crescimento populacional inviabiliza programas de escolarização, como na Índia. Na Inglaterra, a modernização teve início com a utilização de meios tecnológicos de apoio à educação, além do quê, o ensino foi descentralizado e a comunidade passou a fiscalizar as escolas, pois os empregos na década de 1990 necessitavam de mão-de-obra qualificada.

Em 1993 (5 maio 1993), Moura Castro reafirma,[5] nas "Páginas Amarelas", que a educação no Brasil não está em crise. O que exis-

---

5 As propostas educacionais produzidas ou legitimadas por Moura Castro nas páginas da revista são encontradas em artigos e entrevistas realizadas no início da década de 1980. Em *Veja* (26 maio 1982), esse especialista, à época secretário

A BOA ESCOLA NO DISCURSO DA MÍDIA 87

te, de acordo com o autor, são demandas por vagas ou merenda, não existindo reivindicações pela qualidade na escola de 1º grau. No entanto, diz ele, "o ponto de estrangulamento educacional é o ensino de 1º grau" (ibidem, p.8). O entrevistado comenta uma pesquisa (não há informação sobre a instituição pesquisadora, o tipo de pesquisa realizada ou o nome das escolas) realizada com escolas particulares, dentre as melhores do sistema privado, na qual, ao ser aplicada uma avaliação de desempenho, os resultados auferidos mostraram que a qualidade dessas escolas não era diferente das escolas públicas. A falta de um sistema padronizado de avaliação criava a ilusão de que as escolas particulares eram superiores em relação às públicas. Nos Estados Unidos, a constatação de que os alunos norte-americanos eram superados por alunos de outros países em avaliações internacionais causou um choque imenso na sociedade daquele país, exigindo a movimentação das autoridades para solucionar o problema, ao passo que no Brasil esses resultados não instigaram a mesma indignação da sociedade. No entanto, diz Moura Castro, o fato de os resultados não terem se convertido numa crise nacional prova que o sistema educacional está equilibrado, embora a qualidade de ensino oferecido por ele não garanta mais o crescimento econômico do país. O modelo em que uma pessoa qualificada comandava operários sem escolaridade esgotou; as mudanças tecnológicas necessitam de trabalhadores com capacidade de decisão em todas as etapas do processo produtivo, o que exige profissionais qualificados.

Moura Castro afirma em *Veja* (5 maio 1993) que a sociedade brasileira deve controlar mais o 1º grau, e faz comparações com a sociedade norte-americana. De acordo com ele, filhos de imigrantes

---

executivo do Centro Nacional de Recursos Humanos, já defendia investimentos maiores para o ensino básico, bem como uma organização racional da produção acadêmica das universidades, que, de acordo com ele, deveria remunerar os professores de acordo com os méritos das pesquisas realizadas. Pode-se encontrar essas referências também em artigo na seção "Ponto de Vista" da revista (6 mar. 1985).

88 GERALDO SABINO RICARDO FILHO

asiáticos apresentavam um desempenho superior ao das crianças norte-americanas. Pesquisas realizadas sobre esse fato comprovaram que esses imigrantes, pobres ou ricos, analfabetos ou intelectuais, acompanhavam as tarefas escolares dos filhos todas as noites, a despeito das dificuldades com o idioma inglês, ao passo que as minorias latino-americanas continuaram estagnadas na década de 1980. A participação dos pais é fundamental, diz ele, para valorizar a educação dos filhos. Contudo, nos Estados Unidos, os investimentos em educação são maiores que no Brasil, e mesmo assim o sistema de ensino básico está em crise:

> Os Estados Unidos têm em comum com o Brasil um grau de heterogeneidade muito grande, em que nem todos valorizam a educação. Outro problema é que eles se preocupam muito em saber se as crianças gostam da escola. Ou seja, a escola deve ser divertida. Na Europa, os meninos vão à escola para estudar, não para gostar da escola. Há um currículo a ser cumprido, e a última pessoa a ser perguntada se gosta ou não do currículo é o aluno. Há pressão do processo educativo e uma pressão social para que aquele currículo seja cumprido. O espaço social do aluno não inclui a liberdade de ser malandro. O preço do fracasso é altíssimo. O sistema social e econômico impõe valores que não estão em discussão, enquanto o sistema americano, com seu grau de individualismo maior, tende a oferecer ao aluno o que ele espera da escola. Aí que se produzem os chamados analfabetos funcionais. (ibidem, p.8)

Contrariamente a essa análise do autor, a crise do sistema educacional norte-americano, na qual há igualdade de oportunidades para todos, omite o acesso diferenciado às escolas consideradas de prestígio e àquelas que são destinadas às camadas populares. Assim, relacionar os problemas de aprendizagem ao não-diretivismo das escolas nos Estados Unidos explica parcialmente essa crise, uma vez que a valorização da educação não é apenas um dado subjetivo presente nos indivíduos, como parece indicar o autor, mas também uma conseqüência das condições históricas em que a escola foi organizada.

Ainda nas "Páginas Amarelas" (28 jul. 1993), seção na qual o entrevistado é Sérgio Costa Ribeiro, há uma análise dos problemas

A BOA ESCOLA NO DISCURSO DA MÍDIA 89

da escola básica no Brasil, em especial quanto à questão da evasão escolar. De acordo com Ribeiro, existe uma disfunção no tocante às estatísticas da repetência escolar, comprovada numa pesquisa realizada em 1986, patrocinada pela Fundação Ford. Essa pesquisa mostrou que a porcentagem de crianças evadidas das escolas era desprezível. O problema era a repetência, diz Ribeiro, pois, desde a criação do Ministério da Educação nos anos 1930, a metodologia para calcular o fluxo de alunos na escola foi copiada do modelo norte-americano, que por sua vez já fora copiado da Inglaterra. A idéia de uma pirâmide educacional para acompanhar a evolução dos educandos na escola só era possível, de acordo com o entrevistado, em países sem repetência. No caso brasileiro, a reprovação é uma tragédia, mas o governo brasileiro, utilizando-se dessa metodologia, empregava verbas em situações irreais. Para combater a suposta evasão escolar construíam-se mais prédios escolares e aumentava-se o fornecimento de merenda, o que, para o autor, só beneficiava empreiteiras e políticos. Ele afirma à *Veja* que se criou "o mito da evasão escolar" (p.8). Para projetos como os CIEPs, CIACs, CAICs, Ribeiro previu a completa ruína,[6] e isso por vários motivos, dentre eles: tratava-se de escolas estigmatizadas como escolas para pobres; e por serem de tempo integral, inviabilizavam o trabalho para muitos alunos.

Nessa entrevista, Ribeiro apresenta alguns comentários, que, em profusão, serão encontrados em outras matérias. A reforma educacional de Minas Gerais é lembrada como um exemplo a ser seguido. De acordo com o entrevistado, o estado de Minas desenvolveu um projeto para dar mais autonomia às escolas, com formação de conselhos para ampliar a participação da comunidade e o controle dos resultados pedagógicos por meio dos "testes padrão", no dizer

---

6 Ainda nessa entrevista, Sérgio Costa Ribeiro informa que durante o governo Fernando Collor de Mello o ministro da Educação, José Goldemberg, o convidou para trabalhar no MEC. Ribeiro argumentou, durante uma reunião, que só aceitaria se esse ministério abandonasse o projeto CIAC, sendo em seguida convidado a se retirar da sala de reuniões.

do autor, permitindo "que os professores saibam o que os alunos não estão sabendo e condicionam a promoção do professor ao desempenho de seus alunos" (p.9). Por fim, Ribeiro explica o que é preciso para ensinar bem e ter uma mão-de-obra de bom nível:

> Nada de mirabolante. A cesta básica da educação não mudou muito desde o século XIX. É só ensinar língua, matemática e ciências. Mas ensinar direito. E aí o que o Brasil faz? Uma lei de diretrizes e bases, que já passou na câmara e aguarda votação no Senado, sem possibilidade de substitutivo, que tira matemática e ciência do currículo de 2º grau, recriando o antigo clássico. O projeto é um mostrengo. Não permite nem a avaliação externa dos alunos e professores. Para mim, ele é o dromedário corporativo. Conhece a história? O pavão é obra de Deus. O dromedário é produto de uma comissão. (*Veja*, idem, 1993, p. 9)

Cabe lembrar, entretanto, que a LDB recebeu no Senado um substitutivo, de autoria do senador Darcy Ribeiro, e sua aprovação, no final de 1996, preteriu grande parte das discussões e propostas das entidades da sociedade civil. Aliás, as leis aprovadas durante o governo Fernando Henrique Cardoso foram justificadas por Setúbal (2001) como um dilema, pois de acordo com ela, se o governo federal tivesse envolvido a participação da sociedade civil, haveria muitas resistências e a aprovação dos projetos educacionais seria morosa, além de receber algum tipo de modificação. Porém, diz Setúbal, a ausência de diálogo com os setores organizados da sociedade não permitiu que muitas contribuições fossem incorporadas às leis. Todavia, é preciso entender que "sociedade civil organizada", para a autora, são atores que atuam em ONGs, das quais o Cenpec, do qual Setúbal é presidente, foi co-responsável por vários materiais de divulgação do MEC.

"Lições de eficiência" (23 jun. 1993) foi uma reportagem publicada na seção "Educação" de *Veja*, na qual foram divulgados estudos do Unicef (Fundo das Nações Unidas para a Infância) acerca de cidades brasileiras que resolveram os problemas com a escola básica dispondo de pouco dinheiro. De acordo com a reportagem, a pesquisa listou 15 cidades brasileiras, das quais a revista analisa as de

A BOA ESCOLA NO DISCURSO DA MÍDIA 91

Resende (RJ), Iguatu (CE), Conchas (SP) e São José da Varginha (MG), que aplicaram "soluções criativas, simples e baratas" (p.48) para organizar seus sistemas de ensino, dispondo apenas dos recursos previstos na Constituição. As principais medidas aplicadas nessas cidades foram: redução do número de professores e aumento dos salários; bolsas de estudo para alunos que não conseguiram vagas nas escolas públicas; formação de professores em faculdades particulares com bolsas de estudo da Prefeitura. Essas ações são possíveis, informa a revista, com o aproveitamento racional dos recursos. Outra informação da reportagem é que o país aplica 4% do seu PIB em educação, um investimento proporcional ao dos Estados Unidos e superior ao de países como Espanha – o problema, afirma Moura Castro à revista, é que o Brasil gasta mal esse dinheiro.

Veja entrevistou, para essa reportagem, quatro especialistas em educação: Claudio Moura Castro (Banco Mundial), Murílio Hingel (ministro da Educação no governo Itamar Franco), José Goldemberg (ministro da Educação no governo Fernando Collor de Mello) e Sérgio Costa Ribeiro (ex-coordenador de pesquisas da CAPES).[7] Com eles é composto um quadro a respeito da educação no Brasil. Esse quadro tem o título de "As receitas dos educadores", no qual se responde sim ou não, acrescido de um comentário, aos seguintes temas: ensino pago nas universidades, mais dinheiro para a educação, alfabetização de adultos, merenda escolar e construção de novas escolas.

Em relação à alfabetização de adultos, apenas Murílio Hingel defende essa modalidade de ensino; os demais a julgam um desperdício de tempo e dinheiro. Sérgio Costa Ribeiro chega a afirmar que um adulto que não sabe ler e escrever já se adaptou a essa realidade, enquanto Moura Castro e Goldemberg concebem que os progra-

---

7 De acordo com Sônia Olesko, viúva de Sérgio Costa Ribeiro, ele foi coordenador do Grupo Gestor de Pesquisas, Programa de Avaliação da Reforma Universitária, Capes/CFE/MEC, no período de 1983 a 1987, portanto, durante os governos de João Batista Figueiredo e José Sarney (dados obtidos em conversa de 27.2.2003).

mas de alfabetização de adultos são um desperdício: o primeiro relata as experiências que fracassaram em todos os lugares do mundo; já o segundo diz que esses programas não combatem as causas do analfabetismo.

Sobre a construção de novas escolas, os especialistas são unânimes em argumentar que as escolas que existem são suficientes para atender todas as crianças. Já o tema da merenda escolar provocou divisões entre os especialistas: Sérgio Costa Ribeiro e Murílio Hingel são contra a merenda escolar, por verem nesse programa um caráter assistencialista (Ribeiro) ou porque a escola acaba substituindo a família, argumento de Hingel, mas com uma certa contradição no quadro, pois o ex-ministro afirma que o programa deverá ser mantido. Moura Castro e José Goldemberg defendem a manutenção do programa, o primeiro por considerar que o sucesso dos programas de merenda escolar deveria servir de modelo para que outros problemas da educação sejam solucionados, enquanto Goldemberg é favorável a uma restrição do programa para as regiões mais carentes. Sobre o item mais dinheiro para a educação, as posições não são consensuais. Hingel e Ribeiro são favoráveis à aplicação de mais verbas na educação; Hingel justifica que o sistema de ensino precisa de mais dinheiro, em razão do crescimento das necessidades, ao passo que Ribeiro argumenta sobre prioridades de investimentos e os cuidados com os desperdícios das verbas, que de acordo com ele, chegam a 60% do total aplicado. Moura Castro e Goldemberg são contrários à aplicação de mais verbas: o primeiro diz que se gasta uma quantia razoável, o problema é o desperdício, ao passo que Goldemberg argumenta que os gastos são suficientes, devendo ser priorizada a escola básica.

O ensino pago nas universidades recebe uma indicação contrária apenas de Murílio Hingel, justificando que a maioria da população não tem condições de pagar as mensalidades. Moura Castro é favorável desde que o dinheiro seja usado no financiamento de alunos pobres. Goldemberg diz que essa solução é paliativa, pois os pobres continuariam fora da universidade. Por fim, Ribeiro é mais peremptório em sua afirmação: deve ser pago e o dinheiro aplicado no ensino básico.

A reportagem "Escolinha do professor Fernando" (15 fev. 1995), publicada na editoria "Brasil" de *Veja*, foi tema de análise na seção "Carta ao Leitor", na qual se argumenta que, se por um lado, os problemas na volta às aulas continuam, com livros didáticos sendo entregues na metade do ano, por outro, há um alento com o novo presidente da República, que afirmou que a educação é a prioridade do seu governo.

Não há nenhum país rico hoje que num determinado momento da sua história não tenha feito da educação a prioridade nacional. Só com um bom sistema educacional um país consegue progredir e enriquecer. Fernando Henrique também tocou na questão quando afirmou que só com a participação comunitária o Brasil poderá melhorar suas escolas. A educação não é responsabilidade apenas do governo. Pais, professores, estudantes, empresários, sindicatos – todos têm o dever de dar a sua contribuição para que o ensino seja aprimorado. Cabe ao governo, isto sim, dar as diretrizes de como deve ser a educação nacional e liderar o esforço do país no sentido de construí-la.

O editorial de *Veja* é otimista quanto à prioridade dada pelo novo governo à educação, contudo, as páginas dedicadas à reportagem nessa mesma edição não se eximem das críticas, considerando que o primeiro programa político desse governo não apresentou novidades: embora tenha sido produzido, com a ajuda de publicitários, para lançar o programa educacional "Acorda Brasil! tá na hora da escola", o que se constatou, de acordo com a reportagem, foi a apresentação de programas educacionais do governo anterior. A revista não poupou críticas a essa propaganda política, considerado-a "marketing da academia", e comparando-a aos espetáculos pirotécnicos da época do governo Fernando Collor de Mello, declarou que as imagens importam mais que as palavras. O relato é contundente: de acordo com a reportagem, não haveria projetos educacionais, mas uma propaganda para continuar "embelezando" o novo governo.

94 GERALDO SABINO RICARDO FILHO

Nessa perspectiva, a revista considerou relevante, mas sem nenhuma novidade, a afirmação do novo governo de que a sociedade deve participar da gestão escolar. Na reportagem, há vários exemplos de escolas e de algumas ONGs que incentivam a participação dos pais. Contudo, para a revista, cabe ao Estado a tarefa de aprimorar o ensino, e para isso utiliza o exemplo da cidade de Maringá[8] (PR) como um alerta: a Prefeitura do município estabeleceu parceria com empresas e o que se constatou foi uma "privatização branca", pois as empresas auferiam lucros com o dinheiro público sem retorno para as escolas. Apesar de elogios do Unicef, o Ministério Público acabou com essa parceria.

A participação dos empresários ainda não é significativa e a revista relata a experiência paulista de quatro anos antes, quando esse governo reuniu-se com empresários para discutir temas relacionados ao desenvolvimento do Estado. Nesse encontro, a educação foi proclamada como a prioridade número 1 para o crescimento econômico. Com base nessas intenções dos empresários, a Secretaria de Educação de São Paulo enviou às empresas proposta de parcerias, mas não obteve nenhuma adesão. Há apenas exemplos isolados, como é o caso da Prefeitura de São Paulo, que estabeleceu parceria com trinta empresas para desenvolver cursos de 1° grau. A parte pedagógica e de supervisão ficou com a Prefeitura, que forneceria os certificados, ao passo que as empresas assumiram os encargos com salas de aula e salários dos professores. Um outro exemplo relatado é o da IBM, que mantém no Brasil desde 1992 um programa chamado "Projeto Horizonte", no qual são treinados professores em laboratórios de informática orçados em quarenta mil reais. Após esse treinamento, as escolas acabam comprando os computadores da própria IBM, constituindo um projeto educacional, mas com

---

8 Há uma diferença de análise nesse caso. Na reportagem de *Veja* de 1993 (ano 26, n.25), a revista divulga o fim do projeto em razão da mudança de prefeito e o fato, de acordo com a Secretaria de Educação, de os índices de evasão e repetência não diminuírem. Já na matéria de 1995 (ano 28, n.7) há a denúncia de exploração do erário público.

A BOA ESCOLA NO DISCURSO DA MÍDIA **95**

objetivos mercadológicos, com o qual, de acordo com a revista, a empresa faturou cerca de 4,4 milhões de reais.

O bom exemplo divulgado foi o caso de Minas Gerais, publicado nessa mesma reportagem com o subtítulo "O caminho das Minas". Esse estado transformou-se, desde o início da década de 1990, com a reforma educacional citada por vários especialistas como um modelo a ser seguido pelos políticos. Repetindo a análise de Sérgio Costa Ribeiro nas "Páginas Amarelas" de *Veja* (28 jul. 1993), a revista divulga os resultados bem-sucedidos da reforma mineira, especialmente com a realização das avaliações externas e da capacitação dos docentes. Contudo, a reportagem expõe dúvidas quanto ao destino das escolas com aproveitamento inadequado nos testes, indagando se não estaria se abrindo um novo mercado para o ensino privado.

Na reportagem com o título "Tudo pelo bê-á-bá" (25 out. 1995), publicada na seção "Educação" de *Veja*, há uma ampla divulgação da Lei n.9.424/96, mais tarde apelidada de Fundão.[9] Para a revista, o projeto tem a vantagem de evitar o dispêndio de verbas e redirecionar os gastos para colocar "ordem na bagunça que virou o ensino público fundamental no país" (ibidem, p.54). Nessa reportagem, o ministro Paulo Renato Souza, da Educação, esclarece que o problema não é a falta de recursos, mas a péssima distribuição das verbas, que, se bem aplicadas, serão suficientes para acabar com o analfabetismo no país. Moura Castro, por sua vez, destaca a importância do plano para evitar o desvio de verbas e estabelecer uma visão realista do Ensino Fundamental. Ele declara que "o plano busca o trivial e simples. Uma escola com professores bem pagos que saibam dar aula, giz, carteira, quadro-negro e um ano letivo sem greves" (p.55).

Nessa reportagem, o contraponto do projeto são as críticas aos CIEPs, amplamente divulgadas na revista durante a década de

---

9 Trata-se da Lei n.9.424, de 24 de dezembro de 1996, que estabeleceu o Fundo de Manutenção e Desenvolvimento do Ensino Fundamental e de Valorização do Magistério.

96 GERALDO SABINO RICARDO FILHO

1990 como um dispêndio de dinheiro público, corroborando a pesquisa de José Carmelo Braz, da PUC-RJ, na qual, de acordo com o artigo, se comprovou que o desempenho dos alunos dos CIEPs, no Rio de Janeiro, é tão precário quanto os das escolas convencionais. O projeto "Escola Padrão", criado à época do governo Luiz Antônio Fleury Filho (1991-1994), foi criticado nessa edição por ser, na expressão da revista, um completo desastre. O projeto previa um aumento salarial de 30% para os professores, que trabalhariam em regime de dedicação exclusiva, e um tempo maior de permanência dos alunos em sala de aula. Contudo, informa a reportagem, os índices de evasão escolar e repetência não diminuíram. Além disso, os custos dessas escolas eram 150% superiores em relação aos das escolas convencionais. Para a revista, o governo Fleury foi marcado como aquele que aviltou os salários dos professores, que passaram a ganhar menos que os professores do estado do Ceará. Cabe lembrar, entretanto, que o projeto "Escola Padrão", à época de seu lançamento, recebeu da revista um apoio positivo (ano 24, n.47, 1991), por ser um projeto que pretendia melhorar a qualidade da educação. O exemplo de sucesso continua sendo Minas Gerais, onde, de acordo com João Batista Araújo e Oliveira, um dos consultores do programa, "nossa maior vitória aqui foi conscientizar as pessoas de que a educação é tarefa da comunidade e não só do Estado" (25 out. 1995, p.55).

Com o título "A grande revolução silenciosa" (10 jul. 1996), em matéria publicada na seção "Educação" da revista, *Veja* procura traçar um longo painel de projetos educacionais, comparando os custos com educação que existiam antes, baseados na construção de prédios, muitos deles suntuosos, com a nova política governamental de detectar os reais problemas do ensino básico no Brasil. De início, a revista cita a experiência de eleição de diretores e a formação de conselhos de escolas na cidade de Angra dos Reis (RJ), então administrada pelo PT (Partido dos Trabalhadores), onde se pratica a descentralização administrativa e o repasse de verbas para as escolas, redundando em maior remuneração para os professores, além de aumento do número de matrículas e redução dos índices de repe-

A BOA ESCOLA NO DISCURSO DA MÍDIA **97**

tência e evasão. Esses resultados, de acordo com a publicação do Grupo Abril, foram os únicos exemplos que o estado do Rio de Janeiro teve para apresentar durante um debate do Preal (Promoção da Reforma Educacional da América Latina), organizado pela socióloga Helena Bonemy. Entretanto, a reportagem informa que o Rio de Janeiro, em virtude de seus investimentos em educação, foi bem classificado pelo MEC dois anos antes, mas com a divulgação dos resultados do SAEB (especialmente nos testes de leitura para o 2º grau), esse estado ficou em 8º lugar, abaixo do Acre.

Porém, uma pesquisa realizada pelo Instituto Vox Populi, encomendada pelo Grupo Pitágoras,[10] de Minas Gerais, concluiu que a população valoriza muito a escola que lhe é oferecida, apesar de sua péssima qualidade, ao contrário de pesquisas realizadas por José Amaral Sobrinho, do IPEA. Nessa reportagem, Moura Castro, trabalhando na época no Banco Mundial, faz elogios à gestão de Mares Guia, então secretário de Educação de Minas Gerais, em cuja função teria promovido uma "revolução" na educação ao instituir eleição para diretores de escolas, autonomia administrativa, repasse de verbas, qualificação docente e avaliação do sistema de ensino.[11] Esse exemplo, de acordo com a revista, foi seguido por outros estados brasileiros, como o Paraná e o Rio Grande do Sul, em consonância com o MEC. Ao aferir os resultados das mudanças nesses estados, o que se espera, diz a revista, é atacar o problema sem os erros anteriores. Gastar dinheiro com a escola e não se perder na burocracia estatal. O projeto "Bolsa-Escola", experiência do governo

---

10 O Grupo Pitágoras, com sede em Minas Gerais, é de propriedade de Walfrido dos Mares Guia e possui nos quadros de seu Conselho Consultivo o economista Moura Castro, colaborador da revista *Veja*. Além de referências à gestão de Guia à frente da secretaria de Minas Gerais, há outras informações acerca da influência desse empresário na educação. Cf. reportagem de *Veja* (ano 26, n.32, 1993) sobre experiências de ensino do Colégio Pitágoras no Iraque e a validação de ensino (Parecer CNE n.29/2000) desse mesmo colégio no Japão.

11 O exemplo da reforma educacional realizada em Minas Gerais, pelo engenheiro Walfrido dos Mares Guia, será mencionado em quase todas as reportagens sobre ensino básico da revista ao longo da década de 1990.

Cristovam Buarque em Brasília, é mencionado como fator endógeno (esse projeto será descrito mais à frente) para o desempenho satisfatório do Distrito Federal nas provas do SAEB. Além desse fator, a cidade apresenta níveis de escolaridade e renda familiar maiores, de acordo com a secretária de Informação e Avaliação Educacional do MEC, Maria Helena Guimarães de Castro, em declaração à mesma reportagem (ibidem, p.52).

A "grande revolução silenciosa" a que alude a revista se traduz na certeza de que a nova política educacional do governo federal deixou de construir escolas para investir no ensino básico e garantir um ensino de qualidade, diminuindo, assim, a repetência e a evasão escolar. A reportagem apresenta ao leitor os exemplos bem-sucedidos, como o caso da reforma do estado de Minas Gerais, e aqueles considerados equivocados, os CIEPs e CIACs. Pode-se observar nessa reportagem, escrita pelo jornalista Marcos Sá Corrêa, a forma com que a legitimidade dos especialistas é construída, uma vez que Moura Castro, Sérgio Costa Ribeiro e João Batista Araújo e Oliveira são considerados os "pais da nova escola". Outros especialistas, como é o caso de Maria Alice Setúbal, do Cenpec, declararam à revista que as reformas deram "um passo gigantesco" (p.52). A ONG da qual Setúbal é presidente é apresentada como uma instituição que trabalha com cursos de reciclagem (sic) para professores, trabalhando prioritariamente com escolas públicas do Ensino Fundamental. O Cenpec, afirma a reportagem, realizou pela primeira vez a avaliação dos livros didáticos a pedido do MEC, mas ao contrário dessa afirmação, em reportagem publicada na seção "Educação" com o título "Correção de rumo" (4 mar. 1987), é informado que o MEC havia realizado pesquisa sobre a qualidade dos livros didáticos, embora a repercussão e a abrangência não tenham sido as mesmas.

Walfrido dos Mares Guia é personagem, novamente, da revista, agora como entrevistado. Nas "Páginas Amarelas" (7 ago. 1996), o autor analisa sua trajetória na Secretaria de Educação de Minas Gerais, na qual promoveu uma descentralização administrativa, especialmente com o repasse de verbas direto para as escolas, eleição de

A BOA ESCOLA NO DISCURSO DA MÍDIA **99**

diretores, formação de conselhos da comunidade e avaliação externa das escolas. O autor considera essas medidas saneadoras do clientelismo que grassava no ensino público mineiro:

> A escola foi tirada das mãos do clientelismo e entregue a quem se interessa por ela. Livrou-se a educação de diagnósticos absurdos como aquela conversa de que quase a metade das crianças abandonava a escola na 1ª série. Deu-se a devida atenção ao problema da repetência. Acabou-se com a mania de construir escola. Eu, como secretário, levava tão a sério que me recusava a comparecer à inauguração de prédios. Visitava escolas funcionando. Em Minas, tudo em matéria de ensino básico pode estar ainda por fazer. Mas pelo menos o Estado começou a caminhar na direção certa. (ibidem, p.10)

Essa entrevista com Mares Guia foi realizada pelo jornalista Marcos Sá Corrêa, o mesmo que o aproximou dos chamados "pais da nova escola". Desse modo, pode-se observar que as soluções de questões pedagógicas sobre evasão, repetência e aplicação de verbas, que estão presentes no campo educacional, são transformadas em virtude política de uma pessoa mediante a presença de especialistas que ajudam na execução dessas "boas idéias" (*Veja*, 10 jul. 1996, p.53). Corroborando essa idéia, *Veja* (4 fev. 1998) traz um artigo de Moura Castro, publicado na coluna "Ponto de Vista" com o título "O sonho do ministro". Com uma espécie de parábola, o autor descreve um ministro da Educação sonhando que em seu ministério não existem problemas. Ledo engano! Não se está na Suíça, mas no Brasil, e a pretérita escola pública de qualidade não existe:

> Como eram poucos os comensais, até o sistema público era bom e pródigo. Mas foram enfiar na escola todos os pobres. Decidiu-se que a educação básica era para todos, um direito sagrado. E toca mais água no feijão. Na velocidade em que cresceu, ainda que houvesse tentado, não teria sido possível impedir a queda de qualidade. Não se criou um sistema escolar, mas um arremedo, uma caricatura de mau gosto. Parece escola, mas não é. Professores improvisados, prédios paupérrimos, livros de presença errática. Pouca aula e muita greve. (p.80)

100 GERALDO SABINO RICARDO FILHO

O sistema escolar permite a matrícula de 95% de crianças de sete e oito anos, mas a qualidade é péssima. A não-aprendizagem produz a repetência e com a ela a evasão, redundando num nível de escolaridade que não compreende nem mesmo o Ensino Fundamental. Mas, continua Moura Castro, após a universalização do ensino de 1° grau, a questão é saber como transformar a caricatura em escola. Embora a situação seja dramática, há muito que fazer, e as soluções podem ser simples. Há vários municípios e estados brasileiros que estão melhorando suas escolas, como no Sul do país, ao passo que os estados do Nordeste ensaiam tímidas medidas, e pela primeira vez o MEC se transformou num parceiro que contribui com boas leis e programas educacionais descentralizados.

Moura Castro prevê, entretanto, que antes mesmo de as escolas atingirem um padrão de Primeiro Mundo, as soluções fáceis desaparecerão. Questões pedagógicas como o ambiente escolar, as melhores teorias de aprendizagem, entre outras, já são preocupações no Chile e mesmo no Sul do Brasil, mas "isso é o que vem depois. Agora é hora de pegar o touro a unha e consertar falhas horrendas" (ibidem). O autor termina o artigo argumentando que a educação está horrível, mas a fase de progresso com vontade e inteligência pode transformar essa situação. O ministro não está na Suíça e tem muito trabalho, sua função é convencer a sociedade de que a educação é assunto de todos.

Em 29 de abril de 1998, a reportagem publicada na seção "Educação", com o título "O simples funciona", traz um resumo das principais reformas educacionais do MEC, acrescido de uma pequena biografia do então ministro da Educação, Paulo Renato Souza, o responsável por promover "uma verdadeira revolução silenciosa", de acordo com a revista. Com base em gráficos produzidos pelo INEP, são divulgados dados que comprovam o crescimento das matrículas no 1° grau, atingindo 93% de freqüência, e no 2° grau, com 26% da população de 15 a 17 anos matriculada. A população acima de 15 anos, analfabeta, diminuiu pela metade, de acordo com dados do IBGE (Instituto Brasileiro de Geografia e Estatísticas).

A BOA ESCOLA NO DISCURSO DA MÍDIA 101

A reportagem informa que os especialistas (não relata quais) são unânimes em afirmar que a educação brasileira é péssima. Mas uma "revolução silenciosa" no setor poderá, dentro de quatro a cinco anos, e transformar a estrutura do Ensino Fundamental (*Veja* esclarece que o Ensino Fundamental é formado por 34 milhões de alunos, 1,4 milhão de professores e aproximadamente duzentas mil escolas, em sua maioria públicas). A revista informa que as iniciativas do MEC, primeiro com Murílio Hingel, no governo Itamar Franco, depois com Paulo Renato Souza, são elogiadas pelos especialistas, sendo que este último é apresentado, nessa reportagem, como um caçador de boas idéias, em especial porque colheu os bons resultados e experiências daqui e do exterior:

> Do Maranhão trouxe a idéia das "classes de aceleração", usadas no combate à repetência. No Paraná descobriu a experiência dos "ciclos de alfabetização", que acabam com as séries. Com a experiência de Goiás aplicou mudança radical na distribuição de merenda – o MEC deixou de centralizá-la, entregando o dinheiro na mão dos diretores das escolas. Em Minas, viu como estava dando certo a descentralização geral dos recursos, e não apenas da merenda. O programa TV/Escola, que colocará aparelhos de TV, videocassetes e antenas parabólicas em 50.000 escolas, foi inspirado numa experiência na Inglaterra e no México. (p.96)

Com essas experiências, a estratégia foi priorizar e resgatar do descaso o Ensino Fundamental, e superar o atraso cultural da população. Um sistema de estatísticas eficiente, considerado, de acordo com a revista, o melhor da América Latina, foi montado, sendo possível saber que o problema do sistema escolar não é a falta de escolas, mas os índices de reprovação, o que faz o país gastar cerca de 2,5 bilhões de reais por ano. Para a secretária de Educação de São Paulo à época, Rose Neubauer, essas reformas no ensino básico poderão corrigir um erro histórico do Brasil por ter priorizado apenas o Ensino Superior. A reportagem argumenta que essas reformas têm sido bem recebidas, e Moura Castro declara à revista que as mudanças estão no caminho certo. Nessa reportagem, as boas idéias que foram apresentadas e comentadas, no rodapé das páginas, são os projetos descentralizados desenvolvidos pelo MEC na gestão de Paulo Renato Souza:

- *Fundão*: lei que obriga estados e municípios a investir 15% de suas receitas no Ensino Fundamental, com um custo/aluno de 315 reais ao ano. De acordo com a revista, um investimento de 13 bilhões de reais por ano, mais que o dobro dos anos anteriores, será feito nessa modalidade de ensino.
- *Salários*: tomando-se por base o fundão, 60% das verbas deverão ser aplicadas no pagamento dos professores, desse modo, informa a revista, os professores receberam aumento substancial, especialmente no Nordeste.
- *Municipalização*: como as verbas do Fundão serão distribuídas de acordo com o número de alunos matriculados, a revista informa que existe uma tendência à municipalização do Ensino Fundamental, uma vez que as cidades sem sistemas de ensino organizados perdem as verbas para o governo do estado.
- *Livros didáticos*: os livros didáticos passaram, pela primeira vez, por uma avaliação. De acordo com a reportagem, em 1996, dos 446 títulos analisados, apenas 85 foram aprovados, ao passo que em 1997, das 403 publicações didáticas avaliadas, 105 passaram pelo controle do MEC. Além disso, a distribuição dos livros tornou-se eficiente, chegando às escolas no início do ano letivo.
- *TV-Escola*: o MEC equipou 42 mil escolas com TV, videocassete e antena parabólica. Os professores são treinados (sic) por meio de uma programação educativa, atingindo 410 mil professores e 13 milhões de alunos. Uma pesquisa da UNICAMP, de acordo com *Veja*, afirma que 60% dos diretores de escolas aprovam a programação.
- *Reformas*: a distribuição de verbas para a manutenção e reformas da escolas está se alterando; os recursos são enviados diretamente para a conta da escola, deixando a administração para a direção e o conselho escolar. A descentralização impede o clientelismo político para conseguir ou liberar dinheiro para essas reformas.

A BOA ESCOLA NO DISCURSO DA MÍDIA **103**

- *Merenda*: a compra de alimentos industrializados pelos estados e distribuídos às escolas se modificou com a descentralização da merenda. Agora as escolas administram as verbas e compram alimentos frescos. Esse programa já existe em Goiás, Minas Gerais, Rio Grande do Norte, Bahia e Sergipe, contudo, informa a revista, faltam verbas.

- *Avaliação dos alunos*: para estabelecer diagnósticos sobre a qualidade do ensino das escolas, o MEC, por meio do INEP, realiza desde 1995 avaliações periódicas dos alunos do Ensino Fundamental. A revista informa que os alunos do Ensino Médio deverão ser avaliados (trata-se do ENEM, aplicado pela primeira vez em 1998 e repetido em anos posteriores com uma adesão significativa de alunos).

- *Novas vagas*: o crescimento das matrículas de crianças de 7 a 14 anos, entre 1991 e 1996, aumentou de 86% para 91%, e com a campanha "Toda criança na escola", a revista informa que o governo pretende chegar a 95% até o final de seu mandato.

- *Combate à repetência*: para resolver o problema de mais de cinco milhões de alunos com mais de 14 anos que ainda estão no Ensino Fundamental quando deveriam estar no Ensino Médio, foram criadas classes especiais para os alunos atrasados (sic), entretanto, a revista não informa quais seriam esses programas especiais, mencionando apenas as classes de aceleração.

- *Computadores*: o MEC pretende equipar seis mil escolas do Ensino Fundamental com cem mil computadores. O custo estimado é de 200 milhões de reais. De acordo com a reportagem, a capacitação está sendo feita com mil profissionais "multiplicadores", que ficarão responsáveis por ensinar 25 mil professores a trabalhar com computadores e usá-los nas escolas.

- *Ensino técnico*: o ensino técnico profissionalizante foi desvinculado do currículo do Ensino Médio. Agora os alunos que quiserem ser técnicos em informática, explica a matéria, deverão cursar o 2º grau e depois estudar mais um ano e meio numa habilitação técnica. O governo pretende implantar o currículo de trezentos cursos profissionalizantes.

104 GERALDO SABINO RICARDO FILHO

- *Novos currículos*: as escolas receberão novos conteúdos para trabalhar com seus alunos. Seiscentos mil exemplares do PCN (Parâmetros Curriculares Nacional) de 1ª a 4ª série foram enviados aos professores com conteúdos sobre Matemática, Português, História, Geografia e Ciências, além de sexo, ética e meio ambiente.[12]

A maior parte dessas reformas foi divulgada por *Veja* à medida que o Estado as implementava nas escolas. Por exemplo, na coluna "Ensaio" (5 nov. 1997), Moura Castro escreve um artigo sobre as alterações que se fazem necessárias nas escolas técnicas federais. Para o autor, essas escolas técnicas são caríssimas, com um custo/aluno perto de cinco mil reais por ano, oferecendo um curso de 2º grau de excelente qualidade. O problema, argumenta o autor, é que a maioria desses alunos pretende fazer curso universitário, geralmente escolhendo outras profissões, ao passo que os alunos mais pobres, interessados nos cursos técnicos, são preteridos nessas escolas, em virtude da grande concorrência nos exames de acesso. O resultado se consubstancia numa aporia pedagógica, com a qual as indústrias ficam sem os técnicos, exigência para um mercado cada vez mais competitivo. Há, no entanto, uma solução, apresentada pelo MEC: a separação entre o núcleo acadêmico e a parte técnica do currículo, favorecendo a matrícula de "alunos mais modestos em cursos técnicos" (sic), de acordo com Moura Castro. Em notícia publicada na seção "Educação" (3 nov. 1997), é divulgada a iniciativa do MEC de reformar as escolas técnicas, contribuindo, assim, para a eliminação de um ensino elitista presente nas escolas técnicas federais, e criando condições para que o ensino profissionalizante atenda os alunos que, de acordo com a publicação, não almejam a universidade.

---

12 Conforme será analisado no Capítulo 3, as reformas realizadas pelo MEC e aqui arroladas, encontram semelhanças com as formulações teóricas de atores pertencentes à *rede de legitimidade*, como os nomes de Guiomar Namo de Mello, Sérgio Costa Ribeiro, Cláudio de Moura Castro, João Batista Araújo e Oliveira, entre outros.

A BOA ESCOLA NO DISCURSO DA MÍDIA 105

A notícia "A segunda onda" (6 maio 1998), publicada na seção "Educação" de *Veja*, divulga as alterações propostas pelo MEC para o Ensino Médio. Uma pesquisa feita pelo INEP (Instituto Nacional de Estudos e Pesquisas Educacionais) constatou que, de 429.775 alunos que concluíram o 2º grau, apenas 31,5% pretendiam cursar uma faculdade. Conclui-se com isso que o Ensino Médio, de acordo com a reportagem, não cumpre suas funções. A ambivalência desse grau de ensino se expressa na dificuldade de oferecer formação geral para os educandos e conhecimento técnico para os alunos que queiram ingressar no mercado de trabalho. Não se discutem na reportagem as dificuldades de acesso ao ensino universitário, dando como certo o ingresso de "alunos modestos" (sic) apenas nos cursos técnicos. Para resolver essa questão, o projeto de reforma do MEC prevê a transformação do antigo 2º grau em um curso de formação geral, sendo que 25% do currículo poderá ser montado com matérias complementares (ibidem, p.93). A fundamentação teórica dessa reforma foi feita pela relatora do processo no Conselho Nacional de Educação, Guiomar Namo de Mello, que se baseia, entre outros teóricos, em Moura Castro para escrever seu parecer. A reportagem publicada em maio de 1998 assegurou que essa reforma do Ensino Médio seria aprovada (sic) pelo Conselho Nacional de Educação (CNE) em junho e entraria em vigor no ano seguinte. O parecer da referida relatora foi aprovado pela Câmara de Educação Básica do CNE em junho de 1998, portanto, quase um mês depois dessa notícia.

No n.22 de *Veja* (4 jul. 1997), a reportagem "De olho no futuro", publicada na seção "Computador", divulga o programa de informática do MEC para as escolas públicas do país. A princípio, a revista questiona a validade de investimentos em computador diante de problemas mais urgentes da escola pública, em especial os envolvendo formação de professores, salários baixos e prédios sem infra-estrutura adequada. A resposta, legitimadora do programa, é dada por Moura Castro, aludindo à urgência de informatizar as escolas públicas e enfatizando que não é possível esperar que as escolas atinjam padrões de qualidade de Primeiro Mundo para só então

106 GERALDO SABINO RICARDO FILHO

entrar na era da informática. Negar esse direito, continua a revista, é aumentar o fosso que separa as escolas públicas das particulares, uma vez que estas possuem professores mais qualificados e mais bem pagos – além de um acesso maior às novas tecnologias.

No entanto, Moura Castro, com conhecimento de causa, uma vez que publicou um livro sobre o tema ainda em 1988,[13] afirma que o acesso ao computador é apenas parte de um problema. (Ele voltaria à questão da informática em sala de aula em matéria de *Veja* de 21 jun. 2000.) O importante, diz o autor, é saber como e para que usá-lo, pois sua potencialidade permitiria ensinar noções básicas de informática, e, tendo uma conexão em rede, seria benéfico para as pesquisas e informações dadas na escola. A revista informa que metade da verba será usada no treinamento dos professores; as escolas terão liberdade no uso dos computadores, mas com a exigência de que os alunos tenham acesso a essa nova tecnologia, podendo treiná-los com noções básicas de informática, desdobrando seu uso para cursos profissionalizantes, além de seu uso pedagógico. O inusitado dessa reportagem, no entanto, foi divulgar que 60% das escolas públicas (com mais de 150 alunos) não possuem telefone, recurso considerado pré-requisito para receber os computadores – ou pelo menos a Internet.

Na coluna "Ponto de Vista", Moura Castro publica o artigo "De péssima a medíocre", (23 ago. 2000), no qual analisa a importância dessas reformas educacionais no ensino básico. Dentro do seu tom polêmico, o autor afirma que a escola passou de catastrófica para medíocre, mas vem acumulando bons resultados. O número de alunos que concluiu o ensino básico mais que dobrou na década de

---

13 Há um problema de referência no livro de Moura Castro. Na capa do livro o título é: "O computador na escola: como levar o computador à escola", ao passo que na ficha catalográfica lê-se "Computador: deliciosa subversão ou fera domada", publicado pela Editora Campus em 1988. Em que pese esse detalhe, o livro discute a utilização do computador na escola, estabelecendo comparações com escolas dos Estados Unidos, e demonstrando que o seu uso pleno permite um custo por aluno que não ultrapassa os gastos com a compra de alguns livros didáticos.

A BOA ESCOLA NO DISCURSO DA MÍDIA **107**

1990, com a vantagem de que o crescimento não aconteceu em detrimento da qualidade, como se comprova nas provas do SAEB. "Pelo contrário, com altos e baixos, a qualidade se agüenta. As boas idéias se esparramam, e o MEC passou a ajudar nesse processo" (ibidem, p.20). A dinâmica da reforma, continua o autor, foi lidar com problemas fáceis e reais: construir, contratar, comprar livros, acertar erros, questões que agradam a sociedade (pais, sindicatos, políticos e empresas). Mas um outro problema, estrutural, compeliu a reforma a resolver problemas da cultura escolar, tais como a administração, prestação de contas, o controle local e a eficiência, mas sobretudo, diz ele, foi preciso aprender a lidar com alunos pobres (sic) do Ensino Fundamental. Uma escola de qualidade precisa descobrir quem são os melhores para premiá-los, mas enfrenta a "cartilha ideológica de alguns" (ibidem), bem como de políticos que se valem do clientelismo para as nomeações escolares, uma moeda de troca eleitoral trágica.

Mas, em uma instituição cheia de vícios e problemas, somente arrastando as forças vivas da sociedade é possível transpor os umbrais de uma educação medíocre e conseguir boa qualidade. Porém, que razões teriam políticos e administradores para pagar os custos políticos de uma reforma? À primeira vista, nenhuma. ... Mas as reformas acontecem, mesmo neste Brasil. Não fora isso, permaneceríamos travados. Vivemos um momento único e precioso. Hoje a educação entrou na agenda política e na primeira página dos jornais justamente porque entrou na agenda do brasileiro comum. Com a modernização econômica e a globalização, sem o 1º grau não há emprego estável, e sem o 2º grau não há emprego razoável. (ibidem)

A concepção de reforma educacional explicitada nesse artigo faz do Estado o catalisador das mudanças, "sem pisar em muitos calos, não se reforma – mexer no fácil não é reforma" (ibidem). Todavia, a afirmação de que a educação está na agenda política e nos jornais permite perceber o movimento de alguns atores com o objetivo da ampliação das fronteiras do campo educacional, prescrevendo a escola que melhor se ajusta às mudanças tecnológicas. Nesse sentido os melhores exemplos de reformas educacionais, para o autor, são as do Paraná, de São Paulo, e especialmente de Minas Gerais, ao passo que na Bahia e no Ceará se desenvolvem algumas iniciativas de reformas. Por fim, ele afirma que a qualidade dos secretários de Educação melhorou, mas exige deles que ousem mais, e dos eleitores que não se contentem com pouco e reivindiquem mais.

A matéria de capa de *Veja* (13 ago. 1997), publicada na seção "Educação" com o título "Por que o bom ensino é tão caro?", discute as transformações das escolas particulares, nas quais, de acordo com a revista, deverão ser formados os futuros dirigentes do país, presidentes, ministros, professores universitários, médicos, empresários etc. As escolas particulares de vários estados do Brasil (Colégio Santo Inácio, RJ; Santa Cruz e Bandeirantes, SP etc.) são consideradas as campeãs de aprovação nos vestibulares das principais universidades de suas respectivas regiões. De acordo com essa reportagem, as chamadas grandes escolas particulares têm diminuído o número de alunos, na proporção direta ao aumento das mensalidades, em mais de 49% acima da inflação, desde a implantação do Plano Real.

O aumento de candidatos a uma vaga nas universidades de qualidade provocou o acirramento da competição, sobretudo porque o número de vagas dessas universidades está congelado há anos, fazendo com que a freqüência aos chamados cursinhos preparatórios não seja suficiente para garantir aprovação. Assim, continua o artigo, é necessário um investimento em toda a vida escolar do aluno, de preferência em boas escolas particulares, para garantir um futuro melhor, traduzido num bom emprego. Para a revista não há dúvidas: os candidatos aos melhores empregos estão sendo preparados nos bons colégios de elite. Há gráficos nas 11 páginas da reportagem analisando o crescimento dos valores das mensalidades, as aprovações nas boas universidades, os investimentos das escolas particulares, seu currículo mais extenso e o bom salário dos professores. Em contrapartida, há a declaração peremptória de que a escola pública faliu, embora, contrariamente, se afirme que, mediante a divulgação de dados do IBGE, o brasileiro pobre pode cursar o 2º

A BOA ESCOLA NO DISCURSO DA MÍDIA **109**

grau em vários estados, pois essa modalidade de ensino vem crescendo em todo o país.

Na edição de final de ano de *Veja* (27 dez. 2000) há várias reflexões de pensadores acerca dos problemas da modernidade. Moura Castro,[14] por sua vez, contribui com um artigo sobre educação. Trata-se de um texto extenso, se comparado com seus artigos na coluna "Ponto de Vista", mas isso se explica pela edição especial em que se anuncia o novo milênio. O título do artigo procura associar a especialidade de Moura Castro aos desígnios da globalização: "A educação é o combustível do crescimento no Brasil". A análise demarca a educação brasileira historicamente, fazendo referências ao modelo econômico da década de 1970, no qual a economia se desenvolveu, apesar da baixa escolaridade da mão-de-obra, mas tendo uma elite que orientava a produtividade (o autor argumenta que esses vícios ibéricos de escolarização não afetavam seriamente a economia brasileira, uma vez que esta apresentava, desde meados do século XX, uma extraordinária taxa de crescimento). Contudo, esse modelo econômico, consubstanciado no chamado "milagre brasileiro", com mão-de-obra desqualificada, não se repete mais. Os processos de modernização das empresas, nas quais as operações se tornaram mais complexas, exigem agora operários preparados, com no mínimo o 2º grau completo. Mesmo as pequenas empresas precisam qualificar melhor seus empregados, pois oferecem a maioria dos empregos disponíveis no país, e o aumento de sua competitividade exige pessoal flexível, "capaz de ler e escrever com fluidez, operar com números, lidar com as finanças, controlar custos, comunicar-se com clientes" (ibidem, p.197). As novas tecnologias, diz o autor, exigem pessoas com mais anos de escolaridade,

---

14 A revista *Veja*, em sua edição de fim de ano, apresenta Moura Castro da seguinte forma: "O economista Claudio Moura Castro, colunista de *Veja*, é o mais atento observador da cena educacional brasileira. Seu posto no Banco Interamericano (BID) em Washington lhe permite fazer comparações do desempenho da educação na Brasil em relação ao de outros países. Boa parte dessa visão crítica deriva de sua posição privilegiada" (ano 33, n.52, 2000, p.196).

110 GERALDO SABINO RICARDO FILHO

mas que saibam converter esse aprendizado teórico no trabalho. Sem educação, afirma Moura Castro, não se criam nem se ocupam bons empregos:

> Sem o 1º grau, nem pensar em carteira assinada; sem 2º grau, nem pensar em bom emprego. Entendamos de uma vez por todas que quem cria empregos é crescimento, quem permite o crescimento é a produtividade e competitividade. E sem boa educação não há nenhum dos dois. (ibidem)

Moura Castro constrói uma argumentação persuasiva: mediante números e estatísticas, transforma a linguagem econômica em preceitos pedagógicos com amplitude para um debate público sobre educação, uma vez que procura analisar a qualidade das reformas educacionais por meio dessas comparações, sintetizando, com o uso de uma linguagem simplificada e coloquial, na coluna "Ponto de Vista", uma boa parte das discussões sobre educação publicadas no campo universitário.

Sobre o ensino universitário, embora diga que não apresente os melhores resultados de qualidade, Moura Castro esclarece ao leitor que o desenvolvimento da pesquisa no Brasil fez grandes realizações, se comparado com outros países da América Latina, lembrando ainda que, até 1930, não havia universidade no Brasil, mas o autor reconhece o empenho das pessoas que contribuíram com o crescimento econômico (alusões ao projeto desenvolvimentista), ressaltando, todavia, que o esforço para desenvolver o ensino universitário preteriu outros níveis de ensino, redundando num desequilíbrio no sistema educacional. Só em 1995 é que metade dos alunos passaram a terminar o Ensino Fundamental, situação ridícula, se comparada com outras nações, lamenta o autor. O sistema universitário, com suas matrículas "congeladas" por duas décadas, formava 5,6% de graduados no ensino universitário (dados de 1999). O problema do sistema estava no Ensino Fundamental, em virtude do número baixo de concluintes, fazendo com que a matrícula no 2º grau fosse ínfima. De acordo com Moura Castro, havia 1,1 vaga no

A BOA ESCOLA NO DISCURSO DA MÍDIA 111

Ensino Superior (1990) para cada graduado do Ensino Médio. "Uma distorção horrenda" (ibidem, p.198).

As mudanças na economia, conjugadas com uma maior conscientização dos pais e governantes, sensibilizados com os problemas da educação, produziram uma novidade na história brasileira: de acordo com Moura Castro, o Ensino Fundamental foi o que mais apresentou melhoras, fazendo com que o 2° grau começasse a se modificar. "O ensino superior pouco melhorou. E a pós-graduação, a jóia da coroa, viveu um longo jejum de reformas, embora continue essencialmente sadia" (ibidem). Apesar dos problemas, de acordo com o autor gerados pelo corporativismo das universidades, o governo procurou outras estratégias para melhorá-las: o fim da isonomia; orçamento baseado no número de alunos; eleições de dirigentes mais qualificados, dirimindo o populismo na academia, e alguns avanços nos processos de credenciamento e avaliação.

O autor faz um balanço educacional da década de 1990, apresentado resumidamente a seguir. A matrícula do Ensino Fundamental praticamente se universalizou, com 97% da população de 7 a 14 anos freqüentando a escola. Em 1998, 63% dos alunos concluíram o Ensino Fundamental, a graduação do ensino universitário chegou a 10% e a repetência do Ensino Fundamental regrediu de 64% para 47%, sem perda de qualidade significativa; o Ensino Médio chegou a oito milhões de alunos, mantendo a qualidade; o ensino universitário começa a sentir a pressão do crescimento do Ensino Médio – é um cenário otimista, há consonância entre a política, a administração e os sistemas de ensino. Os números disparam, diz Moura Castro:

> Conseguimos sair de um sistema politicamente equilibrado e educacionalmente trágico. Passamos a um sistema politicamente desequilibrado, mas em franco processo de subjugação da mediocridade. Não é pouca coisa. (ibidem, p.199)

A persuasão discursiva de Moura Castro ao colimar suas prescrições pedagógicas transforma a educação num receituário econô-

112 GERALDO SABINO RICARDO FILHO

mico, em perfeita sintonia com as transformações tecnológicas que afetam o mundo do trabalho. Vale a pena verificar as propostas com que ele termina a análise da educação da década de 1990:

> 1– Um 1° grau sério e de qualidade é a meta mais importante e ainda longe de ser atingida; 2– Equacionar e implementar as carreiras docentes e as fórmulas administrativas para preparar professores. Como se faz bom ensino sem bons professores? – esse hoje é o calcanhar-de-aquiles de nossa escola de 1° e 2° graus; 3– A diversificação no ensino superior está atrasada, e mais ainda está a legislação sufocante que tudo quer pasteurizar. Somente agora começamos com os cursos pós-médios curtos. O ensino superior a distância (para entender sua importância, pelo amor de Deus, olhem o mapa do Brasil!) foi sabotado por quase trinta anos e ainda não conseguiu carta de alforria. A pós-graduação profissional foi boicotada por décadas; 4– A gestão do sistema, em seus diferentes níveis, é excessivamente influenciada por corporações de ofício e grupos de interesses: as regulamentações profissionais e reservas de mercado de sabor medieval, as exigências descabidas de diplomas para a docência e os critérios de aberturas de cursos; 5– Aprendemos penosamente a gastar melhor os recursos destinados à educação. Mas agora precisamos de mais recursos. Se acreditamos em educação, temos de pagar o preço; 6– O brasileiro aprendeu que educação é importante. Já faz barulho e reclama. Mas precisa aprender a reclamar melhor, com mais pontaria, mais persistência e mais competência. Educação sempre foi, é e será um assunto político. Conclamo, portanto, todos à luta. (ibidem)

Depreende-se, assim, que há três discursos que se tornam imperativos nas matérias e que encontram confluência na revista: o discurso da *boa escola*, defendida desde o início da década de 1990, o discurso de Moura Castro na coluna "Ponto de Vista", referendando a construção dessa *boa escola*, e a participação dos "pais da nova escola" (Moura Castro, Ribeiro e Oliveira), que, com suas declarações nas matérias publicadas, favorecem a construção de um determinado consenso em torno das reformas educacionais em seus vários níveis de ensino. Nota-se aqui a forma concisa com que o autor retoma as reflexões de seus artigos na coluna "Ponto de Vista". Ele

A BOA ESCOLA NO DISCURSO DA MÍDIA 113

defende uma alteração substancial da educação em que os investimentos sejam racionalizados desde o Ensino Fundamental, no qual ele defende a prioridade na aplicação das verbas, até o Ensino Superior, que deveria ser reorganizado em moldes empresariais. No entanto, ao aproximar educação e lógica do mercado, o autor faz com que se mantenha a dualidade do sistema de ensino (elite, massa), questão que remete a discussão para o conceito de empregabilidade dos indivíduos, de acordo com seu capital cultural adquirido.

A reportagem de *Veja* "Isso é uma revolução" (12 set. 2001), publicada na seção "Educação", procura resumir os feitos do ministro Paulo Renato Souza, retomando informações acerca das reformas realizadas ao longo de sua gestão no governo Fernando Henrique Cardoso. É informado que o número de assentados pelo Ministério do Desenvolvimento Agrário, ou a criação dos genéricos pelo Ministério da Saúde, são ações importantes da administração federal, mas apenas o MEC pôde realizar uma revolução, pois, de acordo com a revista, "no campo da educação a obra desse governo já entrou para a história" (ibidem).

Por meio das estatísticas realizadas pelo INEP, a revista informa o leitor sobre o crescimento das matrículas no Ensino Fundamental, que apresenta 97% das crianças na escola; a avaliação dos alunos do Ensino Médio (ENEM), cujo índice de matrícula aumentou 66% em cinco anos; a avaliação do ensino universitário (Provão), medida importante para medir a qualidade dos cursos de graduação. Paulo Renato Souza, em declaração nessa reportagem, diz que ainda não se conseguiu a universalização do Ensino Médio e universitário, embora se trabalhe para isso. De acordo com a revista, aumentou em 20% o número de pessoas pobres matriculadas nas escolas nessa década. Porém, ainda segundo o artigo, educação não se mede com estatísticas: a escolarização deve ser avaliada pelo desenvolvimento do país.

Nisso os gastos corroboram os investimentos bem direcionados, como a compra de computadores; a distribuição de livros didáticos no início do ano letivo, e o programa "Bolsa-Escola", que contemplaria em 2001 cerca de 5,8 milhões de famílias. Além destes, a cria-

114 GERALDO SABINO RICARDO FILHO

ção do Fundef (Fundo de Manutenção e Desenvolvimento do Ensino Fundamental e de Valorização do Magistério), que teria possibilitado aumentar, em média, os salários dos professores em 29,5%, além da criação dos PCN (Parâmetros Curriculares Nacionais), agregando temas como cidadania, luta contra o racismo e conceitos de política e democracia, bem como crescimento de matrículas e pós-graduandos nas universidades. Nessa área o ministro declara à revista que ficou devendo, por não ter conseguido quebrar a isonomia dos professores, instituindo o salário por mérito. A única voz discordante das reformas do MEC, na reportagem, vem da Ação Educativa, uma das organizações não-governamentais mais conceituadas do país, de acordo com *Veja*. Essa ONG declara à reportagem que o MEC priorizou o ensino básico em detrimento de outros níveis de ensino (provavelmente essa ONG está reivindicando um projeto mais sistemático para a alfabetização de jovens e adultos, sua especialidade), além da falta de diálogo do Ministério da Educação com as ONGs e os sindicatos, e a contenção de gastos com a educação. A revista termina a reportagem acenando para a possível candidatura de Paulo Renato Souza à presidência da República, ou uma candidatura ao Senado, por São Paulo, nas eleições de 2002. Questões para as quais, como se sabe hoje, o ministro precisava se credenciar politicamente. No entanto, Paulo Renato Souza acabaria sendo preterido na sucessão presidencial e na vaga para o Senado. Essa análise é relevante, uma vez que um político com atuação na educação procurou se credenciar para disputar a presidência, tendo como trunfos políticos sua trajetória acadêmica e seu trabalho na área educacional.

Escola/trabalho

As alterações tecnológicas advindas da globalização são associadas, nas matérias da revista *Veja*, às transformações no mundo do trabalho. A modernização e a competitividade da economia brasileira, de acordo com as matérias do periódico, só poderá acontecer

A BOA ESCOLA NO DISCURSO DA MÍDIA **115**

se o país concentrar esforços para universalizar a escolaridade básica da população. Durante a década de 1990, a revista publicou matérias em diversas seções, nas quais os níveis salariais são modificados mediante os anos em que os indivíduos aumentam seu capital cultural, vale dizer, na proporção direta em que acumulam títulos acadêmicos. Trata-se de uma análise liberal, no sentido de um individualismo possessivo, de acordo com a riqueza, podendo ser medida pelos esforços alcançados pelos mais aptos no sistema escolar. Daí a insistência de *Veja* em reivindicar do Estado escolas para todos, pois parte-se da premissa de que a igualdade perante a lei estaria comprometida com o acesso parcial da população à cultura letrada. Desse modo, pode-se observar nas matérias descritas abaixo que os níveis de distinção das instituições escolares (e a própria desigualdade entre as escolas) são omitidos pelo discurso da competência e do talento natural de quem aproveitar os estudos.

A revista *Veja* (4 dez.1996) publica, na editoria "Economia e Negócios", uma reportagem de capa, com o título "O desafio do emprego". Para isso utiliza-se da relação entre a modernização da economia e as mudanças no mercado de trabalho, bem como da falta de preparação dos trabalhadores brasileiros, em particular, com o diagnóstico catastrófico da educação básica. Em seu editorial, a chamada "Carta ao Leitor" afirma que a escola não é valorizada pela sociedade, apenas um número muito pequeno de indivíduos valoriza a educação de seus filhos. Para a revista, "o maior capital de um país é a sua riqueza humana, o seu povo". Se comparado com outros países, como a Coréia e a Argentina, onde a escolaridade média é de nove anos, os brasileiros passam, em média, quatro anos na escola. Em termos de escolarização, a maioria dos brasileiros que faz parte da população economicamente ativa não teria como competir por uma colocação nas empresas modernas. Para o editorial de *Veja*, somente se consegue isso com "a construção de um sistema educacional eficiente, de massa, gratuito. Uma prioridade da sociedade e do governo".

A reportagem interna, anunciada na capa, analisa as alterações que estão acontecendo no mercado de trabalho, no qual as habili-

116 GERALDO SABINO RICARDO FILHO

dades tradicionais, de acordo com a revista, não são suficientes para arrumar um emprego. A reportagem escreve que: "O perfil desejado é do sujeito ambicioso, crítico, criativo, que faz com que todos se mexam a sua volta" (ibidem, p.117). Para Moura Castro, "a educação passou a ser um fator decisivo para o desenvolvimento. Qualquer grande empresa analisa em detalhes os indicadores de educação de um local antes de fazer investimentos" (ibidem, p.122). A abertura da economia durante a década de 1990 explicitou o problema da modernização. E as formas como se alteram as relações de trabalho estão ligadas ao nível de escolaridade dos candidatos a um emprego. Até numa rede de *fast-food* há a exigência do diploma de Ensino Médio, informa a revista. Mas o problema da qualificação e da escolaridade não é apenas brasileiro. De acordo com a revista, nos Estados Unidos e mesmo no Japão, existem problemas de qualificação de trabalhadores. A publicação critica a inoperância governamental e divulga experiências de empresas que estão treinando sua mão-de-obra para enfrentar as mudanças aceleradas da tecnologia. Para a revista: "chegou a hora de enfrentar esse desafio. Fala-se muito em investimentos na educação, tanto em dinheiro quanto em idéias. A hora de falar já passou. Está na hora de fazer" (ibidem).

A reportagem de capa, "Estudar vale ouro" (23 set. 1998), publicada na seção "Educação" de *Veja*, revela a associação entre escolaridade e os níveis de emprego. A "Carta ao Leitor" apresenta os resultados de uma pesquisa realizada pelo IPEA (Instituto de Pesquisa Econômica Aplicada), que, de acordo com o editorial, foi encomendado pela revista:

> Quem observa as estatísticas do desemprego no país geralmente é levado a acreditar que ele atinge todos os brasileiros por igual. É uma falsa impressão. O problema é sério, mas algumas camadas da população são muito mais afetadas por ele do que outras. A grande diferença está na educação, segundo uma nova radiografia do desemprego preparada pelo Instituto de Pesquisa Econômica Aplicada, IPEA. O levantamento é uma das novidades apresentadas na reportagem ... Ela

A BOA ESCOLA NO DISCURSO DA MÍDIA **117**

mostra que o grau de escolaridade exerce um peso muito mais decisivo do que se imaginava nas chances de uma pessoa conseguir trabalho, ter um bom salário e fazer carreira profissional bem-sucedida. A pesquisa revela, por exemplo, que a possibilidade de obter emprego no Brasil aumenta muito a cada diploma conquistado. Um trabalhador sem 2º grau completo corre cinco vezes mais risco de estar desempregado que outro com formação universitária. Os benefícios do aperfeiçoamento por meio da educação são progressivos. Quanto mais escolaridade uma pessoa tem, maior é sua renda. O salário cresce, em média, 15% a cada ano de estudo, segundo o levantamento do IPEA.

Pode-se observar, por meio desse editorial, uma concepção instrumental de escolaridade ligada ao mundo do trabalho. A educação nessa perspectiva seria a panacéia para os problemas singulares dos indivíduos e da sociedade. A igualdade de oportunidades, de acordo com a revista, contribuiria para uma população mais educada, redundando na formação de um cidadão mais consciente, instituições fortalecidas e a produtividade geral contribuiria para o crescimento econômico da sociedade. A apresentação das estatísticas, com base na pesquisa do IPEA, converte esses dados em argumentos irrefutáveis para o leitor. Mediante o discurso da autoridade construída pela persuasão dos números, a revista argumenta que a relação entre escolaridade e empregabilidade podia, antes, ser constatada intuitivamente, e que agora pode ser comprovada do ponto de vista estatístico.

De acordo com a publicação do Grupo Abril, as alterações do mercado de trabalho, cada vez mais exigente e seletivo, determinam que as pessoas tenham de investir mais em sua formação escolar, pois a taxa média de 8% de desemprego sobe para 9% para os brasileiros com apenas seis anos de escolaridade; os graduados em curso superior padecem com 2% de desemprego, e para os pós-graduados a taxa é de apenas 1%. O investimento escolar é a porta para o emprego. Um brasileiro, informa a revista, com diploma do Ensino Fundamental, tem probabilidades quase idênticas às de um analfabeto de conseguir um emprego. De acordo com os gráficos apresentados, as pessoas que não completaram o Ensino Fundamental ou Médio não aceitam o subemprego, ocupados por pessoas analfabetas, mas não possuem qualificação para trabalhos melhores. Um em cada dez brasileiros com essa escolaridade está desempregado, com a agravante de que os jovens que estão entrando no mercado de trabalho pela primeira vez fazem parte desse grupo. A evolução dos gráficos do IPEA publicados na revista mostra a porcentagem de trabalhadores com empregos compatíveis com os anos de escolaridade.

Nessa reportagem foi solicitado à psicóloga e administradora Nielce Filetti, presidente da Aparh (Associação Paulista de Recursos Humanos), um teste para avaliar a empregabilidade das pessoas de acordo com itens relacionados à formação acadêmica, fluência em inglês, cursos complementares, conhecimento de informática etc., a fim de mostrar ao leitor que tipo de profissional o mercado está procurando. Além disso, no final da reportagem são relacionadas diversas profissões, apresentando-se as carreiras que estão em ascensão, em declínio ou estáveis, bem como a remuneração inicial e comentários dos respectivos profissionais de cada ramo e suas experiências de trabalho.

Avaliação

A avaliação externa passou a ser compreendida no periódico como parte do processo de construção de uma *boa escola*. A divulgação dos resultados de avaliações como SAEB, Saresp e ENEM, bem como as análises feitas pelo articulista Moura Castro em artigos de *Veja*, demonstram que os testes oferecem, de acordo com as matérias apresentadas a seguir, parâmetros acerca dos investimentos e do progresso do ensino básico. Observa-se pelas matérias e artigos sobre o tema que os atores contrários às avaliações recebem pouco espaço na revista, no início da década de 1990, estando praticamente ausentes quando as reformas do governo Fernando Henrique Cardoso procuram legitimar sua concepção de avaliação em to-

A BOA ESCOLA NO DISCURSO DA MÍDIA **119**

dos os graus de ensino, fazendo com que os resultados auferidos fossem utilizados como padrão único de comparação entre as escolas e de possibilidade de mensurar a qualidade do ensino efetivamente realizado pelos professores.

Assim, o artigo "Luz e trevas" (2 out. 1996), publicado na seção "Educação" da revista, divulga os resultados do Saresp (Sistema de Avaliação de Rendimento Escolar do Estado de São Paulo), comparando os resultados obtidos pelas escolas públicas e particulares. De acordo com a publicação, a avaliação comprovou que "a escola pública é pior, muito pior do que as boas escolas privadas" (ibidem, p.75). O acerto de questões de Matemática dos alunos de 7ª série do período diurno das escolas particulares foi de 51%, ao passo que os alunos da rede pública acertaram 31% das questões da prova. No período noturno o desempenho dos alunos de escolas públicas foi ainda pior: acertaram apenas 28% das questões. Contudo, a matéria informa que existem escolas públicas de bom nível (foram listadas cem unidades escolares que obtiveram médias semelhantes às das escolas particulares). Rose Neubauer, secretária de Educação de São Paulo à época, declara que a pesquisa mostrava que o ensino público pode ser melhorado com trabalho sério. Os dados do relatório dessa pesquisa, na parte específica sobre o cotidiano escolar, revelaram que 78% dos diretores concentram suas atividades em questões burocráticas e apenas 10% em reflexões pedagógicas; já no setor privado, a situação é inversa. Além disso, há poucas bibliotecas equipadas e apenas 7% das escolas organizam palestras com educadores, e os cursos de capacitação são feitos só em 12% delas. A Secretaria promete, com os dados obtidos, melhorar as escolas com problemas pedagógicos, como, por exemplo, projetos de salas-ambientes. Trata-se de trocar as salas de aula comuns por salas específicas, nas quais os espaços são preparados com materiais didáticos e recursos audiovisuais, transformando-as em ambientes agradáveis para o processo ensino-aprendizagem.

No n.50 de *Veja* (11 dez. 1996), o artigo "O meu ministério por um termômetro", de Moura Castro, publicado na coluna "Ensaio", analisa os efeitos da avaliação externa no sistema de ensino, comparando-a a um termômetro. A metáfora é utilizada para explicar os problemas da educação quando há ausência de parâmetros para avaliar seus resultados. De acordo com ele, um doente não pode avaliar se está com febre com base em suas sensações. O autor compara os resultados satisfatórios da pós-graduação, que possui um sistema eficiente de avaliação, com os da graduação, que tem resultados pífios e nenhum sistema de avaliação. (Esse artigo foi publicado antes dos resultados do primeiro Provão.) Valendo-se dessa análise, Moura Castro cita os estados (Paraná, Minas Gerais, São Paulo) onde a avaliação externa está permitindo corrigir os problemas de suas escolas. Para o autor, a avaliação deve ser um instrumento para premiar os bons resultados e "dar atendimento especial aos que ficaram para trás" (ibidem, p.150).

Moura Castro escreve na coluna "Ponto de Vista" (27 jan. 1999) um artigo no qual essa questão pode ser exemplificada. Com o título "O ensino melhorou ou travou?", o autor analisa os resultados da pesquisa de desempenho dos alunos (SAEB) para demostrar, por meio de estatísticas, que o ensino melhorou. A argumentação é provocativa. O autor afirma que a educação é assunto de primeira página por ser uma prioridade para o país, depois diz que há números para serem anunciados, como resultado das medidas de aferição desenvolvidas.

Porém, ao realizar a comparação dos resultados atuais do SAEB com os de dois anos atrás, constata-se que não houve progresso; todavia, a falta de melhoria não redundaria num fracasso, em especial porque as estatísticas comprovam o contrário. A reprovação caiu, o número de conclusões do Ensino Fundamental cresceu 35%, e a matrícula no Ensino Médio expandiu-se no período de 1994 a 1998 em 37%. O autor considera esses números significativos sobretudo pelo curto intervalo de tempo em que se realizou esse progresso. A redução da reprovação (considerada resultado de uma decisão administrativa) contribuiu para que os resultados fossem melhores, e apesar dos escores estáveis aferidos com as avaliações, o aumento da quantidade não se deu à custa da qualidade do ensino – se assim o fosse, o SAEB revelaria uma queda, desmentin-

A BOA ESCOLA NO DISCURSO DA MÍDIA **121**

do, assim, que os alunos estariam sendo aprovados "por decreto". Os esforços para aumentar a qualidade da educação em estados como Minas Gerais e Paraná são compensados com bons resultados nas aferições do SAEB.

O êxito do Ensino Fundamental, de acordo com o autor, provoca uma procura maior pelo Ensino Médio, mas essa modalidade de ensino permanece "adormecida", "obsoleta" e "despreparada". A qualidade do Ensino Fundamental exerce pressão no Ensino Médio: 45% de conclusões entre 1994 e 1997. Os resultados da pesquisa, patrocinada pelo BID (Banco Interamericano de Desenvolvimento) e pela Unesco em 1991, na qual o Brasil se classificou apenas acima de Moçambique, se modificaram drasticamente em 1998, ficando o país em segundo lugar (em primeiro lugar, bem à frente, ficou Cuba), empatado com os vizinhos Argentina e Chile. Assim, conclui o autor, a quantidade avança sozinha quando a qualidade melhora. Sem entrar no mérito da reforma, diz ele, é preciso a continuidade das políticas educacionais e a participação da sociedade. Meses depois, *Veja*, em seu n.51 (22 dez. 1999), publica os resultados do ENEM, que revelaram que as diferenças de qualidade entre escolas públicas e particulares são pequenas. De acordo com a revista, passaram pela avaliação 315.960 estudantes. A nota média ficou em torno de 51. Os alunos das instituições particulares obtiveram 57 pontos, e os das públicas, 45. Todavia, essa diferença, declara Moura Castro à reportagem, continua sendo devida à participação dos pais na educação dos filhos.

Em "A arqueologia da reprovação" (6 dez. 2000), artigo publicado na coluna "Ponto de Vista" de *Veja*, há novamente informações sobre os resultados das avaliações do MEC para o ensino básico, o SAEB (1999). Moura Castro, autor do artigo, analisa as aferições positivas da avaliação (diminuição da distorção idade-série, crescimento das matrículas e das conclusões em todos os níveis), contudo, as provas de Português e Matemática mostraram uma queda significativa, outrossim, as explicações aventadas poderiam ser a produção de testes difíceis, ou o processo de municipali-

122 GERALDO SABINO RICARDO FILHO

zação decorrente do Fundef, mas as escolas municipais não apresentaram desempenho diferente das estaduais.

O autor utiliza-se da metáfora da esfinge (como decifrá-la?) para construir sua explicação dos resultados do SAEB de 1999, comparando-o com o Coleman Report dos Estados Unidos, a maior pesquisa realizada naquele país sobre o rendimento dos alunos e que por mais de dez anos esteve às voltas com controvérsias acerca dos resultados produzidos. No caso do SAEB, verificou-se queda de qualidade em escolas particulares e públicas, portanto, com alunos ricos e pobres. A queda verificada nos estados do Nordeste está relacionada ao crescimento das matrículas e ao aumento da distorção idade-série, concluindo que o acesso à escola de alunos pobres provocou a baixa da qualidade (sic). O texto envereda pela análise daquilo que denomina "cultura da repetência", própria de um país atrasado, diz o autor. A reprovação é mensurável: quanto mais repetência, pior o rendimento e a auto-estima dos alunos, o que geralmente atinge os mais pobres.

> Mas, ao abandonar a cultura da repetência, há que aprender a viver sem ela. Para a classe média, operava um mecanismo altamente eficiente: "a cultura do medo da repetência", pois é esse medo que faz o aluno estudar. O filho de família educada estuda para passar de ano, com medo da "bomba" e dos castigos. Na prática, quem repete é o filho de famílias poucos educadas, para quem a ameaça da repetência não é incentivo eficaz. Ao eliminar a reprovação, a escola tem que substituí-la por outros mecanismos de prêmios e punições, pois o gosto pelo estudo é munição insuficiente para trocar a televisão pelos livros. Ainda engatinhamos nesse aprendizado. Sem a reprovação, cai a pressão para estudar, até que apareçam outros mecanismos adequados para substituí-la. Caímos em uma entressafra de prêmios e puxões de orelha. (ibidem, p.20)

Decerto Moura Castro concebe "famílias educadas" mediante o capital cultural, quiçá, o capital econômico, ausente nas famílias pobres, e propõe para sua esfinge uma decifração utilizando-se da idéia da repetência. No entanto, afirmar que o fim da reprovação

A BOA ESCOLA NO DISCURSO DA MÍDIA **123**

atinge os pobres com mais intensidade é um anacronismo. Primeiro, porque tal assertiva é um determinismo social e dificilmente poderia ser comprovada empiricamente; depois, como corolário da questão, a repetência analisada como um dado estrutural de famílias pobres redunda em conseqüências deletérias e de pouca eficácia para explicar a própria esfinge do autor, uma vez que essa afirmação apenas corrobora o estigma do pobre incompetente.

Projetos do Estado/terceiro setor

As reportagens sobre ensino básico da revista privilegiaram algumas ONGs que desenvolvem parcerias com o Estado e com organismos internacionais (Banco Mundial, Unicef, Unesco, Fundação Ford), especialmente as que realizam trabalhos com crianças em situação de risco, alfabetização de jovens e adultos, e trabalhos de assessoria com várias Secretarias de Educação, incluindo também o MEC. A participação do Grupo Abril nas iniciativas da chamada sociedade civil, por meio da Fundação Victor Civita, os projetos "*Veja* na Escola" e "Professor Nota 10", demonstram que o chamado terceiro setor é parte de um novo modelo de escolarização, atuando em "parcerias" com o Estado em projetos sociais, cujos resultados Gohn (2000) qualifica como cidadania outorgada, conforme análise a ser desenvolvida no Capítulo 3.

A reportagem de *Veja* (8 out. 1997) publicada na seção "Educação" divulga o programa "Bolsa-Escola", desenvolvido pelo governo brasiliense de Cristovam Buarque, do PT, desde o início de 1995. Esse programa concede o pagamento de um salário mínimo para as famílias carentes, residentes na cidade há pelo menos cinco anos, desde que mantenham seus filhos na escola. Além disso, a Secretaria criou um sistema de pontos para classificar os níveis de pobreza dessas famílias. De acordo com a revista, 51% das famílias inscritas são formadas por mulheres solteiras, viúvas ou separadas, a maioria (70%) composta por trabalhadoras domésticas, e são elas que recebem o cartão magnético e retiram o dinheiro no fim do

124 GERALDO SABINO RICARDO FILHO

mês, pois a reportagem informa que as mães são mais responsáveis que os pais.

De acordo com a *Veja*, a economista Lena Lavinas, do IPEA (Instituto de Pesquisa Econômica Aplicada), considera esse o melhor programa de distribuição de renda do Brasil. Cristovam Buarque, por sua vez, declara que não se trata de um programa assistencialista, mas educacional. Os resultados são satisfatórios, uma vez que, de acordo com outra reportagem da revista sobre a avaliação do SAEB (10 jul. 1996), os índices de evasão escolar e repetência alcançaram padrões de "países civilizados". Os programas de renda mínima, esclarece a reportagem, começaram na Europa após a Segunda Guerra Mundial, inspirados pela social-democracia. No Brasil, apenas o programa de renda mínima criado em Brasília exige a matrícula dos filhos na escola (hoje, esse critério praticamente se generalizou). De acordo com a Secretaria da Criança, havia em Brasília 862 crianças em situação de risco nas ruas, sendo que esse número foi reduzido para 600, o que comprova o excelente resultado do programa. Mas de acordo com *Veja*, ninguém ascende socialmente com uma renda de 120 reais por mês, apenas se consegue "conferir a sua pobreza um caráter menos dramático" (8 out. 1997, p.75).

A participação da sociedade em projetos educacionais se concretiza por meio de instituições denominadas genericamente pela imprensa de terceiro setor. O projeto "Classe de Aceleração",[15] de acordo com o artigo de Moura Castro (1º abr. 1998), publicado na coluna "Ponto de Vista" de *Veja*, foi produzido por João Batista de Araújo e Oliveira, promovido pelo Instituto Ayrton Senna em parceria com a Petrobras, e apoiado pelo MEC. Um projeto que demonstrou ser eficaz na solução do problema da repetência nas séries iniciais. O autor afirma que as estatísticas educacionais acerca da

---

15 O projeto "Classe de Aceleração", de acordo com a revista *Veja*, foi criado para corrigir a defasagem idade/série e resgatar a auto-estima dos alunos. Esse projeto prevê material escolar específico e treinamento dos docentes por meio de metodologias que assegurem a aprendizagem desses educandos.

A BOA ESCOLA NO DISCURSO DA MÍDIA **125**

reprovação revelam um gasto de três bilhões de reais[16] por ano, dinheiro que poderia ser mais bem empregado em projetos de melhoria do nível educacional. O mérito desse programa, diz Moura Castro, é que ele trabalha com os conteúdos considerados mais importantes, substituindo a quantidade pela profundidade das matérias escolares, promovendo uma revolução no ensino enciclopédico, ministrado para gênios, mas não para alunos mal preparados (sic). Corroborando a afirmação, o autor cita a aferição de resultados: "A avaliação externa da Fundação Carlos Chagas mostra que os alunos foram aprovados porque, de fato, aprenderam a lição. De crianças repetentes e frustradas, viraram aprovadas e felizes" (ibidem, p.103). Esse programa, de acordo com o autor, mostrou que o fracasso e a repetência são pragas endêmicas da gestão escolar. Com métodos apropriados, diz ele, mesmo os alunos mais pobres (sic) desenvolvem bons resultados: basta recuperar sua auto-estima, condição válida para os professores também.

Outra experiência do terceiro setor nas escolas públicas é o trabalho da Fundação Victor Civita, que criou o prêmio "Professor Nota 10", além de incentivar experiências pedagógicas no Ensino Fundamental. A matéria publicada na seção "Educação" de *Veja* (21 out. 1998) divulga a primeira edição desse prêmio, atribuído a docentes que desenvolveram metodologias de ensino alternativas e eficazes, mesmo em situações adversas, superando obstáculos e fazendo o aluno pensar. Suas experiências de ensino foram publicadas na revista *Nova Escola* e passaram pela avaliação de especialistas em educação. Quem logrou tal êxito recebeu dez mil reais e um computador da Fundação. Na cerimônia de premiação, esteve presente o ministro Paulo Renato Souza, que, em declaração a *Veja*, elogiou as experiências educacionais que permitiram promover uma escola de qualidade.

---

16 Em *Veja* (ano 32, n.28, 1999), ao abordar novamente o projeto "Classe de Aceleração", as informação sobre os custos com a repetência se alteram para 4,5 bilhões de reais por ano, mas o número expressivo de alunos (1,5 milhão) atendidos pelo projeto comprova o mérito do programa.

126   GERALDO SABINO RICARDO FILHO

A matéria "Vergonha nacional" (18 jun. 1997), publicada na seção "Educação" de *Veja*, divulga os índices assustadores do analfabetismo no Brasil. De acordo com a revista, o programa "Comunidade Solidária" desenvolveu um curso de alfabetização de adultos que recebeu a denominação de "Programa Alfabetização Solidária". Esse programa, coordenado pela primeira-dama da República, a antropóloga Ruth Cardoso, recebe dinheiro doado por sete empresas (a revista não informa quais). Recebe também ajuda de uma fundação, também sem denominação, da Unesco, do SESI (Serviço Social da Indústria), do Senai (Serviço Nacional da Indústria), e material didático impresso nas gráficas do MEC. Trinta e sete universidades, públicas ou particulares, são responsáveis pelo treinamento e pagamento dos monitores, que recebem um salário mínimo por mês. Apesar de o objetivo do programa ser diminuir os índices de analfabetismo, apenas 9.150 pessoas, de acordo com a reportagem, são atendidas pelo programa – resultado pífio.

A reportagem informa que o programa "Alfabetização Solidária" atende a 38 municípios espalhados por estados das regiões Norte e Nordeste do Brasil, que apresentam as maiores taxas de analfabetismo. No entanto, há na região Sudeste cerca de 5,3 milhões de analfabetos, mas o programa não atende nenhuma cidade; a mesma situação acontece na região Sul, que possui aproximadamente 1,8 milhão de iletrados. Contudo, há a exceção da cidade de Curitiba, onde a Prefeitura desenvolveu um método de alfabetização considerado inovador e que obteve resultados satisfatórios a ponto de ser copiado pela "Comunidade Solidária". O curso de Curitiba, de acordo com a revista, utiliza-se da pedagogia sociointeracionista: a alfabetização (que leva, em média, um ano) é feita a partir de coisas concretas, no entanto, salienta a reportagem, não se trata do método Paulo Freire, uma vez que é ensinado o conteúdo oficial de 1ª a 4ª série.

No entanto, há no país cerca de 19 milhões de pessoas iletradas acima de 15 anos (não há informações na revista sobre o número de crianças analfabetas em idade escolar). *Veja* considera esse índice vergonhoso, ainda mais se comparado com a Argentina e o Uruguai, países em que as taxas não ultrapassam 4% da população. Moura Castro declara à revista que não é por falta de campanha dessa natureza que o país tem tanta gente analfabeta. João Batista de Araújo e Oliveira, porém, argumenta que o analfabetismo crônico é resultado da pouca utilidade da leitura em regiões pobres, o que agrava ainda mais o problema.

A reportagem afirma que o Brasil convive com "taxas africanas porque não conseguiu resolver o problema onde ele nasce – no ensino básico" (ibidem, p.123). A reportagem divulga um gráfico, com dados do IBGE/Ação Educativa, no qual é possível visualizar, por região, a distribuição de pessoas analfabetas no país. O projeto "Comunidade Solidária" atinge apenas 0,05% de um total de 19 milhões de indivíduos sem acesso à escola. Além disso, um outro gráfico, também com dados do IBGE/Ação Educativa, demonstra historicamente a evolução do analfabetismo no Brasil em relação à população com 15 anos ou mais. A revista conclui a reportagem cobrando ações do governo, argumentado que o país não pode conviver com uma população do tamanho da Holanda vivendo sem o domínio da linguagem escrita.

A presença do *slogan boa escola* na revista *Veja*

Após a exposição sumária de algumas matérias sobre educação publicadas na revista *Veja*, pode-se inquirir a respeito da *boa escola*, a fim de responder à hipótese formulada. De que forma a *boa escola* se explicita nas fontes consultadas? Ao longo da década de 1990, a revista divulgou sua concepção pedagógica, especialmente por meio de matérias sobre políticas educacionais que pudessem privilegiar o ensino básico, ou por meio de outras que demonstravam a ausência de investimentos nessa modalidade de ensino. A afirmação de que a educação entrou na agenda política e nas páginas de *Veja* pode ser aqui confirmada, contudo, há que se indagar sobre os efeitos que essa prioridade educacional, encontrada nos discursos da revista, provocou nas disputas que envolvem a ampliação ou delimitação do campo educacional.

As matérias descritas permitem identificar duas fases. A primeira compreende o período que se estende de 1990 até o início de 1995, quando as políticas educacionais, de acordo com *Veja*, não contribuíram para universalizar a escolaridade básica no Brasil. A segunda fase, entre 1995 e 2001, caracterizou-se pelo crescimento de matérias sobre educação nas páginas da revista, especialmente pela divulgação imperativa das propostas de reformas educacionais do MEC. Nessa segunda fase, a colaboração de Moura Castro, que assina quinzenalmente artigos na coluna "Ponto de Vista", permitiu que a publicação se envolvesse com o debate educacional por meio de um especialista que aborda todos os graus de ensino, aumentado, assim, a legitimidade das matérias publicadas, pois Castro era apresentado como consultor do Banco Mundial e o "maior especialista em educação do Brasil" (10 jul. 1996, p.52). Pode-se acrescentar ainda a presença de *slogans* em torno dos nomes que legitimam não só a própria concepção de *Veja* sobre educação, mas a posição desses especialistas nas lutas que se travam no campo educacional, pois, admitindo o *slogan* "pais da nova escola" (ibidem), é possível afirmar que a revista procura construir uma nova história para a educação no Brasil, pois se o novo é a expressão de uma *boa escola*, as posições anteriores, muitas delas criticadas nas matérias de *Veja*, como é o caso dos CIEPs, devem ser entendidas como a fase dos desperdícios e das reformas equivocadas feitas pelo Estado. Ocultam-se nesse sentido as trajetórias de outros atores, e define-se no periódico quem são os especialistas com poder para prescrever a *boa escola*: "Claudio de Moura Castro, João Batista de Oliveira e Sérgio Costa Ribeiro. As idéias desses três educadores formaram o tripé da revolução silenciosa hoje em curso no ensino básico brasileiro" (ibidem, p.53).

Para tornar mais evidente o tratamento dado às questões educacionais na revista, foram selecionadas algumas frases, de autoria dos "pais da nova escola", publicadas em *Veja* e relacionadas à idéia de *boa escola*.

- "A *boa escola* é a que ensina bem" (Castro, 20 nov. 1991, p.52).
- "O mito da evasão escolar" (Ribeiro, 28 jul. 1993, p.8).
- "O plano busca o trivial e o simples, uma escola com professores bem pagos, que saibam dar aulas, giz, carteiras, quadro-negro e um ano letivo sem greves" (Castro, 25 out. 1995, p.55).
- "Há uma revolução silenciosa e prudente acontecendo no Brasil. É uma revolução discretinha, a do ensino básico" (Castro, 10 jul. 1996, p.52).
- "A tarefa é transformar caricatura em escola" (Castro, 4 fev. 1998, p.80).
- "Com educação pobre, os alunos aprendem pouco, levam bomba e repetem de ano" (Castro, 1º abr. 1998, p.103).
- "Fracasso e repetência não são uma maldição dos deuses, mas um barbeiragem crônica na gestão da escola" (Castro, 1º abr. 1998, p.103).
- "Reprovação é uma decisão administrativa" (Castro, 27 jan. 1999, p.20).
- "Se queremos boas escolas, a receita é clara: olhos arregalados, espírito crítico e conhecimento de causa" (Castro, 19 maio 1999, p.20).
- "No Ensino Fundamental está o cerne de tudo o que está errado em nossa educação" (Castro, 23 ago. 2000, p.20).
- "Com a modernização econômica e a globalização, sem o 1º grau não há emprego estável, e sem o 2º grau não há emprego razoável" (Castro, 23 ago. 2000, p.20).
- "A arqueologia da reprovação" (Castro, 6 dez. 2000, p.20).
- "Repetência é relíquia arqueológica de país atrasado" (Castro, 6 dez. 2000, p.20).
- "A educação é o combustível do crescimento no Brasil" (Castro, 27 dez. 2000, p.196).
- "A sociedade brasileira tem a escola que deseja" (Castro, 20 nov. 1991, p.46).
- "É a primeira vez na história que se vê uma gestão de educação como essa" (Oliveira, 29 abr. 1998, p.94).

As formulações discursivas, conforme analisadas em Scheffler (1974), são presença constante nas matérias sobre educação, dentre as quais os *slogans* são a produção de consenso, em virtude de seu poder de persuasão e concisão em torno de idéias que definem as estratégias e lutas do campo educacional. Embora a produção de conhecimento, de acordo com Miceli (2001b), seja feita na universidade, o processo de vulgarização dessas idéias em *slogans* permite agregar diversos atores no campo educacional, especialmente aqueles pertencentes ao campo universitário. Afirmar que a *boa escola* é aquela que ensina não explícita, por exemplo, com quais métodos e conteúdos isso possa ocorrer, apesar de todos esperarem que a escola seja organizada dentro de seu objetivo essencial: o processo de ensino-aprendizagem. Mas a reapropriação do *slogan boa escola* em *Veja* acrescenta outros *slogans* que se moldam de forma quase indelével àquele, fazendo com que a criação de um consenso seja uma situação auto-evidente aos olhos dos leitores, dirimindo, ou mesmo anulando, as críticas com que esse processo é construído nas fronteiras do campo educacional, naturalizando o debate de tal modo que o conceito de senso comum seria adequado para entender a produção da boa notícia em *Veja*. Assim, à boa escola estão associados os mecanismos de avaliação externa (foi possível observar que a publicação procurou associar a qualidade da escola aos escores das avaliações); o crescimento das matrículas, das conclusões do Ensino Fundamental e o crescimento do Ensino Médio (amiúde analisados por Moura Castro); a vinculação da escolaridade ao nível de empregabilidade das pessoas e, por extensão, ao crescimento econômico do país e aos investimentos racionalizados na educação básica, considerada prioridade para o desenvolvimento de uma nação e dever do Estado, de acordo com a revista. Analisada nesse conjunto, a *boa escola* está além das diatribes e escaramuças entre esquerda e direita, ou a propósito de usos genéricos que se fazem do conceito de "neoliberalismo", pois a imprensa não é refratária às idéias que circulam na sociedade, nem é apenas um veículo que se encastela nas sombras do poder do Estado. Ao contrário, são os atores do campo educacional, com projetos e trajetórias muito conhecidas entre seus

A BOA ESCOLA NO DISCURSO DA MÍDIA   131

pares, que legitimaram, mediante o domínio da língua legítima, autorizando e anulando falas que não são publicadas nessa imprensa, preferências acadêmicas de conselhos editoriais de revistas especializadas e de editoras de livros, e a participação na burocracia estatal e em organizações não-governamentais que se articulam numa *rede* cuja legitimidade garante a ortodoxia do campo.

Assim, o discurso do que seja a *boa escola* é resultado de entrevistas, artigos e reportagens em que *Veja* explicita sua concepção de educação. As referências constantes à reforma educacional de Minas Gerais, cujos principais assessores estão presentes nas matérias da revista, bem como a divulgação das reformas realizadas pelo MEC, especialmente as atinentes ao ensino básico, permitem afirmar que o *slogan boa escola* não é uma criação da revista, mas resultado das apropriações que diversos atores fizeram em torno desse *slogan* no campo educacional, exigindo, dessa forma, que se investigue a trajetória desses atores e o tipo de confluência com as prescrições pedagógicas de *Veja*.

Portanto, o discurso da revista, com a colaboração desses especialistas, permite delinear um tipo de escola com as seguintes características: uma escola de massas, gratuita, direcionada para as camadas populares, com ensino de qualidade. As verbas públicas devem priorizar o ensino básico, mas criando mecanismos de profissionalização da mão-de-obra de nível médio, sem onerar os gastos públicos. Atenta-se para a realização de avaliações de desempenho dos sistemas de ensino, a fim de diagnosticar e direcionar as verbas públicas. Descentralização dos gastos e gerenciamento dos sistemas escolares, distribuindo recursos financeiros diretamente para as escolas, para que elas possam realizar a manutenção dos prédios, bem como a compra da merenda, de acordo com a licitação feita sob o controle da comunidade escolar, desburocratizando, assim, o sistema educacional, e possibilitando a autonomia pedagógica das escolas. Porém, a remuneração dos professores deve ser a melhor possível, mas seu trabalho precisa ser avaliado de acordo com o desempenho das escolas. Os livros didáticos necessitam ser avaliados de acordo com suas qualidades e adequados aos níveis de aprendizagem dos alunos. Sobre a capacitação docente a revista considera o Estado fator preponderante na melhoria da sua formação profissional. Admitem-se sistemas de ensino diferenciados, embora o periódico defenda e divulgue o bom desempenho das escolas particulares, ele se declara contra os subsídios indiretos, geralmente em forma de descontos no imposto de renda, para as famílias de classe média, pois isso provoca uma distorção que compromete as verbas para o ensino básico.

O discurso dos especialistas colaboradores da revista e a legitimidade que estes conferem às reportagens caracterizam a escola como um problema político, diretamente ligado à concepção de um Estado liberal democrático, que deveria promover a escolarização da sociedade. Desse modo, é sintomático encontrar nas declarações dos especialistas (em especial Moura Castro) as vinculações entre péssima qualidade de ensino e alunos pobres. Mas essa assertiva não é uma novidade para o campo educacional, pois o tema do fracasso escolar é antigo na literatura universitária, bem como na própria imprensa. Ao defender a universalização da escolaridade da população, especialmente com as exigências que as transformações tecnológicas impõem ao mercado de trabalho,[17] *Veja* faz com que a *boa escola* expresse apenas o sentido instrumental voltado para um discurso economicista, cuja eficiência facilitaria o acesso das pessoas a uma cidadania vinculada ao consumo.

Ser cidadão, nessa perspectiva, é ter acesso ao ensino básico que contribua para o desenvolvimento de habilidades que o tornem potencialmente empregável. Mas a dualidade de sistemas de ensino, de acordo com o capital econômico e cultural das pessoas, é uma ca-

---

17 Essa afirmação é decorrente de um consenso que se formou na imprensa e em boa parte no campo educacional em virtude dos processos da globalização da economia, mas que só pode ser confirmada com evidências empíricas. No entanto, a criação de uma escola instrumental, voltada para a preparação de uma mão-de-obra para esse dinâmico mercado de trabalho, foi consubstanciada em lei. O Parecer n.15/98, elaborado por Guiomar Namo de Mello, será analisado no Capítulo 3, bem como a discussão da formação da rede de legitimidade.

A BOA ESCOLA NO DISCURSO DA MÍDIA 133

racterística do sistema capitalista que não se modificou com a incorporação das pessoas pobres à cultura letrada, uma vez que o processo histórico de distinção social, consubstanciado em títulos acadêmicos, confere *status* às pessoas que estudam em colégios de prestígio, relegando aos pobres a instrução básica e, por conseguinte, definindo o lugar deles na hierarquia social (cf. Bourdieu). Quando se afirma que as grandes escolas particulares preparam os futuros dirigentes do país, presidentes, ministros, professores universitários, médicos, empresários etc. (*Veja*, 13 ago. 1997), e admite-se como um dado natural que os alunos que estudam em escolas técnicas deveriam ser os que não poderão cursar o ensino universitário (*Veja*, 3 nov. 1997), é possível analisar a violência simbólica expressa nessa dualidade de sistemas de ensino que se revela como um destino para os indivíduos que terão sua terminalidade na escola decretada no nível compatível com seu capital econômico e cultural. Desse modo, explica-se a queda de qualidade nos testes do SAEB, imputando a responsabilidade aos alunos pobres ou às escolas, que conservam a cultura da repetência. Diante desse quadro, a *boa escola* é um *slogan* reduzido a uma questão de política educacional na revista, pois as mazelas pedagógicas denunciadas encontram respaldo nas declarações dos especialistas (os "pais da nova escola"), e as reformas educacionais do MEC, sobretudo no período de 1995 a 2001, seriam a panacéia para esse problema a ponto de se afirmar que: "no campo da educação a obra desse governo já entrou para a história" (*Veja*, 12 set. 2001).

3
A FORMAÇÃO DA REDE
DE LEGITIMIDADE

A denominação feita pela revista *Veja*, de que Claudio de Moura Castro, João Batista Araújo e Oliveira e Sérgio Costa Ribeiro eram considerados os "pais de uma nova escola" (10 jul. 1996, p.53), e a freqüência com que esses intelectuais eram citados em matérias sobre educação na revista, exigiram que se fizesse um recuo temporal na documentação examinada para saber em que momento esses especialistas passam a fazer parte dos mecanismos de legitimidade em *Veja*. Durante a década de 1980, eles já eram citados ou entrevistados pela publicação acerca de temas educacionais. Trabalhos relativos à qualidade dos livros didáticos (João Batista Araújo e Oliveira), aos problemas do vestibular e da redação (Sérgio Costa Ribeiro), e sobre os problemas do ensino universitário (Claudio Moura Castro), entre outras abordagens relativas às pesquisas desses educadores, eram divulgados ou analisados em *Veja*. Na década seguinte, em meio às transformações econômicas e políticas, conhecidas pelo termo vulgarizado de *globalização*, a educação passou a fazer parte das preocupações de vários grupos sociais, fato corroborado pelo crescimento de notícias educacionais na imprensa, de acordo com pesquisas da ANDI.

Porém, a freqüência desses autores na revista aumentou a partir de 1995, a ponto de Moura Castro, à época trabalhando no Banco

136 GERALDO SABINO RICARDO FILHO

Mundial, passar a integrar a equipe de colaboradores do periódico (setembro de 1996). O início da década de 1990 se caracterizou por uma mudança de discursos na esfera estatal, com os projetos governamentais de reduzir a participação do Estado na área econômica (privatização), e com sua reorganização política (Estado mínimo) o governo deixa, gradativamente, de ser o executor de ações sociais diretas, para redimensionar a participação da sociedade civil nos espaços sociais onde esta se mostrava débil. Nesse sentido, a educação recebeu do Estado uma outra orientação, e vários atores que já se encontravam em postos da burocracia estatal, por meio de secretarias e assessorias, integram, com a eleição de Fernando Henrique Cardoso, o poder decisório e a possibilidade de pôr em prática grande parte das prescrições feitas por esses atores no campo universitário.

Conforme foi demonstrado no Capítulo 2, as matérias publicadas sobre educação na revista *Veja* a partir de 1995, quando se inicia o primeiro governo Fernando Henrique Cardoso, recebem uma abordagem mais imperativa. Não se trata de uma adesão mecânica da revista a esse projeto educacional, ao contrário, a documentação examinada em *Veja* permite afirmar que o periódico se aproxima do campo político na razão direta em que os "pais da nova escola" também o fazem. Primeiro, com a colaboração deles na reforma educacional de Minas Gerais, quando a Secretaria de Educação desse estado era ocupada por Walfrido dos Mares Guia, amiúde citada como uma experiência bem-sucedida no Brasil. Desse modo, Moura Castro, Ribeiro e Oliveira atuam em várias direções. São eles os "pais da nova escola", em especial da reforma educacional mineira (discurso enunciativo da revista); são os legitimadores da reforma na revista (o discurso do especialista na revista); são os enunciadores da *boa escola* para o leitor (os *slogans* e metáforas utilizados com competência em declarações e títulos de matérias da revista). Quando as reformas do MEC passam a ser divulgadas favoravelmente pela revista, reforçam-se, mediante os discursos, duas situações que merecem um detalhamento. A primeira se aduz pela autoridade do especialista, afinal, eles têm legitimidade em virtude da sua "paternidade" na reforma educacional mineira. A segunda, um

A BOA ESCOLA NO DISCURSO DA MÍDIA 137

desdobramento que expressa uma memória educacional construída pela revista, donde o fator comparativo se reduz à reforma mineira, pois uma vez que ela é reiterada em diversas matérias, entrevistas e declarações dos especialistas, o parâmetro de reforma bem-sucedida passa a ser o prescrito nas páginas de *Veja*, redundado numa memória por meio da ausência de outras informações comparativas. Todas as reformas educacionais subseqüentes são divulgadas tendo por base aquela. De outro modo, as comparações de reformas anteriores enfatizam situações de fracasso, sempre tendo a referência positiva da reforma mineira e aquelas ligadas ao MEC durante a gestão do ministro Paulo Renato Souza.

Assim, o processo de legitimidade desse discurso ganha visibilidade em *Veja*, mas não expressa apenas preferências recíprocas entre o campo jornalístico (publicação do Grupo Abril) e o político. Afirmar que a imprensa pode construir sozinha um determinado consenso no campo educacional é subestimar as lutas que caracterizam esse campo, no qual o enfrentamento se dá pela capacidade (de forças variáveis e de campos distintos) de alargar ou ampliar suas fronteiras, ou dito de outra forma, pela capacidade de legitimidade e liderança realizada por atores que se encontram em constante movimento. O campo educacional entendido como um espaço social onde diversos atores, oriundos de vários campos (jornalístico, político, universitário, terceiro setor, campo sindical etc.), disputam o objeto educação, faz com que ele seja o espaço da ambigüidade, pois o poder normativo do Estado não se concretiza por meio de uma única concepção pedagógica, fato que demonstra que seu poder regulador é antinômico, uma vez que ele legisla com base nos resultados das lutas que se operam no campo educacional no qual atua com poder de persuasão para atrair intelectuais (Miceli, 2001a), mas geralmente com matizes pedagógicos resultantes das disputas internas desse campo.

Nesse sentido, a investigação procurou entender os motivos que levavam a revista *Veja* a repetir os mesmos especialistas em educação, sobretudo nas matérias que divulgavam as reformas educacionais. Ficava a pergunta: por que esses intelectuais, arbitrariamente

138 GERALDO SABINO RICARDO FILHO

definidos como os "pais da nova escola", tinham essa preferência? A resposta a essa argüição se fez por meio de uma categoria de análise que ajuda a pensar a atuação dos "pais da nova escola" e suas relações com outros atores no campo educacional. Assim, a conceituação de uma *rede de legitimidade* permite visualizar, mediante as trajetórias acadêmicas de seus participantes, de que forma essa rede se estruturou e quais estratégias são utilizadas para disputar liderança no campo educacional.

A formação de uma *rede de legitimidade* foi delineada por meio de uma série de cruzamentos obtidos mediante o exame das trajetórias de alguns intelectuais, em sua maior parte oriundos do campo universitário, mas que se movimentam para e em outros campos, mormente o político. Aqui se defenderá a hipótese de que essa rede é formada por intelectuais e políticos que estavam próximos das instâncias decisórias do Estado, corroborando, direta ou indiretamente, as reformas educacionais no período de 1995 a 2001. Desse modo, há um movimento desses intelectuais por campos distintos, mas todos se dirigem, de alguma forma, para o poder normatizador do Estado. Corolário de que a legitimidade no campo educacional é construída mediante as lutas que se operam nas regiões de fronteira desse campo e menos pelo monopólio de poder consubstanciado no Estado.

A rede não é uma entidade física na qual se engendrariam as reformas educacionais, ao contrário, é composta pelas trajetórias de atores oriundos de campos diferentes, mas que colaboram com a ampliação das fronteiras do campo educacional que melhor caracteriza sua conformação. Mas de que forma se pode assegurar que realmente existe uma rede e quais os critérios para definir os nomes desses intelectuais? Não seria uma escolha arbitrária e, portanto, sem possibilidade de comprovação empírica? Essas questões foram recorrentes durante o exame das fontes e revelaram dados subjetivos que merecem uma comprovação. Primeiro, quanto à própria formação da rede. O itinerário para chegar a essa categoria de análise começou com o exame das matérias sobre educação publicadas pela revista *Veja*. Em meio à diversidade de temas abordados, espe-

A BOA ESCOLA NO DISCURSO DA MÍDIA   139

cialmente os que divulgavam assuntos relativos à escolarização formal, eram freqüentes as citações ou declarações de intelectuais, dentre os quais Moura Castro, Ribeiro e Oliveira, cuja presença nas páginas de *Veja* remonta ao início da década de 1980, contudo, não consta que as proposições pedagógicas desses autores estivessem entre as posições hegemônicas no campo educacional nessa época, embora ocupassem cargos na burocracia estatal, em órgãos técnicos como IPEA, LNCC e Capes.

Mediante o levantamento dos trabalhos publicados por Moura Castro, Ribeiro e Oliveira em revistas especializadas, livros e artigos na imprensa, bem como a participação desses intelectuais em assessorias do Banco Mundial e em Secretarias de Educação de alguns Estados da Federação, foi possível perceber que outros intelectuais estavam próximos das formulações pedagógicas que esses autores divulgavam. Desse modo, o quadro político do país deve ser considerado, uma vez que a ascensão do PSDB (Partido da Social Democracia Brasileira) ao poder, a partir de 1995, consolida sua hegemonia política, especialmente considerando a composição partidária durante o governo Itamar Franco (a nomeação de Fernando Henrique Cardoso para o Ministério da Fazenda e toda a propaganda da estabilização econômica feita com o Plano Real) e a aliança estratégica, especialmente com o PFL (Partido da Frente Liberal), levada a cabo com uma chapa presidencial formada com partidos à direita do espectro político brasileiro. Essa mudança política representa um divisor de águas entre posições e disputas no campo educacional, pois os intelectuais ligados ou filiados ao PSDB passam a ocupar postos nas instâncias burocráticas, consolidando posições pedagógicas construídas no campo universitário, mormente os atores que já desenvolviam estratégias diferenciadas para conquistar hegemonia no campo educacional, como aquele movimento para outros campos. Nesse sentido, nomes como os de Guiomar Namo de Mello, Rose Neubauer, Sônia Penin, Bernadetti Gatti e de várias outras educadoras que se organizavam em ONGs, especialmente aquelas ligadas à educação, fazem parte da *rede* na razão direta em que prestam serviço a várias Secretarias de Educação, bem como ao

MEC. Nomes como os de Maria Alice Setúbal e Viviane Senna, para ficar nos trabalhos diretamente ligados às políticas educacionais atuais, participam também das discussões promovidas e/ou apoiadas pelo Ministério da Educação.

Uma argumentação possível é que as posições hegemônicas de intelectuais pertencentes à Fundação Carlos Chagas, e algumas universidades, especialmente nos programas de pós-graduação em educação, com vários trabalhos publicados na revista *Cadernos de Pesquisa*, ou em outros periódicos com o mesmo prestígio, realizam a passagem e conversão de seu capital específico para o campo político, dominando posições no campo educacional. Seria o caso de se perguntar: de qual lugar do campo educacional é formulado o discurso desses educadores sobre a *boa escola*? E de que modo a movimentação dessa *rede*[1] contribuiria para produzir um determinado consenso, inclusive compartilhado por diversos atores nesse campo?

Os critérios para definir quais desses intelectuais pertenceriam à rede, evidentemente, não foram desenvolvidos apenas por essa visível aproximação destacada acima, ao contrário, essa é a parte mais sutil e menos demonstrável e só pode ser analisada por meio de confrontação com outras fontes. Na revista *Veja*, afirmar que os três intelectuais (à exceção de Ribeiro, falecido em 1995, mas lembrado em anos posteriores) são os "pais da nova escola" faz parte de uma representação significativa, especialmente quando eles legitimam as reformas que estão ocorrendo no nível federal, compartilhando suas formulações com aqueles intelectuais que também são favoráveis a, ou que participam direta ou indiretamente dessas reformas. Assim, pode-se dizer que os aspectos menos visíveis da rede são formados pelas aproximações teóricas representadas por esses

---

1 Conforme se verificará neste capítulo, existem divergências pedagógicas dentro da rede, explicitadas por alguns intelectuais, mas isso não invalida a idéia da existência da rede; ao contrário, demonstra que, apesar das diferentes concepções de educação, elas se articulam na formação de um consenso no campo educacional, mesmo quando há dissensão acerca das reformas educacionais legitimadas no Estado.

A BOA ESCOLA NO DISCURSO DA MÍDIA **141**

"fios" que realmente dão consistência à rede, mas que devem ser confrontados pelas críticas de outros atores que não pertencem a ela, mas desenvolvem formas de censura na delimitação de quem pode disputar o objeto (educação). Desse modo, pode-se inferir que a rede se explicita pela sua atuação no campo educacional, ou seja, dentro de um espaço social díspar, em que vários atores disputam o mesmo objeto com estratégias de subversão e conservação desse campo, desenvolvidas por meio de atores que buscam delimitar ou ampliar suas fronteiras.

Os "pais da nova escola": as novas fronteiras do campo educacional

As trajetórias de Moura Castro, Ribeiro e Oliveira se aproximam em diversos momentos, seja em assessorias ou trabalhos acadêmicos, seja nas posições pedagógicas explicitadas na revista *Veja*. Uma vez examinada a concepção de educação e de *boa escola* nas páginas da revista, conforme descrição no Capítulo 2, será analisada aqui parte dos trabalhos publicados por esses autores em revistas especializadas ou livros, especificamente os relativos ao ensino básico, definindo novas fronteiras para o campo educacional.

Todavia, em meio à quantidade de trabalhos acadêmicos que esses intelectuais produziram ao longo de suas carreiras profissionais, a opção pelos escritos sobre o ensino básico não deve obliterar as contribuições realizadas por eles em outras modalidades de ensino, sobretudo as ligadas à universidade. Sérgio Costa Ribeiro, doutor em Física pela USP (Universidade de São Paulo, *campus* São Carlos), declara que seus trabalhos se iniciaram na pós-graduação, e que se dirigiu ao Ensino Fundamental "porque aí está o nó do problema" (*Ensaio*, 1995, p.5). Ao trabalhar na Fundação Cesgranrio estudando o perfil socioeconômico dos candidatos ao vestibular, passou a se interessar pelos problemas educacionais, dedicando seus esforços nessa área até sua morte, no início de 1995. Nessa trajetória, ocupou funções de assessoria e consultoria em órgãos federais, no INEP e na Capes, em trabalhos ligados à reformulação do ensino universitário. Ele já era conhecido pela imprensa em virtude das atividades desenvolvidas na Fundação Cesgranrio, mas será com as pesquisas no LNCC sobre as estatísticas do censo escolar que ampliará sua posição no campo educacional.

De acordo com Ribeiro (1989), na década de 1930, o secretário geral do IBGE, diretor do Serviço de Estatística do Ministério da Educação e Cultura, e diretor da *Revista Brasileira de Estatística*, Teixeira de Freitas, fundador do próprio IBGE, começou a desenvolver análises sobre os dados educacionais baseados no censo escolar, num acordo firmado entre o Ministério da Educação e esse instituto de pesquisa. A interpretação dos números feitas por Freitas deveria provocar uma reviravolta nas políticas educacionais da época, não fosse a forma como o debate sobre esses números se deu. De acordo com Ribeiro:

> Foi, em 1940, na primeira sessão pública da recém-criada Sociedade Brasileira de Estatística, que apresenta seu mais contundente trabalho até então, "A Evasão Escolar no Ensino Primário Brasileiro" (Freitas, 1940), onde, pela primeira vez no Brasil, e provavelmente na América Latina, analisa os dados escolares na forma de fluxo de alunos num sistema seriado de ensino e não, o que era comum na época (e o é até hoje), analisar os dados de forma estática e daí tirar conclusões que posteriormente verifica-se violarem os mais elementares princípios da conservação das unidades deste fluxo, no caso, os habitantes do País. Para isso, discute, em primeiro lugar, a natureza deste fluxo, mostrando que, independentemente da distribuição de idades dos alunos novos na 1ª série do ensino primário, este número em condições de estabilidade do sistema (ou quase estabilidade) não pode exceder uma coorte de idade representativa, no caso a coorte de 7 anos. ... Impressionado com seus achados, seu trabalho torna-se extremamente crítico da qualidade da escola que os brasileiros freqüentavam, a ponto de mostrar que, se uma alfabetização rudimentar requeria a matrícula dos alunos na segunda série do curso primário, que na época era, em grande maioria, de apenas 3 séries (uma assertiva otimista), a situação apontava para uma regressão da população brasileira ao analfabetismo. (Ribeiro, 1989, p.153-4)

A BOA ESCOLA NO DISCURSO DA MÍDIA **143**

Contudo, diz Ribeiro, embora a comunidade educacional tenha se mostrado estupefata com os resultados, Lourenço Filho, então diretor do INEP, num artigo publicado na *Revista Brasileira de Estatística*, discorre em resposta a essa pesquisa de Freitas mostrando-se otimista em relação ao sistema de ensino da época. Mas o debate se esvazia, pois mesmo com a réplica de Freitas os dados do MEC continuaram sendo obtidos com a metodologia considerada inadequada, que subestimava a repetência e atribuía à evasão os muitos males das escolas, quando na verdade o cotejamento dos resultados do censo escolar do MEC com os censos demográficos do IBGE estava revelando que a repetência era o principal problema do sistema de ensino brasileiro. Freitas,[2] num último artigo antes de ser demitido do IBGE, revelava que as políticas públicas com construções de escolas e combate ao analfabetismo eram inócuas para uma população cuja escolaridade não passava da 1ª série do primário. Registra-se ainda que, por decreto presidencial de 1937, competia ao INEP analisar os dados estatísticos produzidos pelo censo escolar do MEC (Ribeiro, 1989).

Ainda de acordo com Ribeiro, o MEC não estabeleceu nenhum tipo de convênio para comparar os dados estatísticos. Essas questões só serão mais bem trabalhadas durante o governo Fernando Henrique Cardoso. A retomada dos trabalhos de Freitas se deu, de acordo com Ribeiro, em 1983, quando o então secretário geral do Centro Nacional de Recursos Humanos (CNRH) do Iplan/IPEA, Claudio de Moura Castro,[3] ao observar que os dados de evasão e re-

---

2 O artigo "A escolaridade no ensino primário brasileiro" foi publicado na *Revista Brasileira de Estatística*, n.30/31, abr./set. 1947, e republicado na mesma revista, n.194, jul./dez. 1989, acrescido de comentários de Sérgio Costa Ribeiro.

3 Castro (1989), no artigo "Onde está o desastre?", confirma as informações fornecidas por Ribeiro sobre as estatísticas do MEC. Do mesmo modo, no artigo "Mitos, estratégias e prioridades para o ensino de 1º grau", Fletcher e Castro (1993) realizam reflexões próximas às apresentadas por Ribeiro acerca dos problemas da repetência e do fracasso escolar. Castro esclarece, todavia, que esse artigo foi publicado a partir de um texto de 1985 (dados de publicação da FCC). Nesse aspecto seria interessante observar o crescimento de publicações acerca de

144 GERALDO SABINO RICARDO FILHO

petência do MEC não eram consistentes, encomendou um estudo mais detalhado a Philip R. Fletcher, doutor em educação pela Universidade de Stanford. Ao desenvolver a pesquisa, Fletcher redescobriu na biblioteca dessa universidade os trabalhos de Freitas acerca das estatísticas preteridas nos anos 1940 no Brasil.[4]

A retomada, portanto, dos quadros estatísticos baseados na idéia de fluxo dos alunos por Ribeiro, em colaboração com Fletcher, em meados da década de 1980, denominada projeto "Profluxo",[5] é tributária dos estudos de Freitas, devidamente reconhecido por esses atores, que procuraram por quase dez anos fazer com que os critérios dos censos escolares tivessem um tratamento mais científico diante das políticas educacionais. A julgar pelas declarações de Ribeiro, a imprensa teve um papel fundamental no processo de reconhecimento pelo MEC de que os dados dos censos esco-

---

avaliações institucionais, com a criação de revistas acadêmicas direcionadas a essas análises, como se depreende dos trabalhos publicados nas revistas *Estudos em Avaliação Educacional* e *Ensaio*. Pode-se incorrer nas estratégias utilizadas por atores ligados a esse mecanismo de legitimação da avaliação com um dado "natural" das práticas pedagógicas, sobretudo com o envolvimento de atores ligados à FCC e à Fundação Cesgranrio nas reformas educacionais, e a participação nas avaliações realizadas sob a égide dessas instituições.

4 Seria oportuno recuperar o debate entre estatísticas e o fracasso escolar, admitindo "o mito da evasão escolar" (Ribeiro, 1993), especialmente em torno de nomes considerados hegemônicos no campo educacional da época, como o de Lourenço Filho, e investigar de que forma sua concepção pedagógica preteriu outras formulações no campo.

5 O projeto "Profluxo" foi desenvolvido no LNCC pelo físico Sérgio Costa Ribeiro, em parceria com Philip R. Fletcher e Ruben Klein. Esse projeto consiste em analisar os dados dos PNADs (Pesquisas Nacionais por Amostra de Domicílio) e censos demográficos do IBGE. Por meio dessas informações, comparados com os Censos Educacionais do MEC, foram constatadas diversas discrepâncias, sobretudo em relação a série e idade dos alunos, bem como o tempo de permanência na escola e a incompatibilidade entre o coorte de idade de alunos de uma geração que responderiam pelas matrículas numa determinada série e o número real de matrículas existentes. Entre outras constatações foi possível perceber que o problema da falta de vagas na escola era motivado pelo "represamento" de alunos em virtude da reprovação, sendo a evasão um porcentual ínfimo, contrariando as estatísticas do MEC para essa questão (Klein e Ribeiro, 1991).

A BOA ESCOLA NO DISCURSO DA MÍDIA **145**

lares apresentavam erros crassos sobre evasão escolar e repetência. De acordo com a revista *Ensaio* (1995), citando Ribeiro: "a imprensa teve um papel muito importante nesta mudança. Eu fiz o discurso, mas quem registrou e publicou foi a imprensa, ela é que vai ter que convencer a população. Se a gente não perceber a tempo, não teremos futuro como país" (ibidem, p.9). O percurso foi longo, mas alguns reconhecimentos desse trabalho de Ribeiro foram fornecidos pelo Banco Mundial, quando esse organismo, a partir de 1986, passou a consultar as estatísticas corrigidas do "Profluxo" em seus documentos (ibidem), e ao mesmo tempo, a convite da Unesco, Ribeiro e Fletcher apresentaram seus trabalhos em Paris. No início da década de 1990, o reconhecimento dessas questões educacionais permitiu que os resultados fossem discutidos em fóruns sindicais, secretarias de educação, ONGs e universidades. Em 1992, Ribeiro integrou, na condição de professor visitante, o IEA (Instituto de Estudos Avançados)[6] da USP, no qual organizou, em parceria com a educadora Vanilda Paiva, o "Seminário Internacional: Autoritarismo Social", com verbas da Unesco, Fundação Ford, INEP, Orealc, Clacso e USP. Além disso, no ano anterior, IBGE, MEC e Consed acataram grande parte das sugestões do modelo "Profluxo" em suas fichas para a coleta de dados dos censos a serem realizados.

Depreende-se, pela trajetória de Ribeiro, que seu capital específico, devidamente reconvertido nos estudos sobre educação, conquistou espaços no campo educacional, mas não o fez com as prerrogativas de quem possui apenas visibilidade na imprensa. Se por quase uma década esse trabalho foi ganhando foros de legitimidade

---

6 No início da década de 1990, o "Programa Educação para a Cidadania", do IEA, especificamente no grupo "Políticas Públicas", contava no seu quadro de professores visitantes e participantes dos fóruns de discussões com os educadores Guiomar Namo de Mello, Sônia Penin, Rose Neubauer, Sérgio Costa Ribeiro, Simon Schwartzman, entre outros. Parte dessas discussões foram publicadas na *Revista de Estudos Avançados*, nos números 12 e 13, cujos dossiês sobre educação contavam com artigos de atores arrolados na *rede de legitimidade*.

146 GERALDO SABINO RICARDO FILHO

e mais instituições passaram a reconhecer a validade dessas pesquisas, pode se perceber que o processo de lutas e estratégias do campo educacional passou, no caso de Ribeiro, pelo reconhecimento de atores que também realizam movimentos estratégicos nas fronteiras desse campo.

Com base nesses dados, Ribeiro publicou artigos em revistas especializadas, nos quais, mediante a demonstração desses números, argumentava sobre a "pedagogia da repetência" (Ribeiro, 1991a, 1991b). Esses artigos são significativos em virtude da forma com que o discurso pedagógico desse autor assume as proposições educacionais preconizadas por atores que prescreviam a *boa escola* no campo universitário, muitos deles ligados aos programas de pós-graduação. O paradoxo situa-se nesse aspecto, uma vez que Ribeiro não era um intelectual desconhecido no campo universitário, tampouco desfrutava de posição de liderança no campo educacional, mas as estratégias e lutas de vários atores, especialmente durante a década de 1990, inverteram o processo de formação de consenso de tal forma que se pode afirmar que a rede construiu legitimidade no campo educacional.

Os artigos de Ribeiro (1991a, 1993) denotam o aspecto pedagógico, realizando uma simbiose entre dados técnicos do projeto "Profluxo" e as modificações necessárias, de acordo com o autor, para que a escola fosse considerada boa. Desse modo, no artigo publicado em 1991 na revista *Estudos Avançados*, a "pedagogia da repetência"[7] torna-se um *slogan* de difícil refutação no campo educacional. Ribeiro expõe os dados do "Profluxo" em comparação com os dos censos educacionais do MEC. A discrepância é constatada nos índices comparativos entre as taxas de evasão e repetência e as ofertas de vagas para a geração de crianças em idade de cursar a 1ª série do Ensino Fundamental. De acordo com o autor, o número de

---

7 Na revista *Estudos em Avaliação Educacional*, Ribeiro publica artigo, com título homônimo, com os mesmos argumentos, porém sem as notas e bibliografia encontradas no primeiro (Ribeiro, 1991b).

A BOA ESCOLA NO DISCURSO DA MÍDIA **147**

alunos matriculados nessa série, na condição de alunos novos, não é compatível com o censo demográfico da população, pelo que se depreende que há pelo menos duas gerações de alunos cursando a mesma série, fazendo com que as demais séries apresentem porcentuais menores de matrículas. A conclusão do MEC estava no conceito de evasão, uma vez que se mais alunos não concluem a série e não evoluem dentro do sistema, a explicação estaria no abandono precoce desses alunos. Contrário a essa análise, de resto já explicitada nos anos 1940, Ribeiro insiste com base em dados empíricos, que o conceito de repetente utilizado provoca o falso discurso da falta de vagas, fato que incentiva projetos de merenda escolar ou outros mecanismos compensatórios para reter o aluno na escola.

Na verdade, diz Ribeiro (1991a), a universalização da oferta das vagas apresenta um porcentual de 95% para o Ensino Fundamental. A evasão atinge taxas de 2,3% dos alunos novos, fazendo com que a repetência seja considerada um mecanismo de seleção vigoroso no sistema de ensino, pois 52,5% dos alunos são reprovados sistematicamente na 1ª série:

> Esta discrepância é conseqüência, entre outras, da dupla contagem dos alunos nos censos escolares que, devido às altas taxas de repetência, mudam de escola sem, no entanto, saírem do sistema, ou então são matriculados na mesma escola como alunos novos na série. Esta dificuldade, de natureza metodológica, é encontrada em quase todos os países subdesenvolvidos e não se caracteriza com um problema brasileiro. Nestas circunstâncias, a evasão indicada pela estatística oficial (25,5% entre a 1ª e 2ª séries) é mais de dez vezes maior que a calculada pelo modelo Profluxo. Essa diferença produz, ainda, outras conseqüências. Como a criança sai da escola, mas não sai do sistema ao ser contada como nova e já tendo freqüentado anteriormente a série, a idade média de ingresso no sistema aumenta, causando a impressão de que há uma dificuldade de acesso ao sistema que não ocorre na realidade. (ibidem, p.9)

As taxas de evasão, diz o autor, são comprovadas efetivamente entre a 4ª e 5ª séries, e não aparecem nos dados oficiais. Ao terminar

148 GERALDO SABINO RICARDO FILHO

a 4ª série,[8] não há oferta suficiente de escolas para a continuação dos estudos, bem como por conta do número de repetências acumuladas, fazendo com que a distorção idade–série provoque o abandono da escola. Assim, com uma média de 8,5 anos na escola (dados do início da década de 1990), o sistema educacional não consegue universalizar o Ensino Fundamental no país, pois os anos de repetência fazem com que, em torno dos 16 anos de idade, o aluno deixe a escola, independentemente da série que esteja cursando. Uma outra constatação é que esses anos de escolarização expressam, em média, cerca de seis séries concluídas com êxito, fazendo com que pouco se saiba dos reais processos de aprendizagem dos alunos. (Naturalmente, Ribeiro está falando da ausência de avaliação externa, questão que defendia como condição necessária para a melhor organização do sistema de ensino.)

O autor afirma que há um esforço das famílias em manter os alunos nas escolas, mas a qualidade de ensino oferecida a essas crianças não se revela satisfatória, sendo que no lugar do processo ensino-aprendizagem a escola é confundida com restaurante, posto de saúde, creche ou depósito de alunos. A pedagogia da repetência está de tal forma arraigada na cultura escolar brasileira que mesmo as escolas particulares não apresentam índices melhores que os das escolas públicas. Pobre ou rico, a repetência, no dizer do autor, faz com que os níveis de competência cognitiva impeçam que o Brasil atinja uma modernização condizente com uma economia globalizada. Uma mão-de-obra sem qualificação cognitiva para enfrentar a internacionalização da economia levará o Brasil para o quarto mundo. Nota-se nesse artigo que as preocupações do autor se dirigiram para

---

8 De acordo com Ribeiro, as causas da evasão na 4ª série seriam as seguintes: "faltam escolas da 4ª (sic) em diante; a escola Elementar de 8 séries previstas na Lei 5292/71 ainda não foi realmente implantada e parte da população ainda se contenta com a antiga norma do curso primário de quatro séries; as repetências nas quatro primeiras séries são de tal magnitude que os indivíduos ficam velhos em relação à série que ainda estão cursando e abandonam a escola" (Ribeiro, 1991a, p.15-6).

A BOA ESCOLA NO DISCURSO DA MÍDIA 149

a exposição técnica do "Profluxo", bem como para as seqüelas, consideradas prejudicais por ele, em virtude do uso de estatísticas equivocadas para refletir sobre o ensino básico. Elegendo a repetência como o grande mal da escola, a baixa escolarização da população se refletiria no desempenho econômico do país. Embora ele faça menção à avaliação e à competência dos professores, esse artigo procura desmistificar os dados do MEC, vistos como equivocados – e a julgar pelo discurso didaticamente sóbrio, ele consegue transformar um texto técnico, com números, gráficos e estatísticas, num argumento político-pedagógico que aos poucos se incorpora nas políticas educacionais no campo em questão, pois essa construção é o caminho do consenso que se mostra iniciado pela rede de legitimidade.

Um outro artigo, publicado em *Cadernos de Pesquisa* (Ribeiro, 1993), utilizando-se dos argumentos do "Profluxo", demonstra as conseqüências dessa baixa escolaridade e os problemas advindos do sistema de ensino para a inserção do Brasil numa economia globalizada, mas oferece alternativas pedagógicas para o ensino básico. Em linhas gerais, Ribeiro propôs um novo modelo de educação, semelhante às prescrições que aparecem em *Veja* sobre a *boa escola* e escudadas em trabalhos de Guiomar Namo de Mello (1997).

- *Planejamento administrativo*: a construção de escolas deve ser revista de acordo com as prioridades de cada região. Com base nos censos demográficos, associados aos dados dos censos educacionais, é possível saber onde construir escolas, onde desativar turnos ou mesmo fechá-las, uma vez que essa decisão deve ser técnico-administrativa e não política. Informações sobre migrações localizadas e crescimento populacional (diminuição da população escolar nas últimas décadas) permitiriam acabar com os turnos intermediários, motivados pela falta de planejamento nas construções de escolas, pois há excesso de vagas em algumas. Com o uso racional dos prédios existentes, com orçamento apropriado para sua manutenção, seria possível aumentar o tempo de permanência dos alunos em sala de aula.
- A noção de cidadania estará prejudicada se não houver esforços para acabar com a cultura da repetência nas escolas. De acordo

150 GERALDO SABINO RICARDO FILHO

com Ribeiro, à criança é imputado o fracasso escolar, gerando falta de auto-estima para a continuidade dos estudos. As políticas educacionais de alguns estados instituindo o ciclo básico não redundaram na eliminação da repetência, pois o sistema de ensino continua reprovando o aluno ao final da 2ª série, ou criando subterfúgios para retê-lo na mesma série utilizando-se de nomenclatura que tenta mascarar a reprovação: "afastado por abandono", "repetentes automaticamente aprovados na 1ª série" etc.

- O financiamento do sistema de ensino deveria ser feito sob a ótica da demanda, ao contrário da oferta, tal como é realizado atualmente, orçando os serviços do custo/aluno mínimo, sem contudo regionalizá-lo. As verbas deveriam ser enviadas para as escolas de acordo com o número de alunos efetivamente matriculados, sendo, pois, concedidas às unidades escolares autonomia didático-administrativa para gerenciar os recursos enviados e para contratar e/ou demitir docentes e funcionários. Uma vez implantada uma carreira docente, a diretoria poderia promover complementação salarial para os professores mediante desempenho pedagógico dos alunos. Os recursos seriam alocados pelo Estado tendo por base o custo/aluno e os resultados das avaliações auferidas.
- A titulação dos professores para exercer o magistério deveria ser reconhecida por meio de exames, tal como aquele feito pela OAB, pois, de acordo com o autor, cerca de 20% dos professores do Ensino Fundamental não são habilitados para essa função (professores leigos); além disso, cerca de 49% dos docentes no Brasil são contratados com critérios clientelísticos e os concursos públicos não evitam as ingerências políticas em alguns Estados.
- Os censos educacionais deveriam ser aperfeiçoados no sentido de servir como mecanismo de controle das matrículas nas escolas, evitando abusos e falcatruas com o número de alunos.
- Os recursos orçamentários tenderiam para uma administração colegiada, pelas três esferas administrativas (Federal, estadual, municipal), de acordo com a constituição, mas o controle dessa gestão poderia ser feito pela comunidade e com as formas organi-

A BOA ESCOLA NO DISCURSO DA MÍDIA **151**

zadas da sociedade (associação de pais, sindicatos patronais e de trabalhadores etc.). O Estado deveria informar às famílias o valor das verbas que a escola recebe.

- A direção, considerada a alma da escola, deveria ter critérios de escolha em que as qualificações de gerência estivessem contempladas nos requisitos para a função – caso não houvesse possibilidade, eles deveriam ser treinados para esse propósito. A administração da escola deveria ser colegiada envolvendo pais, professores e funcionários.
- A avaliação de desempenho dos alunos é o ponto de inflexão em que se apóia o modelo esmiuçado acima. Com um sistema de ensino com mais de 22 milhões de alunos, faz-se necessário desenvolver mecanismos para que haja mais especialistas e instituições capacitadas para realizar as avaliações de desempenho dos alunos.
- O currículo poderia ser descentralizado, sendo que o sistema de avaliação de desempenho indicaria, durante o processo, os conteúdos considerados essenciais em nível nacional. Haveria uma carga horária mínima para os conteúdos considerados universais.
- A formação dos professores é uma tarefa fundamental do Estado, pois a maior parte dos cursos de licenciatura não são ocupados nas universidades federais, fazendo com que as vagas fiquem ociosas. Caberia ao MEC determinar que as universidades trabalhem com os alunos que não entram nesses cursos pela seletividade dos vestibulares.
- A avaliação dos livros didáticos poderia ser feita, sem problemas, por grupos de especialistas, que indicariam os melhores livros para os professores.
- O setor privado não apresenta resultados melhores que as escolas públicas nas avaliações internacionais, mas este funciona como um mecanismo de pressão para a melhoria do setor público, ao realizar pressões para superar os problemas educacionais, especialmente com o auxilio financeiro de empresários às escolas públicas, por meio de parcerias.

Todas essas formulações, de acordo com o autor, inspiradas nos trabalhos de Mello (1997), encontram semelhanças com os pontos

152 GERALDO SABINO RICARDO FILHO

de reformas educacionais divulgados pela revista *Veja* (29 abr. 1998), sobretudo em matérias em que são destacadas as principais medidas do MEC para o ensino básico. Naturalmente, não é possível afirmar que o campo político incorporou as propostas pedagógicas dos "pais da nova escola" e, por extensão, da rede de legitimidade; ao contrário, o fato de essas prescrições pedagógicas estarem presentes no Estado revela o grau de consenso dessas propostas no campo educacional, espaço no qual o campo político é parte considerável no processo de sua constituição.

Do mesmo modo, João Batista Araújo e Oliveira, arrolado na tríade genitora construída pela revista *Veja*, também tem uma trajetória reconhecida no campo universitário, apesar das divergências nesse campo em relação à sua obra, como será demonstrado mais à frente. Oliveira é graduado em psicologia e filosofia pela UFMG, tendo concluído seu doutorado em educação na Universidade da Flórida (Estados Unidos). Foi professor da UFRJ por vários anos. Ocupou também postos em órgãos estatais: Finep, IPEA e MEC. No exterior foi assessor do Banco Mundial, pertenceu aos quadros da OIT, além de ter atuado como consultor e presidente da JM–Associados e como presidente do Instituto Internacional de Avaliação Sérgio Costa Ribeiro. Sua relação com o campo universitário resultou numa produção acadêmica profícua e extensa, cobrindo todos os graus de ensino. Não se pretende analisar aqui todas as suas obras, mas destacar as ligadas à rede aqui delineada, em virtude das relações que elas apresentam com as políticas educacionais, mas engendradas fora do Estado, promovidas pelo chamado terceiro setor e incorporadas parcialmente pelo Estado. São as parcerias produzidas com o projeto "Classe de Aceleração", considerado bem-sucedido em vários estados da União, bem como em avaliações realizadas sob a égide da Fundação Carlos Chagas. Destaca-se ainda que o Instituto Ayrton Senna desenvolve parte desse projeto, tendo em seus quadros de assessores o próprio João Batista Araújo e Oliveira. Todavia, antes de analisar esse projeto específico de Oliveira, é necessário destacar pontos de tensão em alguns de seus trabalhos.

A BOA ESCOLA NO DISCURSO DA MÍDIA **153**

No editorial da revista *Educação & Sociedade* (ano 23, n.78, 2002) foram feitas críticas a uma reportagem do jornal *Folha de S.Paulo*,[9] no qual se divulgou os resultados de uma pesquisa produzida por João Batista Araújo e Oliveira e Simon Schwartzman sobre desempenho e repetência escolar. De acordo com o editorial, esses autores não possuiriam produção consolidada sobre o processo de aprendizagem no Ensino Fundamental, enfatizando ainda que Oliveira era especialista em gestão escolar, ao passo que Schwartzman desenvolvia trabalhos sobre educação superior, portanto, ambos não poderiam ser apresentados pelo jornal como "dois dos maiores especialistas brasileiros no assunto" (ibidem, p.5). Com base na reportagem, o editorial critica a ausência de análises científicas da pesquisa, considerada apenas um levantamento de opiniões, sem correspondência com os reais motivos do fracasso escolar.

O editorial de *Educação & Sociedade* deplora o fato de essa pesquisa desconsiderar as investigações educacionais realizadas nos últimos vinte anos, em diversos núcleos universitários e instituições de excelência, nos quais o tema do fracasso escolar foi examinado com vários enfoques:

> Em oposição aos procedimentos simplistas, contrários à solução efetiva dos problemas do ensino público, que responsabilizam o aluno e seu ambiente familiar, ou atribuem a culpa ao professor, tido como portador de todos os defeitos pelo discurso oficial, *a investigação científica inovadora promoveu uma revolução teórica e metodológica*, de modo a desvelar a complexa trama de produção de resultados cada vez mais medíocres na escolarização da maioria das crianças e jovens brasileiros. No centro desta análise encontram-se a política educacional e sua relação com a política econômica, as condições concretas da escola e do ensino, as condições de trabalho dos educadores, a escola como instituição social estruturada a partir das contradições presentes na sociedade. (p.6, grifos meus)

---

9 Trata-se da reportagem "Pai e professor culpam alunos por repetência". *Folha de S.Paulo*, São Paulo, 30 mar. 2002. Caderno Cotidiano. p.C1.

154 GERALDO SABINO RICARDO FILHO

Não está claro se os autores desse editorial tiveram acesso à metodologia da pesquisa ou se sua fonte foi apenas a reportagem da *Folha de S.Paulo*. Todavia, os grifos são para enfatizar o discurso feito pelo campo universitário em defesa daquilo que se considera seu monopólio na educação, ponto que será retomado mais à frente. Entretanto, depreende-se desse editorial um discurso em que há uma polarização entre o chamado discurso oficial e as pesquisas realizadas. A citação a seguir expressa bem a assertiva:

> Seu resultado mais importante é a descoberta de que a produção do chamado *"fracasso escolar"* advém de uma variedade de dimensões que só podem ser entendidas no interior de políticas educacionais subordinadas a interesses que não os dos usuários e trabalhadores em educação. De um lado, sucessivas reformas, projetos e diretrizes que, ao sabor de interesses partidários, atropelam educadores, desorganizando seu "saber fazer", tornam-nos descrentes dos *"pacotes pedagógicos"* e esterilizam o chão das escolas, forrado de desânimo. Sentimento de impotência, raiva e estratégias de sobrevivência que distanciam de seu objetivo de ensinar. De outro, a representação preconceituosa e depreciativa que se tem do usuário majoritário das escolas públicas primárias – crianças e famílias das classes populares –, sumariamente desqualificado em suas capacidades não só por educadores, mas nos textos de projetos e reformas, dá continuidade a um longo processo de desqualificação dos subalternos, desde as teorias raciais até o cognitivismo atual, passando pela apropriação indébita da psicanálise para postular *"problemas emocionais"* de aprendizagem, pelo neurologismo das disfunções mínimas, pela famigerada *"teoria da deficiência cultural"*, pelo neo-organicismo da *"inteligência emocional"*. Já se sabe da influência do "discurso competente" – mediado por especialistas e educadores em reuniões escolares e em consultórios médicos, e dos demais profissionais que atendem alunos com supostos *"distúrbios de aprendizagem e de ajustamento"*. Dezenas de pesquisas revelaram o desrespeito crônico a professores mal pagos, mal formados e excluídos dos centros de decisão. (ibidem)

A demarcação desse discurso proveniente do campo universitário é uma tentativa de responder à reportagem do jornal, contudo,

A BOA ESCOLA NO DISCURSO DA MÍDIA **155**

isso é feito numa revista especializada. Mas demonstra-se aí a insatisfação com as políticas educacionais, as quais, de acordo com o referido editorial, consideram alunos, pais e educadores os responsáveis pelo fracasso da escola.

O texto desse editorial, relatado acima, foi cotejado com a reportagem que motivou tal celeuma acadêmica. A reportagem "Pai e professor culpam aluno por repetência", de autoria do jornalista Antônio Gois,[10] informa o resultado de uma pesquisa que viria a ser publicada no livro *A escola vista por dentro*,[11] (Oliveira & Schwartzman, 2002b), na qual os pais e professores pesquisados atribuem aos alunos a culpa pela repetência. De acordo com a reportagem, a pesquisa não tinha por objetivo realizar um diagnóstico completo do sistema escolar, mas a amostra contemplou a proporção de escolas públicas (estaduais e municipais) e particulares dos estados brasileiros. Foram ouvidos, de acordo com Gois, 1.380 pais e 2.652 professores do Ensino Fundamental e Médio de 141 escolas. As conclusões possíveis dessa pesquisa informam que metade dos professores não faz o controle da freqüência dos alunos. Nas escolas municipais, por exemplo, há cerca de 4% de faltas durante o ano letivo – embora não existam parâmetros sobre esse problema no Brasil, nos países desenvolvidos as ausências dos alunos às aulas só ocorrem em caso de doenças graves, afirma Gois. A pesquisa informa ainda que, durante a aplicação dos questionários, 20% dos alunos das escolas públicas não haviam feito os deveres de casa; nas escolas particulares, esse número chegava a 6%. Há outros dados escolares, devidamente convertidos em porcentagens, sobre a repetência e a falta de interesse dos alunos; a forma de escolha dos dire-

---

10 Antônio Gois, além de jornalista da *Folha de S.Paulo*, é colaborador da revista *Educação*, publicação mensal do Sindicato dos Estabelecimentos de Ensino no Estado de São Paulo, em parceria com a Editora Segmento, destinada a mantenedores de escolas, educadores e interessados em educação (expediente da revista *Educação*, ano 28, n.249, jan. 2002).

11 Esse livro contou com o patrocínio do Programa Escola Campeã – o Instituto Ayrton Senna e a Fundação Banco do Brasil.

tores das escolas públicas do estado e do município; em que tipo de escola os professores matriculariam seu filhos, entre outros dados aferidos em porcentagens por meio das quais fica demonstrado o pouco domínio de questões atinentes ao processo ensino-aprendizagem por parte dos professores, em especial nas escolas públicas. A análise feita pelos pesquisadores, de acordo com a reportagem, conclui que: "a escola vista só por dentro é incapaz de perceber a relação entre o que faz e os resultados que obtém" (*Folha de S.Paulo*, 2002, p.C1). De acordo com a matéria, a pesquisa por amostra, de caráter quantitativo, não poupou críticas às mazelas burocráticas que dificultam os trabalhos das escolas públicas, bem como o clientelismo com que são contratados professores e diretores de escola, muito mais por critérios políticos que propriamente pela competência, comprometendo a qualidade do ensino.

A exposição de dois discursos realizados em veículos de comunicação diferentes denota uma situação que está caracterizando o campo educacional. De um lado, uma reportagem de jornal, portanto uma informação vulgarizada de um conhecimento científico, que, ao divulgar o resultado de uma pesquisa, utiliza-se de fontes advindas do campo universitário, ou próximas a ele. De outro, o próprio campo universitário reagindo à informação divulgada, negando sua validade científica, porém, fazendo isso mediante uma publicação especializada, que possui leitores, a rigor, de dentro do próprio campo universitário. A polarização entre científico e não-científico, pesquisa quantitativa e qualitativa e críticas, ou apoio às reformas educacionais, entre outras divergências apontadas, faz parte das estratégias de demarcação de fronteiras realizadas por atores originários do campo universitário, contudo, de acordo com os textos dos chamados "pais da nova escola", em especial com os trabalhos de João Batista Araújo e Oliveira, pode-se inferir que as proposições pedagógicas, incorporadas e/ou legitimadas pelo campo político, são oriundas de trabalhos produzidos dentro do campo universitário.

Nesse ponto, retomando a afirmação do editorial da revista *Educação & Sociedade*, destacado acima, de que "a investigação

A BOA ESCOLA NO DISCURSO DA MÍDIA **157**

científica inovadora promoveu uma revolução teórica e metodológica" (ibidem, p.6), é pertinente comparar essa assertiva com os artigos publicados por Oliveira acerca do projeto "Acelera Brasil", e as críticas realizadas por esse autor, tanto ao campo universitário quanto às reformas educacionais. E, nesse sentido, há uma contradição aparente em sua participação nas declarações na revista *Veja*, uma vez que dentre os "pais da nova escola", Oliveira se revelou o mais crítico, tanto em relação às políticas educacionais, em especial às suas concepções pedagógicas, quanto em relação às formulações advindas do campo universitário, particularmente as relativas aos métodos de alfabetização. Suas críticas são divulgadas por meio de artigos, em sua maior parte publicados na revista *Ensaio*.

Oliveira desenvolveu o projeto "Acelera Brasil",[12] a partir de 1997, para a correção do fluxo escolar, com a participação do MEC e de alguns estados da União, especialmente São Paulo, Paraná, Maranhão e Bahia em anos distintos. Os artigos publicados sobre esse tema, em *Cadernos de Pesquisa* (Oliveira, 2002c) e *Ensaio* (Oli-

---

12 De acordo com Oliveira, o PAB ("Programa Acelera Brasil") não se constitui na aceleração da aprendizagem, mas na correção do fluxo escolar visando implementar um sistema de ensino de qualidade. Dentre suas características o autor destaca: "articulação por uma entidade não governamental, o Instituto Ayrton Senna; estratégia e materiais de ensino concebidos para posterior utilização em qualquer estado ou município; objetivo da ação: demonstrar que é viável a correção do fluxo escolar num prazo máximo de quatros anos, em grande escala, por redes de ensino funcionando nas várias circunstâncias típicas do sistema de educação pública do país; estratégia de implementação, que inclui: compromisso político das autoridades com a regularização do fluxo, e não meramente com a aceleração de estudos; financiamento adequado; estrutura gerencial local; materiais próprios para alunos defasados; materiais de apoio para a classe e para os professores; sistemática de acompanhamento, planejamento e controle do processo; sistemática supervisão semanal a cada classe; reuniões quinzenais de avaliação e planejamento pelos professores; assistência técnica para o gerenciamento do programa; material estruturado para capacitação de professores em serviço (Capacitar); estratégias e materiais para diagnóstico e alfabetização de alunos defasados e não alfabetizados; avaliação externa anual, realizada pela Fundação Carlos Chagas (FCC), e acompanhamento dos egressos e da sustentabilidade do programa" (Oliveira, 2002c, p.179).

158 GERALDO SABINO RICARDO FILHO

veira, 2001), procuraram realizar uma avaliação desse projeto, ao mesmo tempo que dirigiram críticas às formas consideradas equivocadas das políticas educacionais do MEC e de alguns estados que implementaram o projeto de sua autoria.

Quanto à crítica ao campo universitário, faz-se necessário analisar o artigo publicado na revista *Ensaio* (Oliveira, 2002a), no qual o autor desenvolve críticas ao método de alfabetização construtivista, considerando-o sem bases científicas e teóricas. Observa-se nesse artigo, como em outros, a utilização sistemática de dados estatísticos, bem como de referências bibliográficas, em sua maior parte, estrangeiras. De acordo com Oliveira, as propostas construtivistas são inadequadas, sem bases científicas comprovadas, embora apresentem muita popularidade entre professores e educadores. Utilizando-se de uma bibliografia, em sua maior parte em inglês, o Oliveira tenta demonstrar as alternativas possíveis para o país sair da inconveniente posição de último colocado nas avaliações internacionais de leitura e escrita (referência ao dados do PISA,[13] 2001). Assim, ele inicia seu artigo discutindo a validade do conceito de construtivismo:

> É muito difícil definir o que seja "construtivismo". No Brasil não existem propostas teóricas originais que permitam caracterizar algum autor nacional como "construtivista". O que existe são pessoas que se auto-intitulam construtivistas, seja divulgando idéias e instrumentos desse movimento, seja considerando-se um praticante dessas idéias. Muitos autores são citados em conexão com as idéias construtivistas. Os mais citados são Piaget e Vigotsky, que compartilham entre si algumas idéias e divergem frontalmente em outras. Mais comumente são pouco lidos e muito incompreendidos. (Oliveira, 2002a, p.161)

Nota-se aí o discurso competente[14] com que o autor procura construir sua argumentação contrária ao construtivismo, não pou-

---

13 Programa Internacional de Avaliação de Alunos.
14 De acordo com Marilena Chauí (1989): "o discurso competente é o discurso instituído. É aquele na qual a linguagem sofre uma restrição que poderia ser assim resumida: não é qualquer um que pode dizer a qualquer outro qualquer coisa em

A BOA ESCOLA NO DISCURSO DA MÍDIA **159**

pando educadores ou instituições que se utilizam de referências dessa corrente educacional e citando, como exemplos, o CENPEC, a "Escola da Vila", os documentos oficiais do MEC e várias Secretarias de Educação dos estados que incorporaram as formulações construtivistas em seus trabalhos. Com base na pesquisa "A Escola Vista por Dentro", a mesma que gerou as críticas no editorial da revista *Educação & Sociedade,* Oliveira procura demonstrar que mais de 60% dos professores alfabetizadores se consideram construtivistas, do mesmo modo que na pesquisa realizada pela revista *Veja*[15] em 2001 com escolas particulares: 90% dos professores mostraram-se identificados com o construtivismo. O artigo é estruturado da seguinte forma: na primeira parte o autor expõe as propostas construtivistas de alfabetização, em seguida desenvolve, de acordo com suas palavras, "considerações de natureza lógica e evidências empíricas que demonstram o equívoco dos pressupostos, hipóteses e métodos construtivistas" (ibidem); depois, procura analisar as prováveis causas da aceitação do construtivismo entre professores e educadores, e apresenta, no final de seu artigo, sugestões para redefinir os caminhos e problemas relativos à alfabetização.

Trata-se de um artigo devidamente documentado, baseado numa bibliografia com a qual o autor procura refutar os trabalhos e reflexões realizadas no Brasil sobre alfabetização:

---

qualquer lugar e em qualquer circunstância. O discurso competente confunde-se, pois, com a linguagem institucionalmente permitida ou autorizada, isto é, com um discurso no qual os interlocutores já foram previamente reconhecidos como tendo o direito de falar e ouvir, no qual os lugares e as circunstâncias já foram predeterminados para que seja permitido falar e ouvir e, enfim, no qual o conteúdo e a forma já foram autorizados segundo os cânones da esfera de sua própria competência" (ibidem, p.9). Com uma outra argumentação teórica, essa análise confirma a autoridade da língua legítima para reivindicar a ortodoxia num campo determinado, conforme depreende-se da trajetória de Oliveira.

15 A revista *Veja,* por meio da *Veja São Paulo,* aplicou um questionário nas escolas particulares tendo em seguida publicado um *ranking* das 50 melhores escolas, de acordo com os critérios auferidos pela pesquisa, mas gerando protestos de várias escolas que se sentiram lesadas com sua classificação ou falta de transparência na aplicação do questionário. Para mais informações, cf. bibliografia.

160   GERALDO SABINO RICARDO FILHO

Descrições de experiências pessoais, teses de mestrado que revelam professores alfabetizando crianças em condições excepcionais, depoimentos não fundamentados de autoridades científicas e discursos políticos não se incluem entre fontes aceitáveis de evidência. Fontes aceitáveis devem se basear em estudos empíricos, de preferência realizados por pesquisadores independentes, baseados em resultados obtidos ao longo de vários anos e com amostragem suficientemente variada de aplicações, em circunstâncias variadas. Tais estudos são inexistentes na literatura publicada no país. Mesmo porque seria muito difícil dizer quanto ou não um método é efetivamente construtivista. Daí, novamente, a necessidade de recorrer à experiência internacional. (ibidem, p.180)

Esse ponto de inflexão demonstra que o autor constrói seu argumento desqualificando parte do campo universitário, mas utilizando as mesmas estratégias com que esse campo realiza suas disputas pela liderança. E o faz com o *habitus* adquirido mediante seu prestígio intelectual e títulos acadêmicos. Desse modo, ele reivindica para si a ortodoxia do campo, apresentando quais são as regras que os outros devem seguir para disputar o jogo. Contudo, Oliveira vai mais além, ao definir regras para os embates nas regiões de fronteiras do subcampo educacional, especialmente em relação às ações do MEC. Nesse sentido, ele considera que o construtivismo não é o único responsável pela situação de analfabetismo dos estudantes brasileiros, mas o fato de o Estado "consultar" (expressão do autor) educadores ligados a esse movimento pedagógico acarreta problemas:

É impressionante a competência do governo, particularmente o federal, no período 1995-2001, para dar corpo a um conjunto anteriormente desarticulado e incipiente de iniciativas, que culminou num todo articulado e consistente que inclui, entre outros:
A adoção, de fato, do construtivismo como ideologia pedagógica oficial refletida nos PCNs – Parâmetros Curriculares Nacionais, nos critérios de classificação de livros didáticos, nas abordagens para capacitação emergencial de alfabetizadores;
Os critérios para avaliação de escolha de avaliadores e os critérios de avaliação dos cursos de pós-graduação em educação, ambos refletindo

A BOA ESCOLA NO DISCURSO DA MÍDIA **161**

um caráter marcadamente ideológico, freqüentemente anticientífico e um desprestígio que chegou a ser uma proscrição, em passado recente, ao uso de métodos quantitativos;

Os currículos e práticas de ensino da esmagadora maioria dos cursos de pedagogia e que, por sua vez, se refletem:

Nas propostas pedagógicas de grande número de Secretarias Estaduais de Educação, inclusive, privando as escolas de elaborar suas próprias propostas, conforme determina a Lei de Diretrizes e Bases;

Nas políticas editorias da maioria das revistas da área de educação – a Revista Ensaio se constituindo numa das poucas exceções. (ibidem, p.188-9)

Lendo essas críticas se poderia pensar de que forma o nome de Oliveira se sustentaria entre a tríade dos "pais da nova escola". Todavia, a trajetória desse autor confirma sobremaneira essa paternidade (obviamente admitindo o *slogan* da revista *Veja* para esse caso), pois ele combina discursos variados nas publicações, em entrevistas na imprensa, em textos de divulgação de seu projeto sobre "Aceleração de Aprendizagem", e nos textos acadêmicos publicados especialmente em *Cadernos de Pesquisa* e *Ensaio*. É sintomático também que Ribeiro e Moura Castro contribuíssem com artigos nesta última revista, revelando que posições contrárias às reformas políticas não denegam a consistência da rede de legitimidade, uma vez que ela não constrói essa legitimidade para o Estado, mas no campo educacional. Nesse sentido, o conceito de campo assume toda a sua força teórica ao expressar que o objeto educação é disputado também pelo Estado, que, embora com maior capacidade de impor seu monopólio prescritivo, não pode ficar alheio às lutas e estratégias que caracterizam esse campo.

Ainda sobre as críticas de Oliveira, notam-se algumas questões que estão em disputa no campo educacional e que se refletem nos usos que ele faz do seu capital específico; ou dito de outra forma, as incongruências entre as propostas pedagógicas do projeto "Acelera Brasil" e as do MEC, a atribuição de validade às pesquisas que utilizam métodos quantitativos, denotando, por meio de seus artigos, uma combinação de estatísticas e arcabouço teórico em clara oposição às formulações advindas do campo universitário e das revistas em que esses debates ganham visibilidade. Porém, pode-se atribuir essa crítica ao silêncio ou a outra estratégia do campo universitário, quando este define o direcionamento do debate e quais atores são reconhecidos para escrever nas revistas ligadas aos programas de pós-graduação em educação. As tomadas de posição de Oliveira no campo educacional revelam que o poder de seu capital simbólico permite direcionar críticas em várias direções, mas ao mesmo tempo, essas censuras realizadas fazem parte de estratégias do autor no que se refere às lutas que se travam no campo educacional. Assim, Oliveira acredita que só será possível evitar a hegemonia do construtivismo com a participação do governo federal e de atores críticos do mundo acadêmico, além de entidades como Consed, Undime, SBPC, Ministério da Ciência e Tecnologia, Conselho Nacional de Pesquisa, bem como os reitores e conselhos acadêmicos das universidades e instituições de ensino superior, que deveriam assegurar, de acordo com o autor, rigor científico na produção acadêmica e em suas publicações. Oliveira acrescenta que as bibliotecas deveriam ser equipadas com livros e revistas técnicas atualizadas, as revistas deveriam ampliar seus respectivos conselhos editores e eliminar os proselitismos e os discursos ideológicos para que as publicações fossem consideradas científicas – e sobretudo, diz o autor: "provocar o necessário debate e confronto de idéias apresentadas segundo os cânones da comunidade científica" (Oliveira, 2002a, p.193). Seria preciso também investir na preparação de uma massa crítica de doutores em psicologia cognitiva e em disciplinas afins para contribuir com métodos e técnicas de pesquisa que estão proscritos das universidades que produzem trabalhos sobre educação e alfabetização.

As tomadas de posição de Oliveira nos debates travados no campo educacional são realizadas, a rigor, nas revistas *Cadernos de Pesquisa* e *Ensaio*, sendo também utilizados os espaços de publicação do Instituto Ayrton Senna (Oliveira, 2000b) e de editoras que publicam os livros desse autor. Na revista *Educação & Sociedade* não há contribuições de Oliveira, apenas um artigo de Ribeiro, publicado em parceria com Vanilda Paiva (Ribeiro & Paiva, 1995). Essa ausência não inviabiliza, entretanto, o debate educacional, mas o redimensiona com estratégias que perpassam o campo universitário, que procura delimitar as fronteiras do campo educacional introduzindo críticas às reformas educacionais, descaracterizando as publicações dos "pais da nova escola", ou praticando algo disseminado na academia, qual seja o silêncio, que naturalmente não significa omissão, mas que fundamentalmente é parte das estratégias de delimitação das fronteiras do campo educacional em relação aos atores que se atrevem a questionar a ortodoxia instituída no campo. Há, nesse sentido, a descaracterização recíproca entre atores advindos do campo universitário, ou com poder simbólico para redefinir o lugar do campo universitário no debate educacional, utilizando os espaços de publicação expressos pelas revistas especializadas e pela imprensa dos meios modernos de comunicação, em especial os jornais e revistas de grande circulação.

No caso de Oliveira, pode-se perceber que sua participação nos debates expressa-se por meio de críticas pontuais às reformas educacionais e ao campo universitário, conforme já foi demonstrado acima. Outros pontos de inflexão acerca das posições desse autor no campo educacional podem ser verificados num artigo publicado na revista *Ensaio* (Oliveira, 1995a), no qual ele realiza uma reflexão sobre os problemas do Ensino Médio no Brasil. O autor parte da premissa de que esse grau de ensino não oferece qualidade aos alunos, sobretudo para os mais pobres, em virtude de seu caráter elitista e propedêutico. Oliveira analisa nesse artigo as características do segundo grau: a missão tríplice de educar para a vida, educar para o trabalho, e de preparar o aluno para o Ensino Superior; o desafio da expansão e o desafio da qualidade.

Para o autor, diante das transformações provocadas pela internacionalização da economia e das formas de produção, a preparação para o mercado de trabalho, o pleno exercício da cidadania e o acesso ao Ensino Superior deveriam ser repensados, pois produzem níveis de tensão para o Ensino Médio ao ser ele obrigado a realizar essa multiplicidade de missões, sobretudo com a redefinição do conceito de formação para o trabalho, que não é compatível com os atuais conceitos de educação técnica, profissional ou vocacional. Sobre a expansão, Oliveira argumenta com dados numéricos, por intermédio dos quais ele acredita poder demonstrar que a maior parte dos alunos é reprovada ou abandona esse nível de ensino, considerado pelo autor com características de terminalidade para a maior parte da população. Todavia, a demanda pelo Ensino Médio é crescente, ingressando mais alunos que os graduados na 8ª série, o que significa que essa demanda continua reprimida. O autor acredita que a correção do fluxo escolar no Ensino Fundamental, "a elevação do nível de expectativas da população e as demandas do setor produtivo deverão colocar pressões ainda maiores para a expansão desse nível de ensino" (ibidem, p.287). Mas a expansão do ensino com qualidade, de acordo com o autor, ainda não foi realizada, pois as experiências das décadas de 1960 e 1970 demonstram que os alunos que chegam ao segundo grau estão defasados em relação à idade, série cursada e aos níveis de aprendizagem. O autor utiliza-se, para comprovar essas informações, de dados obtidos nas avaliações internacionais e nas análises das informações do SAEB de 1996, concluindo que o Ensino Médio ainda atinge um número reduzido de alunos, sem padrões mínimos de qualidade e sem conseguir preparar o estudante para a universidade ou para o mundo do trabalho. Contudo, os custos para a expansão do Ensino Médio, com investimentos em torno de 400 reais por aluno, não permitirão fazê-lo com qualidade, além de onerar ou desviar recursos destinados ao Ensino Fundamental.

Em outro artigo, Oliveira (2000a) retoma a discussão das políticas do Ensino Médio, ratificando suas análises do artigo anterior, embora com algumas divergências em relação à reforma do Ensino Médio implementada pelo MEC. O autor desenvolve sua reflexão com base em duas questões: "que políticas educacionais são mais justas e eficientes para os alunos mais pobres, políticas que estendem a escolaridade sem assegurar a qualidade ou políticas que priorizam a qualidade?" (Oliveira, 2000a, p.459). Em decorrência des-

A BOA ESCOLA NO DISCURSO DA MÍDIA   165

se dilema, o autor argumenta se é eficaz um currículo uniformizado e que levará o aluno a concluir o Ensino Médio em mais tempo ou um currículo diversificado e que oferece várias possibilidades para esse grau de ensino. Para abordar esses temas, o autor analisa a situação do Ensino Médio no Brasil, mas o faz com comparações com o Ensino Fundamental, no qual, de acordo com ele, mais de 40% dos concluintes da 8ª série saem com conhecimentos relativos à 4ª série, pois apenas 10% dos alunos terminam o Ensino Fundamental dominando os conteúdos esperados para essa série, além de 40% apresentarem idade e série defasadas. O autor ainda afirma que a reforma realizada com a Lei n.5.292/71, que ampliou de quatro para oito anos a escolaridade, não concretizou com êxito a universalização do ensino: esses 40% de concluintes chegam ao fim desse ciclo em condições que não permitem cursar com êxito o Ensino Médio, embora a demanda desse grau de ensino esteja aumentando. Em linhas gerais, o MEC propôs, de acordo com Oliveira, a expansão do Ensino Médio, a separação do ensino técnico e profissional, o aumento de tempo para os cursos profissionalizantes, novas formas de avaliação externa, vinculadas ao acesso ao Ensino Superior, e novos currículos.

> Essas políticas vêm sendo lideradas pelo Ministério da Educação, mas com medidas complementares do Ministério do Trabalho, que vem promovendo a desmontagem do sistema de aprendizagem profissional e a oferta de recursos vultosos para treinamento de curta duração, com recursos do FAT – Fundo de Amparo ao Trabalhador. Receberam o endosso do Banco Mundial e do Banco Interamericano de Desenvolvimento, que vêm fornecendo empréstimos para a implementação dessa reforma. Os estados vêm aderindo a essa reforma, e de modo geral repetindo em seus planos estaduais, *ipsis literis*, e sem qualquer questionamento ou fundamentação, os argumentos do governo federal. (ibidem, p.460)

Observa-se pelas análises sobre o Ensino Médio que sua discordância não inviabiliza as reformas em seu aspecto político, pois ele trabalha com fontes advindas do INEP e avaliações do SAEB, que, a rigor, são compartilhadas pelos atores da rede de legitimidade. Porém, nota-se em seu discurso a precisão com que ele utiliza dados da FIEMG, com os quais procura convencer, da mesma forma que no artigo anterior, que o Ensino Médio e as propostas de reformas são inadequadas para a população mais pobre, pois o autor argumenta que o governo federal não resolveu os problemas relativos ao Ensino Fundamental, fazendo com que a expansão do Ensino Médio provoque apenas a "inflação de escolaridade", com todos os efeitos perversos desse crescimento desordenado:

> O Governo Federal, segundo os relatórios anuais do Tribunal de Contas da União, não cumpre os seus compromissos com o ensino fundamental.
>
> O Governo Federal, entre 1995 e 1998, não gastou sequer a parcela constitucional que deveria investir no ensino fundamental.
>
> O Governo Federal, após insistente pressão dos estados, ajustou a contribuição federal para o FUNDEF de 300 para quase 350 reais, ao passo que a média nacional do custo aluno é de mais de 400 reais.
>
> Até 1998, o total de recursos do governo federal investido no problema número 1 do país, a defasagem escolar, não chegou a 40 milhões de reais, equivalente ao desempenho de 2 dias para a manutenção das universidades federais.
>
> Inúmeras distorções do Fundef não foram corrigidas, como por exemplo o documentado fato de que apenas os professores leigos foram beneficiados com aumentos expressivos.
>
> Outras iniciativas do Governo Federal, como o aumento de anos de escolaridade para os professores das quatro primeiras séries, ou a vinculação de salários aos anos de experiência de professores, possivelmente irão elevar os custos do ensino sem trazer qualquer benefício.
>
> O Governo Federal vem incentivando, de forma mais ou menos explícita, a adoção de medidas como a promoção automática dos alunos, o que reforça o caráter credencialista do sistema e possivelmente penaliza ainda mais os alunos mais pobres, dado que a assimetria em relação ao desempenho da escola é mais elevada nessas camadas da população. (ibidem, p.478)

As críticas de Oliveira, embora contundentes em relação às reformas do MEC, não invalidam as reformas em si, mas procuram

A BOA ESCOLA NO DISCURSO DA MÍDIA **167**

redimensioná-las em seus aspectos administrativo e pedagógico. Conforme analisa o autor, os problemas do Ensino Fundamental não foram equacionados, fazendo com que a ampliação do Ensino Médio apenas agrave os problemas do Ensino Fundamental. Embora o número de vagas para o Ensino Médio seja 30% superior em relação ao número de alunos que concluem a 8ª série, os dados relativos à capacidade cognitiva dos alunos (SAEB), bem como a evasão e repetência na 1ª série do Ensino Médio (30%), comprovam que é necessária a criação de uma escola de acordo com o perfil dos alunos, pois somando-se os três anos de escolaridade desse grau de ensino as taxas de evasão e repetência chegam a mais de 50%, fator que não justifica sua expansão, uma vez que o problema se encontra na baixa qualidade do Ensino Fundamental. Desse modo, Oliveira considera um erro de estratégia priorizar o Ensino Médio quando as deficiências do Ensino Fundamental ainda não foram equacionadas.

A separação entre o Ensino Médio e o ensino profissional e técnico, de acordo o autor, foi realizada com o intuito de promover a chamada transferência de aprendizagem para todos os alunos, uma vez que o ensino técnico e profissional limitaria esse processo. Entretanto, o autor aponta as incongruências da reforma do Ensino Médio, que, ao promover a educação geral, desconsiderou todos os dados empíricos dessa questão, bem como os conhecimentos de psicologia cognitiva:

> A proposta também cria um homem de palha, ao erigir o velho ensino profissional e técnico em alvo de suas críticas. A proposta alega – sem qualquer documentação – que os alunos de cursos profissionalizantes têm maiores dificuldades para conseguir emprego, e que terão mais dificuldade, no futuro, de se adaptar às demandas dos mercados de trabalho. Alegam que os cursos técnicos acabaram se distorcendo porque foram apropriados por alunos de classe média – esquecendo-se de dizer que essa distorção apenas ocorria nas escolas técnicas do governo federal. E alegam também que o ensino técnico de nível médio é caro, sem apresentar qualquer fundamentação a respeito dos custos ou do que seja caro. Estigmatizado com essas três afirmações não fundamentadas, esse ensino "ultrapassado" precisaria ser reformado. Apesar

das óbvias ineficiências e desajustes do "velho" ensino profissional, não existem evidências robustas de que ele não funciona, e muito menos de que não pode ser aprimorado. Esses argumentos simplesmente nunca foram apresentados. (ibidem, p.482-3)

Esse argumento de Oliveira é significativo, sobretudo se comparado com as matérias da revista *Veja* sobre a vinculação entre níveis de emprego e escolaridade nas quais o fator custo/aluno tem preponderância nas análises do periódico. O autor do presente artigo procura dissociar os níveis de escolaridade do mundo do trabalho, pois a globalização em outros países não modificou as formas como os sistemas de ensino preparavam sua mão-de-obra, mantendo inclusive a diversificação, e até mesmo aumentando as opções profissionalizantes. O Brasil, ao contrário, diz o autor, unificou o Ensino Médio, fazendo com que seu caráter propedêutico e elitista permanecesse o mesmo, excluindo os alunos que possuem, nesse grau de ensino, a terminalidade de seus estudos. Oliveira cita Rui Barbosa: "não há nada mais injusto do que tratar igualmente os desiguais" (ibidem, p.489) para justificar suas teses a favor de um Ensino Médio que permita diversificar os currículos e as ocupações profissionais de acordo com a capacidade e necessidade dos educandos:

> Limitar o ensino médio às necessidades do mercado de trabalho seria inadequado, e não é o propósito nem das políticas do governo nem o argumento da presente análise. Todo cidadão deve ter o direito e os meios de desenvolver ao máximo o seu potencial intelectual, em suas várias dimensões. A educação e o acesso a instrumentos de promoção da cultura e do saber devem ser democratizados e acessíveis a todos. Isso não equivale a dizer, no entanto, que para isso exista um só caminho. Como um "curso de educação geral", ou que essa seja a única ou melhor forma de desenvolver competências transferíveis para a vida e para o mundo do trabalho. (ibidem, p.490)

Sem embargo, fica claro que as divergências do autor perante as políticas educacionais do MEC são pontuais, embora nesse artigo Oliveira ofereça argumentos de que estaria se distanciando das pro-

A BOA ESCOLA NO DISCURSO DA MÍDIA **169**

posições que a *rede de legitimidade* desenvolve na construção de uma *boa escola*. Mas ao contrário, suas tomadas de posição nas fronteiras do campo educacional revelam a legitimidade que permite assegurar o consenso das práticas pedagógicas, sem que necessariamente exista um discurso único. Pode-se observar tal assertiva com as alternativas que Oliveira oferece à reforma do Ensino Médio do MEC, resumidamente apresentadas abaixo:

> Primeiro: uma prioridade absoluta e firme pela melhoria de qualidade do ensino fundamental. Para a população mais carente faz muito mais diferença um ensino fundamental de qualidade – acoplado a alguma profissionalização – do que um ensino diluído ao longo de quatro, oito ou 11 anos. ... Segundo: a municipalização do ensino fundamental, permitindo maior eficiência e eqüidade no uso de recursos escassos bem como a liberação de espaços e vagas para permitir a expansão progressiva e equilibrada do ensino médio com garantia de recursos para assegurar padrões mínimos de desempenho. ... Terceiro: a flexibilidade e pluralidade de formas de ensino médio encorajando ... a integração entre ensino acadêmico e ensino profissionalizante, bem como introduzindo novas concepções de ensino contextualizado que caracterizam as novas formas de preparação para o mundo do trabalho. Isso implicaria reconhecer a existência de múltiplas vias para desenvolver as competências necessárias para o exercício da cidadania e o ingresso no mundo do trabalho. ... *Quarto: a utilização adequada de estratégias de ensino supletivo para assegurar escolaridade para jovens e adultos, sem precisar inflacionar a demanda de vagas no ensino médio.* ... Quinto: a valorização de versões atualizadas de cursos de aprendizagem de duração variável, através dos quais seriam desenvolvidas habilidades básicas e estratégias que permitissem a pessoas de menor nível de escolaridade ampliar suas estratégias de aprender a aprender. Sexto: a valorização da formação profissional, sobretudo a formação de tipo médio e longo (aprendizagem, cursos técnicos), reforçando a ampliação de sua visão e escopo e utilizando-se como instrumentos de desenvolvimento de competências básicas. ... *Sétimo: a busca de uma equação razoável de financiamento que assegure um ensino diferenciado e adequado para as várias clientelas. O pré-requisito para a montagem dessa equação depende, em primeiro lugar, da regulamentação do fluxo escolar, in-*

clusive no ensino médio. Isso libertaria mais de 1/3 dos recursos ora investido no ensino fundamental e mais de 50% dos recursos do ensino médio. Ao mesmo tempo, seria necessário melhorar a qualidade dos egressos do ensino fundamental, para que possam aproveitar adequadamente de cursos de ensino médio. ... (ibidem, p.491-2) (Grifos meus)

Essas propostas do autor corroboram grande parte dos objetivos que nortearam as políticas educacionais durante a gestão de Paulo Renato Sousa, e que se transformaram em matérias da revista *Veja* (29 abr. 1998), com exceção de propostas ligadas à "Aceleração de Aprendizagem" e à alfabetização de jovens e adultos, pois essas questões, ao serem preteridas nas reformas do MEC, receberam críticas contundentes de várias entidades da sociedade civil (a ONG Ação Educativa, por exemplo), bem como do próprio Oliveira, conforme destacado acima.[16] Quando o autor conclui seu artigo dizendo que as políticas educacionais sempre se caracterizaram pelo elitismo, pela iniqüidade e pela exclusão dos mais pobres, ele não está se pondo contra uma específica reforma do ensino, uma vez que suas críticas são compartilhadas pelos atores que estão na burocracia do Estado, podendo inferir que a forma como o consenso sobre a *boa escola* é construído. A margem para divergências pedagógicas se reduz a uma questão de forma e menos de conteúdo ideológico, quando os adversários são atores que procuram demarcar as fronteiras do campo educacional, geralmente utilizando-se de posições ocupadas no campo universitário.

O outro "pai da nova escola" é Moura Castro, economista, com trabalhos de mestrado e doutorado ligados à educação. Ocupou postos em órgãos estatais (IPEA), foi professor na PUC-RJ e da

---

16 Em entrevista a Aloysio Biondi, na revista *Educação*, Oliveira declara que as políticas de universalização do ensino fundamental do MEC se transformaram numa "inclusão excludente" em virtude da falta de prioridade desse ministério em resolver os problemas de correção de fluxo escolar, de cujo projeto o MEC financia apenas o material e o treinamento de professores (considerado insuficiente), e não realiza nenhum tipo de avaliação do projeto (Oliveira, 1999).

A BOA ESCOLA NO DISCURSO DA MÍDIA **171**

FGV. Trabalhou por vários anos na OIT, depois no Banco Mundial e no BID, como assessor principal para assuntos de educação. Sua trajetória é relatada pelo jornalista Marcos Sá Corrêa, que, ao prefaciar o livro de Castro, *Educação brasileira: consertos e remédios*, justifica sua importância para o debate educacional:

> Quando embarcou para a OIT, ele deixara em Brasília um cargo no IPEA, do Ministério do Planejamento, onde aplicou durante duas décadas seu Ph.D. de economia a esquadrinhar um assunto em que os melhores cérebros do governo, no tempo em que o governo tinha cérebros, raramente queimavam neurônios – a educação. Não custa registrar: no dia em que se contabilizarem os desperdícios brasileiros em CIEPs, CIACs, Mobrais e merendas, será preciso multiplicar qualquer resultado pelo fator de desperdício que potencializava toda a leviandade técnica, a malversação de verbas e má-fé política. O país tinha a bordo uma constelação de técnicos, pensando em como fazer direito o que a improvisação geral piorava. Gente como Sérgio Costa Ribeiro ou João Batista de Oliveira, por exemplo. E, modéstia à parte, o correspondente do Jornal do Brasil em Genebra, Claudio de Moura Castro. (1994, p.8)

Da "calvinista Genebra", Moura Castro se transfere para o Banco Mundial, em Washington, no início da década de 1990, sem contudo deixar de participar de debates na imprensa brasileira, especialmente quando passa a integrar os quadros de colaboradores da revista *Veja*. Assim, é sintomático que seu capital simbólico ganhe maior visibilidade exatamente pelo fato de seu discurso ser pronunciado "por uma especialista em educação" do Banco Mundial. Embora esse tipo de apresentação em *Veja* tenha provocado algumas celeumas ideológicas entre os educadores, não se pode negar que as reformas educacionais do período de 1995-2001 receberam influências de atores pertencentes à *rede de legitimidade*, entre eles Moura Castro.

Sua trajetória caracteriza com precisão o significado de construção de estratégias que permite converter capital específico no campo educacional, mediante o trânsito entre campos distintos (político, jornalístico, universitário), em regiões que se cruzam, alargando as fronteiras e com elas toda a legitimidade que esse movimento representa nas lutas para a prescrição de uma *boa escola*. Em relação à sua produção acadêmica, pode-se observar uma ligeira alteração na forma de publicação de seus trabalhos, embora todos ligados à educação. Na década de 1970, seus artigos e livros apresentavam um aspecto técnico mais acentuado, conforme pode ser apreendido em debates travados na revista *Pesquisa e Planejamento*, do IPEA. Algumas escaramuças teóricas que ele travou podem ser vistas em Castro (1971a, 1971b) e em Langoni (1971), acerca dos investimentos em educação no Brasil e a renda dos indivíduos de acordo com seu nível de escolaridade, dentro de uma discussão do conceito de capital humano (Paiva, 2001). Mas é no limiar da década de 1990 que a escolarização passa a ser aferida em escores estatísticos vantajosos para os países que universalizaram o ensino básico, podendo assim apresentar crescimento econômico e maior inserção no mundo globalizado. Todavia, no geral, sua obra se caracteriza pelo aspecto didático, muitas vezes próximo de um tom coloquial e similar em relação aos artigos publicados na imprensa.

Embora Moura Castro possa ser considerado um especialista em gestão educacional, chama a atenção em seus trabalhos a facilidade com que se imiscui em questões pedagógicas ligadas a metodologia, livros didáticos e formação de professores, bem como à função dos diretores de escola. Desse modo, para justificar a necessidade de descentralização e autonomia das escolas, seu argumento percorre um itinerário que vai da merenda consumida pelos estudantes aos gastos públicos prioritários para que a escola seja considerada boa.

Em 1983, Moura Castro escreve em parceria com Divonzir Arthur Gusso o artigo "O Ensino Básico: necessidades, prioridades e dúvidas", abordando questões relativas à gestão do governo federal, bem como os problemas enfrentados por um sistema de ensino com níveis de atribuições que se chocam entre as instâncias federal, estadual e municipal, e os problemas que impedem a implementação de programas educacionais:

> O Governo Estadual tem jurisdição sobre o Municipal. Mas, acima de todos, paira, olimpicamente, o Governo Federal. De sua posição so-

A BOA ESCOLA NO DISCURSO DA MÍDIA **173**

berana e onipotente, legisla e financia em todos os níveis. Todavia, altura significa distância: mais alto, mais longe do destinatário final que é o aluno. A mais humilde das professoras do interior, ao entrar na sala de aula, pode decidir exatamente o que vai ali acontecer; pode dar ditado, ser mais ou menos impaciente ou dedicar-se aos mais "burrinhos". Com todo o seu dinheiro e suas leis, uma agência do Governo Federal está, literalmente, dezenas de instâncias administrativas distantes do aluno e desta professora. Há severas limitações ao que pode fazer; seu controle sobre o ensino e sobre a sala de aula é assaz limitado. É imperativo que, ao conceber suas políticas, os órgãos federais tenham claramente em conta as limitações impostas por este longo trajeto, sejam as (sic) elas ditadas pelo número de instâncias burocráticas através das quais as diretrizes devem fluir, sejam pela distância física dos seus destinatários finais. Torna-se necessário conceber estratégias robustas, capazes de resistir aos percalços da viagem. Não bastam boas intenções. (Castro & Gusso, 1983, p.4)

Pode-se inferir desse artigo a percepção de que os investimentos do governo federal não redundam em eficácia e controle dos gastos, em que pesem o centralismo decisório com que o Estado operava nessa época. Cabe lembrar que esse artigo foi escrito nos estertores da ditadura militar, e as críticas investem contra as formas de investimentos no ensino básico, sobretudo com a transformação desse dinheiro em barganha política, utilizada em relações clientelísticas para contratar professores ou construir escolas de acordo com interesses eleitorais. Defende-se, portanto, que o repasse do dinheiro seja feito "fora do alcance de burocracias municipais" (ibidem), inviabilizando práticas de corrupção. De acordo com os autores, essa medida poderia melhorar o desempenho das escolas, apesar de o equilíbrio das políticas locais estar fadado a sofrer alguns reveses.[17] Os autores destacam que o controle dos gastos públicos não pode

---

17 É preciso lembrar que a implantação do Fundef em 1996 recebeu elogios de Moura Castro exatamente porque, de acordo com ele, essa lei permitiu que o dinheiro enviado aos municípios não fosse desviado para outras finalidades ou para práticas clientelísticas (*Veja*, 25 out. 1995).

174 GERALDO SABINO RICARDO FILHO

aumentar o centralismo estatal, mas defendem que o Estado funcione como uma instância reguladora de decisões, cuja aplicação pode ser realizada de forma descentralizada.

Sobre a escola pública, as constatações feitas nesse período não são muito diferentes dos problemas diagnosticados na década de 1990, sobretudo em relação à qualidade do ensino:

> Sobre o desastre que é o ensino de 1º grau no Brasil não necessitamos dissertar e insistir. Ademais, há consenso quanto à necessidade de remediá-lo. A questão é como fazer, por onde começar. Que seqüência de providências adotar e quais as estratégias de implementação. (Castro & Gusso, 1983, p.7)

A afirmação de que há um consenso quanto aos problemas da escola pública parece temerária e constitui-se um truísmo, pois o "tal consenso" não se confirma entre os educadores, mas é construído mediante mecanismo de legitimidade em que algumas proposições divergentes são preteridas. Há o exemplo da repetência dos alunos relacionado à eficácia ou não do ensino pré-primário ou da pré-escola, donde os autores discutem a validade desse nível de ensino, uma vez que ele custa muito e compete com outros níveis. Como não há um fluxo escolar progressivo, os trabalhos realizados na pré-escola[18] de preparação e "prontidão para a alfabetização" se revelam um engodo, pois nas primeiras séries várias escolas desenvolvem formas "de reprovação branca",[19] com classificações de

---

18 O tema da pré-escola foi notícia em *Veja* (7 jul. 1982) quando Claudio de Moura Castro divulgou um relatório do Banco Mundial no qual se afirmava que os ganhos cognitivos com a pré-escola não eram significativos em relação às crianças que não passaram por ela, pois depois de dois anos não havia diferença de nível entre elas. Nessa época, de acordo com *Veja*, o MEC desconsiderou a polêmica em torno do relatório divulgado por Moura Castro, o que revela o longo caminho dos atores da *rede de legitimidade* para disputar capital estatal com autoridade.

19 Um comentário à margem pode ser feito com as instituições do ciclo básico em São Paulo, à época do governo Franco Montoro (1983-1986), quando os professores classificavam os alunos em "CB1 e CB2", fazendo com que a repetência permanecesse naturalizada na cultura escolar.

alunos na mesma série por período que se julgava adequado para que desenvolvessem habilidades cognitivas.

Sobre os problemas relacionados à remuneração dos professores, os autores discorrem com cautela, uma vez que os investimentos em salários não melhorariam a aprendizagem dos alunos, apenas, argumentam eles, amenizariam uma situação social injusta para os docentes. Porém, os autores acreditavam que investimentos com material de ensino utilizado em sala de aula representariam apenas 1% do custo/aluno – e facilitariam o desempenho escolar, além de favorecer que todas as escolas recebessem os equipamentos necessários para a aprendizagem. Nesse sentido, argumenta-se que a compra de equipamentos individuais, cartilhas, livros, cadernos etc. não pode ser centralizada a pretexto de diminuir custos, pois os problemas advindos de aquisição e distribuição são enormes. A escolha de livros didáticos deveria ser repensada, pois a campanha de marketing das editoras não permite margem de escolhas, o mesmo se aplicando aos livros enviados pelo governos para as bibliotecas escolares. Nesse sentido, para os autores, as escolas apresentam qualidades de ensino diversificadas, pois:

> Quando se toca na questão da qualidade do ensino, o slogan mais ouvido é de que ela caiu, ou de que a escola de hoje é pior do que a de antigamente. Da fato, as escolas antigas – situadas em bairros de classe média –, além da melhor qualidade dos alunos que atendem, se mantêm boas porque são mais bem instaladas e equipadas, contam com professores experientes e, em geral, criaram uma sólida e fértil tradição de equipe e lideranças. A maior parte das escolas recentemente criadas ... – afora as deficiências físicas, enfrentam a escassez de professores com domínio dos métodos e técnicas de ensino e a falta de estrutura de planejamento escolar. Ao defrontarem-se com alunos menos dotados, suas dificuldades aumentam exponencialmente. ... É inegável, hoje, que aí, nas salas de aula, é que devem ocorrer as mudanças fundamentais. Não restam dúvidas de que os fatores exógenos (má nutrição, carência cultural do aluno e a incapacidade da escola de se identificar com o mundo da criança de classe baixa) têm pesada influência no rendimento do aluno, mas os endógenos, quando assim precários, tendem a agravar mais ainda a situação. (ibidem, p.13-4)

Aqui a idéia do fracasso escolar se explica pela ausência de bons professores e bons alunos, sendo pois negada a condição de boa escola. Todavia, essas justificativas são incorporadas em análises nas quais o desempenho dos alunos é medido de acordo com sua origem social, desenvolvendo a chamada ideologia das aptidões naturais.[20] E o artigo parece recorrer a esse artifício com relativa segurança. A discussão do fracasso escolar não é, por certo, a preocupação do artigo, mas esse ponto é utilizado para explicar o funcionamento do sistema de ensino quando os resultados com a escolaridade deixam a desejar.

Em relação ao Ensino Médio, os autores afirmam que a profissionalização compulsória, levada a cabo pela Lei n.5.692/71, sofreu resistências quando da eliminação de sua obrigatoriedade profissional por diversos setores que combateram, originalmente, sua implantação. No entanto, isso revela que o debate acerca das finalidades do Ensino Médio era uma discussão antiga, sobretudo com as transformações econômicas e sociais das últimas décadas. Longe de querer alongar a discussão sobre a reforma do Ensino Médio, pode-se perceber que Moura Castro e Gusso (1983) desenvolvem os argumentos relativos à organização desse grau de ensino analisando as incongruências que determinavam uma única alternativa. Em linhas gerais, o Ensino Médio é compreendido dentro do conceito de terminalidade de estudos para a maior parte da população. Desse modo, ele deveria ser organizado de forma a atender os alunos que necessitam de uma sólida preparação para o trabalho, sem contudo instituir a obrigatoriedade da profissionalização.

A reforma do Ensino Médio, durante o governo Fernando Henrique Cardoso, se assemelha em vários aspectos às proposições que

---

20 "De uma maneira geral, a idéia de uma seleção justa e eqüitativa, feita pelas instituições que garantem a todos oportunidades iguais de provar suas 'verdadeiras aptidões', constitui o baluarte de um esquema de pensamento em busca de uma ordem social legítima, fundamentada sobre o valor atribuído a indivíduos considerados, definitivamente, como naturalmente desiguais" (Bisseret, 1979, p.66).

A BOA ESCOLA NO DISCURSO DA MÍDIA **177**

Moura Castro desenvolve em artigo publicado pelo INEP em 1997: "O secundário: esquecido em um desvão do ensino?". Na apresentação do artigo, Maria Helena Guimarães de Castro (1997)[21] afirma que a reforma do Ensino Médio atende às exigências do crescimento das matrículas nesse grau de ensino, mas deve ser feita sem perder a qualidade, podendo conciliar:

> as múltiplas funções atribuídas ao secundário, entre as quais a qualificação para o mercado de trabalho e a habilitação para o ingresso no ensino superior, num contexto de rápidas transformações tecnológicas e exacerbada competitividade determinada pela globalização econômica. (ibidem)

Essas observações da presidente do INEP acerca da necessidade de reformas no Ensino Médio são feitas em decorrência da "regularização do fluxo escolar" no Ensino Fundamental. Todavia, nota-se que as assertivas feitas por ela são contrárias[22] às desenvolvidas em Oliveira (2000a), muito embora o presente artigo não só utilize as reflexões desse autor, como também agradeça suas leituras e comentários.[23]

O artigo de Moura Castro sobre o Ensino Médio publicado em 1997 se assemelha em vários aspectos ao publicado em 1983 e descrito acima. A dualidade entre o ensino acadêmico e técnico que caracterizou sua evolução no Brasil não se coaduna com as transformações do mundo do trabalho. Para o autor, não é possível apresen-

---

21 Maria Helena Guimarães de Castro é professora de Ciência Política da Unicamp e foi presidente do INEP durante a gestão do ministro Paulo Renato Souza.

22 Os dados do próprio INEP, utilizados por Oliveira, indicam que o Ensino Médio apresenta um número considerável de alunos evadidos (cerca de 6,5 milhões).

23 Em 1997 foi realizado em Brasília o "Seminário Internacional sobre Avaliação do Ensino Médio e Acesso ao Ensino Superior", promovido pelo MEC/INEP e pelo Instituto Internacional de Avaliação Sérgio Costa Ribeiro, instituto esse presidido por João Batista Araújo e Oliveira. Dentre os trabalhos apresentados nesse seminário há o estudo "As questões recorrentes da pesquisa comparada" (Oliveira & Gomes, 1998).

tar solução única para alunos diferentes. Sem embargo, esse artigo trará implícito o conceito de "aptidão natural", especialmente com as questões relativas ao acesso ao ensino universitário. De acordo com o autor, espera-se que o Ensino Médio prepare os alunos para a cidadania, para o vestibular e para o mercado de trabalho, contudo, para Moura Castro, as duas últimas funções são incongruentes e ficam sobrepostas quando acontecem no mesmo espaço de ensino. Desse modo, ele argumenta que escolas industriais exigem ambientes propícios, muito diferentes daqueles onde os alunos aprendem a declinar "verbos irregulares" (1997a, p.7).

O segundo grau recebe alunos com níveis de aptidão, idade e motivações muito diferentes e tem que oferecer a eles as opções de ir trabalhar ou de entrar no ensino superior. Se os alunos têm aptidões e planos de vida diferenciados, colocá-los todos juntos não pode dar certo. Assim, é necessário acomodá-los em lugares diferentes e oferecer-lhes conteúdos diferentes (o que pode ser feito via flexibilidade dentro de programas únicos ou por via de programas diferenciados). Ainda quando o segundo grau despeja na rua sem preocupação para o mercado os que não podem continuar, o resto do sistema tem que se acomodar a estes fluxos de saída e oferecer a preparação necessária. (ibidem, p.8)

A crença na aptidão natural dos alunos é justificada com exemplos de sistemas de ensino de países como França, Alemanha e Estados Unidos,[24] cuja terminalidade do Ensino Médio apresenta nuances seja em relação ao mercado de trabalho, seja quanto ao acesso ao Ensino Superior. Assim, no caso brasileiro, Moura Cas-

---

24 "No sistema americano, a escola é a mesma, mas as disciplinas são diferentes dentro da escola – como se fossem várias escolas dentro do mesmo prédio. Na escola alemã, separa-se, logo de entrada, quem continua nas escolas de cunho acadêmico e quem vai receber formação profissional. No sistema francês há as trajetórias que separam completamente as duas trilhas e outras que alteram as exigências acadêmicas e as combinam com a formação profissional. Ademais, há vários entroncamentos ao longo do sistema. Uns se separam mais cedo, outros, mais tarde" (Castro, 1997a, p.11).

tro propõe alterações substanciais, inclusive por meio de uma nova legislação que permita alterar a carga horária, o número de matérias e currículos que atendam à diversidade de alunos que buscam o Ensino Médio.

Esse autor integra o conselho editorial da revista *Ensaio*, da Fundação Cesgranrio, na qual publica artigos diversificados abordando vários graus de ensino. Assim, é possível observar algumas diferenças entre seus trabalhos publicados em revistas acadêmicas e os artigos que ele escreve na imprensa. Por exemplo: no artigo publicado na revista *Ensaio* (Castro et al., 2002a), "Escolas de Ensino Médio de Belo Horizonte: as campeãs e as que oferecem mais ao aluno", há a participação de uma doutora em demografia e de um professor de estatística no trabalho. Nesse texto, procurou-se analisar as condições das escolas, públicas ou particulares, de Ensino Médio, da região metropolitana de Belo Horizonte (MG), e o desempenho desses alunos no vestibular da UFMG. Utilizando-se dos dados do vestibular dessa universidade, realizado em 1997, foi estabelecida uma classificação das escolas públicas e particulares, de acordo com a aprovação no vestibular, definindo assim que "escolas oferecem mais aos seus alunos". Nesse artigo, o vestibular é inserido dentro dos mecanismos de avaliação desenvolvidos no Brasil:

> O Brasil possui um abrangente sistema de avaliação de suas instituições de ensino. Há o SAEB – Sistema Nacional de Avaliação da Educação Básica – para o ensino fundamental e médio, o ENEM – para os concluintes do Ensino Médio, o Provão – Exame Nacional de Cursos – para o ensino superior, e as avaliações da Capes para a pós-graduação. Além disso, os vestibulares das melhores universidades públicas medem com fidelidade o nível de conhecimento dos alunos do ensino médio, que as procuram em grande número. Estas avaliações, ao identificar as instituições que apresentam bons resultados e as que mostram fraco desempenho, introduzem no sistema educacional mecanismos sadios de prêmios e sanções. Todos podem ficar sabendo quem é quem na educação brasileira. (ibidem, p.102)

180 GERALDO SABINO RICARDO FILHO

Essa forma enunciativa de apresentar as avaliações,[25] por meio da autoridade da língua legítima, permite representá-las num *slogan* para o campo educacional, especialmente porque ele é incorporado às premissas educacionais e aceito como regra para as disputas pela liderança nesse campo. Contudo, como pode ser observado, os autores desse artigo definem[26] que escolas do Ensino Médio são as "campeãs" do vestibular – lembrando aqui os ritos de instituição, a *boa escola* também pode ser definida pelo seu sucesso no vestibular. Resta saber um pouco mais da linha de separação desse rito, na qual ficam de fora as escolas sem classificação e, por extensão, o próprio aluno. A estatística utilizada estabelece um conjunto de variáveis baseadas na situação socioeconômica dos alunos, atraso escolar, escola pública ou particular e o efeito dos pares[27] para justificar a separação das escolas campeãs daquelas que não entraram na disputa, definindo o nível de ensino das escolas, pública ou particular, mas indagando se elas são boas porque oferecem mais aos alunos, mesmo quando "fracos", ou se elas recrutam os melhores alunos e aí a linha do ritual de instituição se explicita:

A evidência dos dados captada por este modelo mostra que o efeito do sistema privado de ensino está fundamentalmente associado ao tipo

---

25 No artigo "O futuro do SAEB e a consolidação de políticas públicas", Oliveira faz o seguinte discurso enunciativo: "Superada a fase da ideologia antiavaliação e afirmado o Sistema Nacional de Avaliação Básica (SAEB) de forma incontestada, a preocupação passa a ser menos com o passado e mais com o futuro" (Oliveira, 1995b, p.3).

26 Esse é um termo escolhido em virtude das formas de classificação obtidas. De acordo com os autores: "Para obter os conceitos, ordenamos as escolas segundo as suas notas e demos às que correspondem às melhores 12% o conceito A. O conceito B é dado às seguintes 18% das escolas; o C às 40% seguintes; o D às 18 subseqüentes e, finalmente, o conceito E para as últimas 12%" (Castro et al., 2002a, p.111). Essa classificação é a mesma da utilizada no Provão, definido no artigo como uma referência para as avaliações. A respeito das análises do Provão, ver Castro, 2001a.

27 Efeito dos pares é definido pelos autores com base em relatórios de pesquisas e estudos dos Estados Unidos, nos quais afirma-se que um aluno fraco em escolas em que os alunos são mais fortes se beneficia desse ambiente estimulante à aprendizagem.

A BOA ESCOLA NO DISCURSO DA MÍDIA 181

de clientela que atende e ao fato de que os alunos com características favoráveis a um melhor desempenho freqüentam as mesmas escolas. Há uma sinergia de fatores com resultados muito expressivos, noutras palavras, o que existe hoje é uma segmentação muito forte das escolas. As privadas dominam, avassaladoras, o mercado do ensino de primeiríssima qualidade pela simples razão de que também quase monopolizam o recrutamento dos alunos mais bem dotados e preparados, oriundos de famílias com os meios econômicos e culturais adequados a um bom rendimento. (ibidem, p.110)

Embora exista a preocupação em definir, com as variáveis escolhidas, o lugar das escolas públicas que também "oferecem mais aos seus alunos", a *boa escola* está reduzida às escolas particulares. No entanto, é possível encontrar no final do artigo um apêndice com esclarecimentos sobre a análise estatística utilizada, donde se pode inferir que, nas publicações em revistas científicas, obedece-se aos cânones da academia, ao passo que os artigos de Moura Castro na imprensa, e não só os publicados na coluna "Ponto de Vista" da revista *Veja*, revelam análises dos números com um tratamento e rigor diferenciados. Assim, em artigo de sua autoria na revista *Caros Amigos*,[28] o autor afirma que as graduações no ensino básico aumentaram, pois o SAEB comprovou que o crescimento não ocorreu à custa da queda de qualidade, uma vez que os escores das aferições se mostraram estáveis. Do mesmo modo, na coluna "Ponto de Vista" de *Veja*, na qual comenta as notas do Provão (12 ago. 1998, 11 ago. 1999), pode-se perceber que os resultados não são analisados dentro de uma série longa de anos; ao contrário, são utilizados para legitimar a idéia de avaliação externa e qualidade do ensino, pois Castro procura associá-las aos números obtidos nas avaliações do MEC.

Em um outro artigo de Moura Castro publicado na revista *Ensaio*, "Escolas feias, escolas boas?", o autor procura descrever e explicar, embora esclareça que não se trata de uma pesquisa acadêmi-

---

28 Trata-se do artigo "Fiat Uno e bicicleta, quanta diferença", publicado em *Caros Amigos*, edição especial, n.9, nov. 2001b.

182 GERALDO SABINO RICARDO FILHO

ca, as razões que justificam a afirmação da pesquisa da Orealc/ Unesco de que Cuba tem as melhores escolas entre os países da América Latina. De acordo com o autor:

> O ensino é sério e quase convencional. Certamente, não é pela presença de inovações ou novas soluções milagrosas que se obtém qualidade. As instalações são horríveis. As bibliotecas são desatualizadas e os laboratórios velhos (mas usados com freqüência). No entanto a jornada escolar é enorme, passam-se muitas horas na escola e o calendário é longo. Em segundo lugar, os professores, presentes 40 horas por semana, são muito dedicados e preparados. Não é que os professores ganhem muito, mas ganham pelo menos tanto quanto engenheiros e médicos. E, em uma economia com poucas alternativas, o magistério acaba sendo uma ocupação muito central e valorizada. (Castro, 1999, p.343)

Além dessas questões, o autor discorre sobre "prestações de contas", pois os alunos são avaliados e os professores são responsabilizados pelo desempenho deles no final de cada mês, uma vez que o pagamento, como indica o autor, é feito mediante a competência para ensinar, ou como Moura Castro alude em tom provocativo, "como um economista diria, a estrutura de incentivos está correta. Quem se sai mal, paga seus pecados no salário do fim do mês" (ibidem, p.352). E é na condição de ex-economista do BID que ele faz na revista *Educação* uma defesa das políticas educacionais realizadas durante a gestão de Paulo Renato Souza no MEC. O artigo, "Por que o MEC virou o xodó do BID?", é justificado como "uma crônica de como Paulo Renato seguiu a cartilha do Banco Interamericano de Desenvolvimento e se tornou exemplo de reforma educacional" (Castro, 2002b, p.50). O autor analisa a trajetória do Banco Mundial, quando, em meados da década de 1970, passou a dedicar-se a investimentos em educação, recrutando para isso os melhores pesquisadores dos Estados Unidos e da Europa. Como as pesquisas feitas demonstravam problemas com o "desempenho educacional de seus clientes" (ibidem), o Banco passou a se preocupar com as chamadas *best practices*, para contrapor-se às estatísticas ruins com

A BOA ESCOLA NO DISCURSO DA MÍDIA **183**

exemplos bem-sucedidos. Do mesmo modo, o BID,[29] que também operava com investimentos em educação, reorganiza sua equipe de políticas educacionais, a qual também se preocupou em encontrar as *best practices*. Nesse sentido, de acordo com o autor, o Brasil, um dos maiores "clientes" do BID, revela o bom exemplo com a reforma educacional do estado de Minas Gerais,[30] que foi bem-sucedida por duas gestões, sendo desarticulada com a mudança de governo. Contudo, diz ele:

> O novo MEC de Paulo Renato Souza começa a se mexer rapidamente, e segue todos os figurinos apreciados em Washington. Corretamente, define o seu papel como formulador de políticas, como avaliador e não como fazedor. Pela primeira vez na história, dá efetiva prioridade ao ensino de primeiro grau. Cria o Fundef, o mais potente instrumento de redução de desigualdades regionais na educação. Copia a fórmula mineira de distribuir dinheiro para as escolas, via APMs, substituindo as dezenas de programas ineficientes e concentradores. Conserta a merenda escolar e a compra de livros. Com a melhora no ensino fundamental, há uma explosão na matrícula do ensino médio. O superior fica meio em segundo plano, mas o Provão deixa babando de inveja os outros ministros da América Latina. Não menos importante é o *marketing* da educação, que passa à primeira página dos jornais e

---

29 O autor esclarece que o BID reorganizou sua equipe de especialistas na década de 1990, fazendo com que "um intenso intercâmbio de pessoas e idéias entre os dois Bancos" fizessem com que os estilos e mensagens ficassem parecidos. Moura Castro informa ainda que ele próprio passou a dirigir a nova divisão de políticas educativas do BID. Assim, diz o autor "é para o leitor saber que não sou um comentarista neutro" (Castro, 2002b, p.50).

30 O secretário de educação de Minas Gerais (1991-1994), Walfrido dos Mares Guia, além de sua presença nas matérias da revista *Veja*, escreveu os seguintes artigos: "A reforma educativa em Minas Gerais" (Guia, 1997), como texto de discussão no seminário "Como Anda a Reforma da Educação na América Latina", organizado em livro (Castro & Carnoy, 1997b); "A realidade da educação em Minas Gerais" (Guia, 1992) e "Educação e desenvolvimento: conscientização, vontade política e participação" (Guia, 1994b). Em alguns desses trabalhos, Guia faz referências aos colaboradores Claudio de Moura Castro, João Batista Araújo e Oliveira, Sérgio Costa Ribeiro e Guiomar Namo de Mello.

não pára de ocupar mais espaço na mídia. Impressionou sobremaneira a revolução nas estatísticas. Ali, sim, a mudança foi ainda mais radical. Tínhamos estatísticas totalmente equivocadas acerca de desacertos e tempo de permanência na escola. Pior, as gestões anteriores do MEC não admitiam-nas. Foram reformadas as estatísticas educativas de forma exemplar e o Brasil embarcou de corpo e alma na avaliação do rendimento escolar. De um país retrógrado e retardatário, virou um dos mais sérios, arrojados e ambiciosos no trato com as estatísticas. (ibidem, p.51)

Dessa inflexão registram-se muitas das evidências da trajetória dos atores ligados à *rede de legitimidade* para produzir o consenso que se firmou no campo educacional, fazendo com que as regras para disputar sua liderança passe pelo reconhecimento das reformas educacionais destacadas acima por Moura Castro, mesmo para aqueles que se mostram heréticos no campo. Essas formulações estavam presentes nos trabalhos teóricos de atores ligados ao que aqui se tem denominado de *rede de legitimidade* há aproximadamente duas décadas, reafirmando assim as reflexões de Cordeiro (1999) acerca das trajetórias de vários atores que conquistaram liderança no campo universitário para em seguida, ou concomitantemente, concretizá-la com capital estatal, assegurando que a prescrição da *boa escola* seja o resultado de um *slogan* construído e compartilhado no campo educacional.

Esse exame dos textos demonstra que Moura Castro realiza um trabalho significativo na formação de consenso, pela sua inserção no debate educacional, passando por encontros e seminários organizados pelo MEC, por revistas especializadas, por livros publicados sobre a reforma educacional na América Latina (Castro & Carnoy, 1997b), pela sua colaboração na revista *Veja* e pela sua trajetória acadêmica. Isso permite entender porque a condição de o "maior especialista em educação" é notícia na imprensa, e as escolhas do que vai ser publicado revelam uma preferência pelos atores com domínio da língua legítima, consubstanciado em títulos acadêmicos e capital social, subjacentes aos cargos ocupados. Por exem-

A BOA ESCOLA NO DISCURSO DA MÍDIA   185

plo: Moura Castro é explícito em entrevista à revista *Educação*[31] ao afirmar que os empréstimos para a reforma do Ensino Médio no Brasil, ao serem negociados com o BID (Banco Interamericano de Desenvolvimento), este exigiu a separação entre o Ensino Médio e o técnico, pois, por meio de estudos do sistema educacional brasileiro, constatou-se que havia um desperdício muito grande de dinheiro e que a maior parte dos alunos se dirigia ao Ensino Superior. No mesmo número da revista *Educação*, Paulo Renato Souza declara que sua gestão no MEC foi beneficiada pela experiência que ele adquiriu trabalhando no BID, o que facilitou administrar os empréstimos concedidos, embora assegure que não há uma política do Banco Mundial para a educação com os mesmos critérios exigidos pelo FMI (Fundo Monetário Internacional): de reajustes econômicos nos países que solicitam empréstimos.

A participação desses atores, incluídos na *rede de legitimidade*, em assessorias do Banco Mundial e BID, permite afirmar que as políticas educacionais são resultado do embate político que se trava nas fronteiras do campo educacional, uma vez que, de acordo com Meyer (2000), "a difusão de um determinado sistema nacional é fortemente mediada pelas associações internacionais e, especialmente por cientistas e profissionais da educação, para quem o objetivo de promover os seus modelos se torna central" (ibidem, p.21). Assim, os consultores educacionais, de acordo com esse autor, constroem credibilidade e prestígio mediante seu conhecimento científico e profissional, entretanto, é preciso entender que são esses mesmos mecanismos de legitimidade do conhecimento que permitem a esses atores influenciar as políticas nacionais de educação.

Desse modo, o Ensino Médio organizado pelo MEC, na gestão de Paulo Renato Souza, contemplou soluções preconizadas nos artigos de Moura Castro e Oliveira, pois as críticas deste último apenas revelam que dissensões teóricas não inviabilizam as posições dos

---

31 Trata-se do artigo publicado na revista *Educação*: "Por que o MEC virou o xodó do BID?" (Castro, 2002b).

186 GERALDO SABINO RICARDO FILHO

atores da *rede de legitimidade*. Assim, de acordo com a conselheira Guiomar Namo de Mello, relatora do Parecer[32] sobre as DCNEM (Diretrizes Curriculares Nacionais do Ensino Médio), várias entidades da sociedade civil participaram dos debates que subsidiaram seu parecer: Anped, CNTE, Consed, Undime, universidades públicas e particulares, e escolas técnicas federais, indicando que esse Parecer é o resultado de um consenso dessas entidades.[33]

O Parecer procura justificar a reforma em três vertentes que, supostamente imbricadas por fundamentos filosóficos, permitiriam inserir o Ensino Médio na nova realidade do mundo do trabalho: a estética da sensibilidade, a política da igualdade e a identidade. De início, esse documento discorre sobre os aspectos legais que estariam fundamentando a reforma, destacando-se aqui a menção de que a reforma estaria atendendo a exigências contidas na nova LDB, em especial em seus artigos 35 e 36, dentro da discussão do conceito de diretriz na qual o Estado seria o responsável por equilibrar as propostas pedagógicas e garantir formas de descentralização e flexibilidade dos currículos. Nesse sentido, a estética da sensibilidade é uma necessidade decorrente de um mundo em constante mudança:

> A estética da sensibilidade vem substituir a da repetição e padronização hegemônica na era das revoluções industriais. Ela estimula a *criatividade*, o *espírito inventivo*, a *curiosidade pelo inusitado*, a *afetividade*, para facilitar a constituição de identidades capazes de *suportar a inquietação, conviver com o incerto, o imprevisível e o diferente*. (Parecer CNE n.15/98, p.422)

---

32 Trata-se do Parecer CNE (Câmara de Educação Básica) n.15/98, aprovado em 1º.6.1998 e homologado em 25.6.1998 no *Diário Oficial da União*.

33 Seria necessária uma investigação que resgatasse o debate em torno das discussões que se realizaram entre o CNE e entidades do magistério, pois os pareceres parecem fundamentados muito mais no capital simbólico de quem os elabora, do que propriamente no resultado de discussões teóricas com atores dessas entidades. Entidades como a Anped ou Anpuh entre outras, realizaram manifestações que demostravam que as consultas do MEC à representantes das entidades não significavam apoio às reformas.

A BOA ESCOLA NO DISCURSO DA MÍDIA **187**

Já a política da igualdade é definida em seus aspecto formal ligado à instrumentalização do Estado democrático, adstrito às atividades que promovam formas de justiça social, integrando todos os indivíduos à sociedade na condição de cidadãos:

> A política da igualdade incorpora a igualdade formal, conquista do período de constituição dos grandes estados nacionais. Seu ponto de partida é o *reconhecimento dos direitos humanos* e o *exercício dos direitos e deveres da cidadania*, como fundamento da preparação do educando para a vida civil. Mas a igualdade formal não basta a uma sociedade na qual a emissão e recepção da informação em tempo real estão ampliando, de modo antes inimaginável, o acesso às pessoas e aos lugares, permitindo comparar e avaliar qualidade de vida, hábitos, formas de convivência, oportunidades de trabalho e de lazer. Para essa sociedade, a política da igualdade vai se expressar também na *busca da eqüidade*, no acesso à educação, ao emprego, à saúde, ao meio ambiente saudável e a outros benefícios sociais, e no *combate a todas as formas de preconceito e discriminação* por motivo de raça, sexo, religião, cultura, condição econômica, aparência ou condição física. ... Nessa perspectiva, a política da igualdade deverá fortalecer uma *forma contemporânea de lidar com o público e o privado.* E aqui ela se assemelha à ética, ao valorizar atitudes e condutas responsáveis em relação aos bens e serviços tradicionalmente entendidos como "públicos", no sentido estatal, e afirmativas na demanda de transparências e democratização no tratamento dos assuntos públicos. (ibidem, p.424)

A ética da identidade denota as características que se imaginam para uma sociedade em que as formas tradicionais de conceber o mundo se alteram na razão direta em que os valores são questionados pelas mudanças do mundo do trabalho:

> A ética da identidade substitui a moralidade dos valores abstratos da era industrialista e busca a finalidade ambiciosa de reconhecer no coração humano aquilo que dividiu desde os primórdios da idade moderna: o mundo da moral e o mundo da matéria, o privado e o público, enfim, a contradição expressa pela divisão entre a "igreja" e o "Estado". Essa ética *se constitui a partir da estética e da política e não por negação delas. Seu ideal é o humanismo de um tempo de transição.* (ibidem, p.426)

188 GERALDO SABINO RICARDO FILHO

Esses fundamentos filosóficos expressam uma preocupação com um tipo de aluno ideal, para uma sociedade que supostamente compartilhasse todas as formas de tecnologia. Todavia, parece que as reflexões de Arendt (1972) acerca do humanismo numa sociedade em que a escola não realizava mais a passagem para o mundo adulto, feitas na década de 1950 nos Estados Unidos, são condizentes com a dificuldade de precisar o tipo de escola a ser pensada com os avanços tecnológicos que perpassam a vida dos indivíduos. Por certo, é complicado pensar num "humanismo de um tempo de transição", sobretudo se se considerar que a igualdade e a autonomia que o parecer reivindica expressam mais uma transcendência do Estado (Mello, 1996) que uma conquista dos indivíduos ou algo que poderia ser construído pela educação. Desse modo, a reforma do Ensino Médio pressupôs que os educandos e educandas pudessem desenvolver a capacidade de aprender sempre, por meio de um currículo organizado, para atender à reivindicação de "formação geral", mas com flexibilidade para as escolas estruturarem a parte diversificada, profissionalizante ou não. No lugar de disciplinas estanques e sem interação com a realidade, o novo Ensino Médio reorganizou o currículo em áreas de conhecimento, todas elas ligadas à tecnologia: *linguagem, códigos e suas tecnologias; ciências da natureza, matemática e suas tecnologias, e ciências humanas e suas tecnologias.* Além da clara intenção de desenvolver a chamada interdisciplinaridade, em si um problema para os cursos de formação de professores e para as tradições corporativas arraigadas na cultura escolar, a organização em áreas de conhecimento defende que o processo de aprendizagem esteja vinculado à vivência dos alunos, e associado à preparação para o mundo do trabalho. Um fator que perpassa essa reforma é a qualidade do ensino, que deverá ser aferido por meio de avaliações do SAEB e do ENEM:

> Será indispensável, portanto, que existam mecanismos de avaliação dos resultados para aferir se os pontos de chegada estão sendo comuns. E para que tais mecanismos funcionem como sinalizadores eficazes, deverão ter como referência as competências de caráter geral que se

A BOA ESCOLA NO DISCURSO DA MÍDIA **189**

quer constituir em todos os alunos e um corpo básico de conteúdos, cujo ensino e aprendizagem, se bem-sucedidos, propiciam a constituição de tais competências. O Sistema de Avaliação da Educação Básica (SAEB) e, mais recentemente, o Exame Nacional do Ensino médio (ENEM), operados pelo MEC; os sistemas de avaliação já existentes em alguns estados e que tendem a ser criados nas demais unidades da federação; e os sistemas de estatísticas e indicadores educacionais constituem importantes mecanismos para promover a eficiência e a igualdade. (ibidem)

Esse mecanismo de avaliação se confirma plenamente durante o governo Fernando Henrique Cardoso, pois foi durante esse período que as estatísticas foram institucionalizadas em avaliações de rendimentos dos vários graus de ensino, além de censos escolares que demonstravam as necessidades de recursos de cada região. "A eficiência e a igualdade" passa a ser concebida como a natural evolução dos números, donde se acrescentam os escores de qualidade do ensino, fazendo com que a *boa escola* seja associada às reformas desse governo.

A trajetória de Guiomar Namo de Mello se confunde, muitas vezes, com a própria reforma educacional realizada durante o governo Fernando Henrique Cardoso, tamanha é a semelhanças entre seus trabalhos acadêmicos e a concepção de política educacional do MEC. Mello graduou-se em pedagogia na USP e concluiu o mestrado e o doutorado na PUC-SP, e o pós-doutorado na Universidade de Londres, além de ser pesquisadora da FCC (Fundação Carlos Chagas). Foi professora da PUC-SP e Ufscar (Universidade Federal de São Carlos), e professora visitante do IEA (Instituto de Estudos Avançados), pertencente à USP. Foi consultora em diversas secretarias de educação, especialmente no estado de Minas Gerais, ao qual, em parceria com Cláudio de Moura Castro, João Batista Araújo e Oliveira e Sérgio Costa Ribeiro, prestou assessoria na reforma educacional implantada naquele estado durante a gestão do secretário Walfrido dos Mares Guia Neto. Entre 1983 e 1985 foi secretária de educação do município de São Paulo, e em 1986 foi eleita depu-

190 GERALDO SABINO RICARDO FILHO

tada estadual pelo PMDB (Partido do Movimento Democrático Brasileiro), filiando-se depois ao PSDB. Foi consultora do IESP (Instituto de Economia do Setor Público) e, no exterior, do Banco Mundial. Atualmente é presidente da Fundação Victor Civita e conselheira da CNE.

Em meio a uma trajetória acadêmica e política tão ampla foram escolhidos alguns dos seus trabalhos, além do já analisado Parecer sobre o Ensino Médio, para demonstrar algumas nuances acadêmicas, bem como a pertinência de sua ligação com a *rede de legitimidade*.

O jornalista Raimundo Pereira[34] escreve o "Prefácio" do livro *Educação escolar: paixão, pensamento e prática*, de Mello (1986), praticamente em tom biográfico, no qual descreveu a vida pessoal e acadêmica da autora até o momento em que ela se candidatou a uma vaga para a Assembléia Legislativa do Estado de São Paulo. Provavelmente esse livro foi publicado antes das eleições daquele ano, pois Pereira encerra seu texto com uma inquirição: "Será que estas lutas e idéias dão votos? É preciso que dêem" (Pereira, 1986, p.24).

O livro acima citado reúne artigos e palestras da autora publicados em revistas ou durante sua atuação como secretária de Educação, mas emblemático para o presente trabalho é o primeiro artigo, cujo título foi modificado,[35] mas que sintetiza as analogias que se pretende estabelecer na trajetória dessa intelectual. Nesse artigo, a autora trabalha com categorias de análise em que fica explícito que seu arcabouço teórico está próximo do marxismo, utilizando-se, por exemplo, da noção de classe social. Notadamente era o momento em que o livro de Bourdieu (1992), *A reprodução*, era criticado,

---

34 Raimundo Pereira foi jornalista da revista *Veja* de 1968 a 1974, época em que se notabilizou pelas coberturas políticas no momento em que esse periódico esteve sob censura prévia.

35 O artigo "Democratização do ensino: boa escola para todos", originalmente uma comunicação apresentada no simpósio "Seletividade do Ensino de 1º e 2º Graus". Reunião anual da SBPC, São Paulo, 1978, publicado na revista *Educação & Sociedade*, n.2, 1979, com o título "Fatores intra-escolares como mecanismos de seletividade no ensino de 1º grau".

pois revelava que o poder da classe dominante era "um poder quase absoluto, de cuja violência não existiria escapatória" (Mello, 1986, p.31). Porém, considerava-se que a democratização do ensino exigia o acesso das camadas populares em "igualdade de condições", pois a presença da população desfavorecida na escola era uma ação política e não pedagógica. A defesa de uma escola pública e gratuita, e toda a denúncia que se fazia da escola elitista, marcou a época em que os movimentos sociais lutavam pela redemocratização do país. Nota-se ainda nesse artigo a defesa que se faz de uma corrente que procurava legitimidade nesse momento: a pedagogia histórico-crítica. O acesso e permanência das camadas populares à escola não deveria esmorecer ou facilitar o processo ensino-aprendizagem, exigindo do professor o domínio do conteúdo, bem como métodos diversificados para atender as crianças sem "qualquer capital cultural" (ibidem, p.37). Desse modo, a autora adverte para os problemas que a "promoção automática" pode provocar nas crianças. É necessário que ela permaneça mais tempo na escola, mas é "preciso garantir que ela aprenda" (p.35).

Se a boa escola para todos parece ser um anseio da grande maioria, mas por outro lado é a escola da maioria a menos eficiente, então é preciso discutir estratégias de ação que nos possibilitem iniciar a travessia partindo dessa realidade para encontrar formas de iniciar a construção de outra. Uma travessia que não é fácil e que talvez inclua momentos de retrocessos, a fim de que se possa obter, (sic) posições um pouco mais próximas do alvo, cuja conquista definitiva depende de fatores muitos mais determinantes que a educação. (ibidem)

A maior parte dos argumentos que costumavam ser usados para justificar o fracasso escolar (e que parecem longe de esmorecer) podem ser observados no artigo. Parte-se da premissa de que as crianças cultural e economicamente desfavorecidas devem ter acesso à escola pública, consubstanciando a democratização do ensino. Ou como diz a autora: "a quantidade pode gerar a qualidade" (p.32), assim, para construir uma outra escola, é preciso negar a espontaneidade pedagógica que impede que a maior parte das escolas ofereça ensino de qualidade para a maioria. Esse artigo, longe de ser datado ou superado, revela um momento de grande agitação política em virtude das práticas discricionárias do Estado brasileiro, todavia, algumas questões ligadas à competência técnica e ao compromisso político (Mello, 1987), que a autora defendia, não parecem relegadas a segundo plano em suas outras obras, muito embora questões relativas ao ensino público e à superação das desigualdades sociais, ao contrário desse momento, devam ser resolvidas com o acesso à cidadania. Assiste-se, assim, a uma tomada de posição que revela um bom indício de estratégias que essa autora desenvolveu na fronteira do campo educacional, uma vez que sua reconversão confessa é mais fortemente sentida por outros educadores (a célebre frase: mudou de lado) no núcleo do campo universitário, e menos nas fronteiras do campo propriamente educacional:

> Mudei intelectual e politicamente depois de viver a experiência da gestão pública por dentro do Estado, no executivo e no legislativo. As causas e explicações que eu entendia para muitos problemas da educação passaram, depois dessa experiência, por um profundo processo de revisão. Conseqüentemente revi muitas propostas e soluções que defendia para esses problemas. ... Para os mais afinados com o espírito dos novos tempos isto pode parecer uma obviedade. Para mim, essa obviedade custou um longo aprendizado, e levá-las às últimas conseqüências não tem sido fácil, porque sou educadora, militei em partidos, quem sabe mereça o *status* de intelectual e, portanto, a regra se aplica também a meu caso. Talvez possa apenas reivindicar, a meu favor, o fato de que estou disposta a participar do jogo da verdade com os partidos, as corporações e os educadores e pagar para ver quem realmente será capaz de colocar o objetivo de construir uma escola de qualidade acima das idiossincrasias ideológicas, políticas, partidárias e pedagógicas. (Mello, 1997, p.23, 25)

Pode-se considerar essa digressão pertinente para expressar o conceito de *rede de legitimidade* e o movimento que os atores realizam nas fronteiras do campo educacional, cujos "fios de Ariadne" chegam ao Estado. Resta saber se a capacidade de construir uma escola de qualidade está acima das tendências políticas, ou se isso implica maior capacidade de conquistar capital estatal e produzir con-

A BOA ESCOLA NO DISCURSO DA MÍDIA **193**

sensos. Mello elabora "dez opções de políticas" (p.94) ligadas à educação, produzidas no início da década de 1990, cujas semelhanças com as reformas do MEC reafirmam a capacidade desses atores ligados à *rede de legitimidade* em atuar como "produtores de uma grife", na acepção utilizada por Bourdieu (2001b), e transformar a *boa escola* num produto, mediante o toque mágico de seus alquimistas. Coincidências à parte, as proposições de Mello (1997) foram consubstanciadas nas reformas educacionais do MEC:

"Rever o padrão de financiamento e alocação de recursos." A autora considera que os gastos públicos devam ser dimensionados, de acordo com a Constituição de 1988, exigindo da União, Estados, municípios e Poder Legislativo que desenvolvam colaboração quanto às despesas com educação, utilizando-se de bases seguras de informação. Ela defende que os órgãos de controle (Tribunal de Contas, Legislativo) fiscalizem o uso das verbas. A racionalização dos gastos deve possuir uma diretriz padrão para que os investimentos sejam feitos tendo em vista as necessidades das escolas, mas inibindo os gastos com a máquina burocrática. Para isso Mello defende uma revisão nos investimentos no Ensino Superior, indicando que é possível racionalizar o custeio das universidades, aumentar sua produtividade, diminuir os ônus com a folha de pagamento no custo do aluno e ampliar o acesso ao Ensino Superior. A autora considera que o Estado gasta milhares de dólares anuais com um aluno da universidade pública e uns poucos dólares com os do Ensino Fundamental.[36] Destarte, Mello argumenta que:

> O importante seria estabelecer estratégias de mais longo prazo, nas quais as mudanças nos investimentos de captação e alocação promoveriam ajustes gradativos, visando a uma distribuição mais justa dos recursos. A efetividade dessas estratégias vai depender, em larga medida, da sustentação política que os setores mais qualificados da sociedade –

---

36 Moura Castro (2001b) estabeleceu uma analogia a respeito dos investimentos em educação, comparando os recursos gastos com alunos das universidades públicas equivalentes a um carro (Fiat Uno), ao passo que um aluno do ensino fundamental equivaleria a uma bicicleta.

194 GERALDO SABINO RICARDO FILHO

empresários, partidos políticos, trabalhadores organizados, meios formadores de opinião — estiverem dispostos a dar às opções que visem estabelecer maior eqüidade. (ibidem, p.95)

Não fica esclarecido se os educadores estariam entre os "trabalhadores organizados" ou se eles estariam entre aqueles que poderiam contribuir com o debate sobre os investimentos no ensino básico. É peremptória aqui a estratégia de quais atores podem buscar consensos fora de seu campo de atuação, contudo, essa questão será aprofundada mais à frente.

"Rever o planejamento para expansão e ocupação de rede física." A construção de escolas deve, de acordo com a autora, ser redimensionada, com o objetivo de um uso mais racional das unidades já instaladas, suprimindo assim os turnos intermediários e ampliando a jornada escolar dos alunos. A racionalização poderia ser feita com a municipalização do Ensino Fundamental, permitindo diminuir o número de alunos em sala de aula. Para isso ela esclarece que a escola deve ser entendida como propriedade da sociedade, não de diretores e de suas equipes.

"Qualificar a gestão escolar." Nessa questão, a autora se ocupa com muitos argumentos, pois considera que a escola não está na periferia do sistema, mas deveria ser concebida como um conjunto, uma unidade de capacitação na qual a "qualificação de gestão se caracteriza por um processo de diagnóstico, avaliação e definição de objetivos de desenvolvimento institucional que deve envolver toda a equipe" (ibidem, p.97). Desse modo, é importante o fortalecimento da função de diretor, por meio de treinamento, para que ele exerça uma liderança democrática com conhecimentos técnicos, assim, a escola poderia desenvolver identidade institucional na qual os projetos seriam compartilhados. Para isso, faz-se necessário que a escolha desse agente[37] seja feita com esmero, enfatizando seu lado

---

[37] A autora faz menção ao processo de escolha de diretores no estado de Minas Gerais, onde ela foi assessora da reforma implementada durante a gestão de Mares Guia.

A BOA ESCOLA NO DISCURSO DA MÍDIA   195

profissional e evitando a partidarização do processo de eleição ou de indicação política, pois "diretores de unidades de prestação de serviços, como a escola, não deveriam ser vitalícios nos cargos e precisam ser submetidos periodicamente a uma avaliação que confirme sua competência técnica e liderança pedagógica" (p.98). Os conselhos de escolas, por sua vez, se constituiriam em canais importantes para exercer a co-responsabilidade, contribuindo para que a gestão da escola fosse mais democrática. Ainda sobre a qualificação da gestão, Mello defende que as escolas poderiam comprar assessorias (sic) do setor privado pela experiência pedagógica acumulada e que está desaparecendo do setor público. A escola poderia utilizar-se de sua autonomia orçamentária para contratar serviços de ONGs, instituições de Ensino Superior ou escolas privadas. Mas para que a qualificação da gestão seja bem-sucedida, o plano da escola deve ser entendido como um "contrato" entre, de um lado, pais e alunos, e, de outro, as instâncias de avaliação, cuja execução deveria ser verificada tanto mediante um processo interno de prestação de contas quanto pelo exame, por meio de avaliações externas, dos resultados da aprendizagem dos alunos.

"Instituir sistemas de avaliação externa da aprendizagem dos alunos." A autora defende que essa avaliação tem por objetivo produzir informações que "subsidiem decisões sobre alocação de recursos técnicos e financeiros" (p.100), ao contrário da avaliação feita na unidade escolar cujo processo deveria ser repensado em virtude do fracasso escolar. Mello considera irônico o fato de os professores realizarem avaliações punitivas ou negativas nas escolas e resistirem às avaliações externas, passando a exigir que se produzam mecanismos para superar os equívocos que a avaliação possa gerar no setor educacional.

Seria desejável que o país estabelecesse objetivos nacionais de aprendizagem baseados em um núcleo curricular mínimo e em um elenco básico de competências cognitivas, os quais poderiam ser complementados pelos Estados e, em alguns casos, pelos Municípios. Sistemas integrados de avaliações nacionais, regionais e estaduais seriam dessa forma desenvolvidos, de modo que o país pudesse conhecer o que e como os alunos estão aprendendo nas escolas públicas e particulares. Isso exigiria um conjunto de procedimentos de avaliação referenciadas em critérios, tema que requer desenvolvimento de competência e experiência técnica. (p.101)

Sem embargo, pode-se afirmar que a possibilidade da organização do processo de avaliação de resultados das escolas, pensadas em nível estadual e federal, passou a ser uma realidade durante os oitos anos da gestão de Paulo Renato Sousa à frente do MEC.

"Estimular e criar modelos alternativos de avaliação de professores a nível (sic) de segundo e terceiro graus." Nessa opção, a autora defende que compete ao Estado estabelecer padrões básicos de qualidade para os cursos de formação de professores, aferindo sua qualidade por meio de avaliações externas. (Isso bem poderia ser o prenúncio do Provão, não fosse a declaração de Paulo Renato Sousa de que o Exame Nacional de Cursos é de sua autoria.) Todos os alunos graduados, por sua vez, deveriam ser submetidos a um exame para exercer a profissão, não só aqueles que pleiteassem uma vaga no ensino público. Para atender os alunos, a autora defende a criação de *campi* avançados das universidades, de acordo com a realidade de cada região, com ensino organizado em módulos e adequado às características regionais, facilitando o acesso de alunos que moram longe dos centros mais desenvolvidos – facilitando também o ensino a distância, mas com material de qualidade e prevendo as etapas presenciais para os alunos. Por fim, a autora defende a criação de centros de Ensino Médio ou Superior voltados para a formação de docentes, com ensino dotado de autonomia institucional própria.

"Capacitar os docentes em serviço." A autora justifica que as experiências de capacitação de professores não são satisfatórias, sendo que o ideal é capacitá-los para que desenvolvam competências para participar do projeto pedagógico da escola. Acrescenta-se a possibilidade de utilizar o ensino a distância, bem como oficinas pedagógicas ou centros de treinamentos. Nesse sentido, Mello faz alusão à reforma de Minas Gerais, estado no qual um programa de capacitação docente seria implementado nas escolas, tendo sido os supervisores e professores orientadores preparados como capacitadores. "Levantar dificuldades e alternativas de solução para a questão salarial." Mello considera essa opção delicada, mas aponta os caminhos para dirimir parte desse problema. A autor parte da premissa de que é necessário melhorar a remuneração dos professares, contudo, diz ela, é preciso pensar essa questão no "quadro de crise do setor público do país" (p.106). Assim, a melhoria das condições salariais dos professores passaria pelas formas de ajustes financeiros obtidos com a racionalização da rede física, e pelas formas de financiamento da educação. Todavia, seria preciso rever as formas de organização das folhas de pagamento, a fim de evitar os desníveis entre o número de professores e o números de alunos, além de problemas como:

> Estatutos e carreiras que prevêem a melhoria de salário com base apenas em critérios formais e cartoriais – tempo e titulação; acúmulo de pequenas vantagens, pecuniárias ou não, mas que oneram os orçamentos; acúmulo de ordenamentos legais muitas vezes casuísticos e negociados por critérios clientelísticos; inúmeros e freqüentes afastamentos da escola e da sala de aula, todas essas questões acumulam um ônus financeiro que vem dificultando o pagamento de um salário melhor aos que exercem efetivamente a docência e não aos aposentados. Acrescente-se a isso o custo econômico e financeiro da repetência. (p.107).

Uma saída para essa questão seria o pagamento de salários por mérito, de acordo com as avaliações de desempenho dos alunos, remunerando diferentemente escolas e professores, de acordo com os padrões de qualidade atingidos, mas negociando com os sindicatos de professores, prestando informações à sociedade. Contudo, é necessário que o país disponha de um sistema de avaliação "confiável e consolidado" (p.107) para fazer com que a cultura avaliativa nas escolas seja o padrão utilizado de remuneração por mérito.

"Optar por uma política do livro didático." O livro didático, diz Mello, constitui ainda um material indispensável tanto para o aluno quanto para o professor, sendo muitas vezes o único material de que

198 GERALDO SABINO RICARDO FILHO

dispõe a escola para realizar o processo de ensino-aprendizagem. Assim, a utilidade do livro didático faz desse produto um gigantesco mercado editorial cativo. Contudo, compete ao Estado estabelecer padrões de qualidade, sem incorrer em intervencionismo estatal ou tolher as editoras, mas preparar melhor escolas, professores e alunos para a aquisição desse material – para isso é preciso que o livro chegue ao aluno em tempo hábil. Também é necessário capacitar as escolas para selecionar os livros que melhor contemplem os conteúdos básicos nacionais, bem como conciliar livros didáticos com os paradidáticos e a literatura.

"Qualificar a demanda." A autora defende que a oferta de vagas deve vir acompanhada de uma demanda por parte da sociedade reivindicando qualidade da escola. Para tanto é necessário criar um sistema transparente de informação dos resultados, a fim de que seja cobrado o desempenho das escolas. Isso envolveria a comunidade local e permitiria "co-responsabilizar" a sociedade, além de garantir a qualidade da escolarização. E quem seria o agente dessa difusão? A autora afirma que:

> O papel dos meios de comunicação e de outros canais formadores de opinião é insubstituível na formulação de uma política de qualificação de demanda. Sem eles, a educação continuará invisível para a sociedade ou entendida como tema técnico, inacessível às pessoas comuns. É urgente utilizar todos os meios que estiverem disponíveis para dizer à sociedade que a educação é assunto sério demais para ficar a cargo, exclusivamente, de educadores e políticos, sejam eles parlamentares ou gestores dirigentes do sistema de ensino. (p.111)

Com base no dito acima é possível vislumbrar o papel reservado pela autora à imprensa, no sentido de fazer com que a "qualificação da demanda", ou da *boa escola,* seja uma tarefa compartilhada por diversos atores que fazem parte do que aqui se tem denominado de *rede de legitimidade.* Essa é uma hipótese em aberto, mas a idéia de que essa rede efetivamente contribuiu para o alargamento das fronteiras do campo educacional parece ser confirmada pelo crescimento das notícias sobre educação, conforme pesquisas realizadas pela

ANDI – e não obstante Mello afirmar que a imprensa ainda procura divulgar uma pauta oficial, ligada especialmente ao MEC, não é de todo um problema cogitar a legitimidade que alguns atores, ligados à rede, possuem para transformar suas formulações pedagógicas em "boas notícias" na imprensa.

"Estabelecer diretrizes para articular a escola aos equipamentos de saúde, lazer e cultura." Nesse último tópico, a autora desenvolve críticas à função da escola. De acordo com ela, os incentivos financeiros e a assistência técnica por parte das prefeituras e de outras instâncias governamentais devem ser compartilhados com as ONGs ou outras entidades comunitárias, no sentido de oferecer alternativas às crianças quando elas não estão estudando, pois não é possível transferir para a escola funções alheias ao processo de ensino-aprendizagem. A solução de atendimento integral, com o exemplo dos CIACs, ao favorecer muito mais as práticas clientelísticas dos políticos e a especulação dos empreiteiros, é contra-indicada.

Comparando essas proposições de Mello com as dos "pais da nova escola", descritas anteriormente, pode-se ter uma primeira aproximação da forma de atuação dessa *rede*, sobretudo com as estratégias de legitimidade com que esses atores constroem consensos em torno da *boa escola*. Se ela foi transformada em *slogan* pelos mecanismos de normatização do Estado, isso se deve, em grande parte, ao trabalho de movimentação dos atores dessa *rede*. Desse modo, Mello analisa o campo educacional afirmando que os intelectuais, em especial os educadores, são os interlocutores privilegiados e podem, pela legitimidade de "especialista", estabelecer diálogos com a sociedade, pois essa posição permite acesso aos meios de comunicação:

> Dentro do campo educacional, os educadores mantêm inúmeras articulações, tanto com a "base" do sistema de ensino, como com seus dirigentes dentro e fora do governo. São eles que organizam cursos e treinamentos para os profissionais que atuam nas escolas, como também dão aulas, fazem conferências e seminários, escrevem livros, prestam consultoria a órgãos governamentais e, em alguns casos, partici-

200 GERALDO SABINO RICARDO FILHO

pam da definição de políticas e programas partidários na área de sua especialidade. (p.112)

As sincronias e diacronias que Mello descreve para o campo educacional poderiam estar equivocadas? Ou seriam apenas uma justificativa para tentar demonstrar que os educadores não conseguem ir além de suas especialidades, recusando-se a reconhecer que existem outros atores na sociedade também preocupados com a educação? A análise de Mello envereda pela necessidade de os educadores reconhecerem que o "controle de qualidade da formação", ligada ao mundo do trabalho, exige aproximações com os empresários, bem como a necessidade de desenvolver pesquisas educacionais sobre custos, eficiência, relação custo–benefício, construção de indicadores de desempenho, qualidade e produtividade, questões que, de acordo com ela, não são preocupações de educadores e são consideradas atividades de tecnocratas. No entanto, o funcionamento que ela descreve para o campo educacional demonstra que muitos atores não ficam na redoma da academia, mas realizam incursões pelas fronteiras desse campo. Assim, pode-se perceber a participação desses atores em instituições de pesquisa e em outros lugares, como nos conselhos editoriais das revistas especializadas, na imprensa de interesse geral (revista *Veja*, por exemplo), nas ONGs, em livros, artigos e prefácios. Na burocracia do Estado, eles são presença constante em secretarias e nos conselhos estaduais e federal – isso quando não assumem também tarefas em ambas as instâncias, ou seja, são eles os verdadeiros "fios de Ariadne" cuja decifração dos labirintos do poder garante o consenso da *rede de legitimidade* em torno de sua *boa escola*.

A participação do terceiro setor na rede de legitimidade

Examinando a documentação composta pelas matérias da revista *Veja*, foi possível observar que algumas ONGs, também de-

A BOA ESCOLA NO DISCURSO DA MÍDIA **201**

nominadas de terceiro setor, possuem participação na produção do consenso a respeito das reformas educacionais, destacando-se os trabalhos do CENPEC, do Instituto Ayrton Senna e da Fundação Victor Civita. A leitura atenta dessas matérias permite entender qual é o papel do terceiro setor, dentro da *rede de legitimidade*, uma vez que seus atores colaboram para o trabalho de liderança dentro do campo das ONGs, bem como com os trabalhos de prescrição de uma *boa escola*.

A *rede de legitimidade* possui "fios" no campo das ONGs, notadamente aquelas que são parceiras das políticas sociais desenvolvidas pelo Estado. No entanto, a definição do que seja uma ONG (Organização Não-Governamental) e sua efetiva participação na sociedade civil apresenta algumas nuances quanto à melhor nomenclatura dessas instituições. As ambigüidades inerentes a essas diferenças estão mais no aspecto político e menos na definição jurídica dessas entidades. De acordo com Maria da Gloria Gohn (2000) é possível diferenciar as ONGs de caráter reivindicativo, que surgiram em meados da década de 1970 no contexto do processo político de resistência à ditadura militar, das novas organizações surgidas nos anos 1990 ou que, nessa mesma década, se adaptaram às demandas sociais intermediadas pelo Estado e que fazem parte do chamado terceiro setor. De acordo com essa autora:

> O terceiro setor é um tipo "Frankenstein": grande, heterogêneo, construído de pedaços, desajeitado, com múltiplas facetas. É contraditório, pois inclui tanto entidades progressistas como conservadoras. Abrange programas e projetos sociais que objetivam tanto a emancipação dos setores populares e a construção de uma sociedade mais justa, igualitária, com justiça social, como programas meramente assistenciais, compensatórios, estruturados segundo ações estratégico-racionais, pautadas pela lógica do mercado. Um ponto em comum: todos falam em nome da cidadania. (ibidem, p.60)

As contradições são grandes e revelam as disputas que existem nesse campo para conquistar legitimidade para os trabalhos desenvolvidos. Porém, é preciso analisar as diferenças no discurso de quem escreve sobre o conceito de ONGs. Essa autora, por exemplo, estabelece uma dicotomia de difícil classificação para o universo contraditório das ONGs, que são definidas, de acordo com as motivações ideológicas de seus atores, como progressistas ou conservadoras. Quando se separam as ONGs ligadas às tradições das lutas políticas das décadas de 1970 e 1980 das surgidas na década seguinte, conclui-se que as novas ONGs (terceiro setor) são instituições sem perfil ideológico, e que estão próximas das políticas estatais ou dos organismos financeiros internacionais, muitas delas, inclusive, tendo sido criadas por grupos econômicos, empresários ou artistas famosos (Gohn, 2000).

Contudo, não é possível definir o perfil político dessas instituições apenas com dados sobre parcerias, atuações e financiamento. O fato é que boa parte dos recursos dessas instituições é fornecida por agências internacionais e pelo poder público. Uma outra contribuição para essa discussão (Dagnino & Alvarez, 2001) procura entender a função do terceiro setor ou ONG nas intersecções que se estabelecem entre o público e o privado. No escopo da questão está a relação entre as políticas sociais realizadas pelo Estado, em que o conceito de público se reconfigura na atuação mercadológica das ONGs. Sobre essa questão Paulo Eduardo Arantes (2000) analisa criticamente:

> Em princípio, como aliás o próprio nome indica, uma organização não governamental não pode pensar e agir como uma agência estatal. Tampouco falar a mesma língua. E no entanto parece estar ocorrendo um formidável disparate – pelo menos aos olhos de um leigo. De uns tempos para cá, autoridades governamentais desandaram a gesticular e arengar como se fossem militantes de uma ONG, de todas as ONGs, misteriosamente eleitos pela mão invisível do destino para advogar a boa causa da sociedade, ocupando, porém, graças sabe-se lá a que manobras astuciosas da razão, postos-chave no aparelho de Estado, sobretudo os diretamente concernidos por uma enteléquia cívica denominada "o social". (ibidem, p.3)

Ao realizar tal crítica, Arantes estende suas análises ao comportamento do Estado, sobretudo, embora esteja implícito no governo

A BOA ESCOLA NO DISCURSO DA MÍDIA **203**

Fernando Henrique Cardoso. Mas é sintomático nesse texto provocativo apreender as formas com que as ONGs perderam sua possível identidade reivindicativa. É óbvio que esse autor não está realizando uma crítica, sobejamente maniqueísta, das instituições da sociedade civil, mas indicando, de acordo com sua concepção teórica, as transformações políticas e econômicas que permitiram ao Estado ser o promotor de uma cidadania ajustada à nova realidade de mercado. A criação dessa cidadania passa a ser feita pelas mãos de organismos não estatais que trabalhariam nas brechas em que o Estado não se mostra "cívico" para atuar, mas que possui formas de persuasão e financiamento para exercer parcerias com quem as realize. Acerca disso, o autor indaga: "não governamental e além do mais sem fins lucrativos. Tão longe, portanto, do dinheiro quanto do poder?" (p.4). A análise enipereda para as finalidades lucrativas das ONGs, donde o paradoxo é sua atuação como empresa de caráter privado, mas atuando para o bem público.

Porém, há autores que desenvolvem reflexões positivas acerca do conceito de terceiro setor, como Evelyn Berg Ioschpe (2000), aproximando-o das propostas associativas que, de acordo com Gohn (2000), se caracterizariam mais como um espaço de cidadania outorgada e menos como a construção de uma cidadania reivindicativa e participativa. Rubens César Fernandes (2000), ao contrário de Gohn, amplia o conceito:

> Terceiro setor é composto de organizações sem fins lucrativos, criadas e mantidas pela ênfase na participação voluntária, num âmbito não-governamental, dando continuidade às práticas tradicionais da caridade, da filantropia e do mecenato, e expandindo o seu sentido para outros domínios, graças, sobretudo, à incorporação do conceito de cidadania e de múltiplas manifestações na sociedade civil. (ibidem, p.27)

Embora o autor discuta as diferenças de conceitos entre filantropia e caridade, por exemplo, ou o mecenato remunerando o projeto de uma ONG, o fato é que a incorporação do conceito de cidadania aos trabalhos comunitários redefine a noção de público fazendo com que a exclusividade de projetos sociais do Estado seja rompida. As várias entidades classificadas no chamado terceiro setor, ou que se assumem desse modo, fazem referências ao tipo de lugar em que sua atuação é considerada imprescindível. Para entender essa questão, Jeremy Rifkin (2000) aponta como as transformações no mundo produtivo e tecnológico determinam o aparecimento de novas formas de organização na sociedade civil. De acordo com o autor, as novas tecnologias estão extinguindo os empregos, tendo como corolário que tanto o Estado quanto o mercado não poderão absorver a mão-de-obra dispensada, seja na agricultura, seja na indústria. O setor de serviços, diz o autor, também se encontra saturado e com as mesmas tendências à incorporação tecnológica, redundando em menos postos de trabalho. A solução estaria na ação do Estado em prover as milhares de organizações não-governamentais com capital para recapacitar trabalhadores, a fim de que estes encontrem empregos nessas organizações, contribuindo, assim, para reinventar a vida comunitária. O sentido dessa proposta poderia estar longe de uma sociedade como a brasileira, todavia, existe a crença de que o terceiro setor é a parte mais pujante da sociedade, situando-se fora da esfera estatal e do mercado, mas atuando dentro de uma redefinição de sociedade civil cuja organização, de acordo com Fernandes (2000), se diferencia do Estado e do mercado pela construção da cidadania.

Defende-se aqui a hipótese de que essas alterações atinentes às formas de circulação simbólicas permitiram que vários atores, de campos distintos, pudessem intervir nas propostas pedagógicas, formuladas não mais apenas no campo universitário, mas multiplicando as possibilidades de diversos atores utilizarem seu capital simbólico no campo educacional, tornando-o um espaço social em que o reconhecimento de seu capital específico pela chancela acadêmica não é o único possível. Dito de outra forma, os níveis de distinção de um intelectual no campo educacional advêm da sua produção acadêmica, bem como da sua participação em instâncias burocráticas do Estado e da colaboração na imprensa. Desse modo, seu capital cultural garante lucros imediatos na medida em que

A BOA ESCOLA NO DISCURSO DA MÍDIA **205**

suas atividades são transformadas ou influenciam uma dada reforma educacional.

Assim, entidades que fazem parte do terceiro setor, como é o caso do Cenpec, Instituto Ayrton Senna e Ação Educativa, por exemplo, consolidam posições no campo educacional em virtude de sua presença na *rede de legitimidade*, pois analisando a composição dessas entidades, especialmente pelas formas de atuação em assessorias, parcerias e projetos educacionais desenvolvidos por instâncias estatais, pode-se afirmar que estaria ocorrendo uma reconversão da legitimidade do campo universitário (expressão do monopólio do conhecimento) em ações desenvolvidas nas fronteiras do campo educacional:

> A produção de conhecimento a partir de pesquisas (sic) não é a modalidade exclusiva de atuação, tampouco objetivo primordial da Ação Educativa, e sim uma entre outras estratégias empregadas por essa ONG para realizar sua missão. A experiência acumulada no campo da investigação, porém, assegurou seu reconhecimento pela comunidade acadêmica, simbolizado no credenciamento pelo Conselho Nacional de Desenvolvimento Científico e Tecnológico (CNPq) como centro de pesquisa, obtido em 1996. Pesquisadores vinculados à Ação Educativa tiveram participação destacada na constituição do Grupo de Trabalho sobre Educação de Pessoas Jovens e Adultas da Associação Nacional de Pós-graduação e Pesquisa em Educação (Anped). Ambas as entidades mantêm parceria no exercício da secretaria da Revista Brasileira de Educação e do concurso de dotações para pesquisas sobre o tema Negro e Educação. (Di Pierro, 2000, p.140)

A Ação Educativa, responsável pela elaboração dos PCNs sobre educação de jovens e adultos (Pontual, 2001, p.38), também se caracterizou pelas críticas às reformas educacionais do MEC, que não priorizaram a escolarização das pessoas que estavam fora do sistema escolar formal, especialmente com projetos mais consistentes de combate ao analfabetismo. O fato de essa ONG participar de ações do MEC, ao mesmo tempo que é reconhecida no campo universitário e, por extensão, no campo educacional, confirma a perda de monopólio da prescrição pedagógica por parte da universidade.

206 GERALDO SABINO RICARDO FILHO

Contudo, há um paradoxo na crise de legitimidade que atinge a universidade, uma vez que ela continua a ser (pelo menos no caso das universidades prestigiosas) o núcleo produtor de atores que enveredam para o centro do poder, disputando capital estatal. Contudo, entidades como o Cenpec[38] caracterizam sua atuação em trabalhos de assessoria para secretarias de educação, produção de material pedagógico e participação em encontros promovidos pelo MEC, além da responsabilidade de editar parte das publicações desse Ministério. Por sua vez, o Instituto Ayrton Senna atua na educação de crianças e adolescentes, sendo responsável pela implementação de parte do projeto "Acelera Brasil", voltado para alunos com defasagem idade-série e programas de alfabetização. Para isso, de acordo com Viviane Senna (2001), o IAS procura alianças estratégicas com empresários, organismos internacionais e órgãos governamentais, visando estabelecer parcerias que possam dirimir as desigualdades sociais. Nesse sentido, dentre as alianças estratégicas, os jornalistas são atores fundamentais nesse processo, pois, além de informar, eles são formadores de opinião. Para muitas questões, "a imprensa é um dos principais agentes de transformação social e, na medida em que concretize seu papel, os vários atores sociais caminharão juntos, de mãos dadas, na contramão da exclusão" (ibidem, p.74-5).

---

38 "O Centro de Estudos e Pesquisas em Educação, Cultura e Ação Comunitária é uma organização da sociedade civil, sem fins lucrativos, comprometida com a melhoria do ensino público brasileiro. Constituída por uma equipe profissional altamente capacitada, a instituição: propõe, executa e dissemina estudos e pesquisas nas áreas de educação e ação comunitária; oferece assessoria a educadores e dirigentes públicos para a formulação e implementação de projetos, programas e políticas públicas educacionais e de ação comunitária; organiza cursos e outros eventos de formação destinados a professores, educadores sociais, técnicos e dirigentes educacionais, com ênfase no trabalho pedagógico e na gestão da escola e do sistema de ensino; coleta e analisa informações e promove o intercâmbio de experiências de sistemas públicos de ensino e práticas educativas desenvolvidas por organizações da sociedade civil; produz materiais de apoio a projetos pedagógicos governamentais e a processo educativos desenvolvidos por organizações não governamentais – ONGs." Disponível no site: http://www.cenpec.org.br.

A BOA ESCOLA NO DISCURSO DA MÍDIA **207**

Assim, depreendem-se duas questões cujos desdobramentos são intrínsecos às estratégias de alargamento das fronteiras do campo educacional. A primeira está aduzida na capacidade dessas entidades de reunir profissionais com capital simbólico que lhes permita ser reconhecidas para além do campo das ONGs, em especial com o *status* acadêmico de centros de pesquisas ou com a venda de "pacotes pedagógicos";[39] a segunda se expressa pelos "fios de Ariadne", que identificam os labirintos e desvendam a *rede de legitimidade*. Desse modo, Sérgio Haddad é professor da PUC-SP e presidente da Ação Educativa, além de presidente da Abong (Associação Brasileira das Organizações Não-Governamentais). Rose Neubauer foi pesquisadora da FCC (Fundação Carlos Chagas) e é professora da USP; esteve por quase duas gestões à frente da SEE-SP (Secretaria Estadual da Educação de São Paulo) e foi conselheira do CNE (Conselho Nacional de Educação). As professoras Sônia Penin (USP) e Bernadete Gatti (FCC) foram colaboradoras de Neubauer na Secretaria de Educação, a primeira na Coegesp, e ambas integraram o Conselho Estadual de Educação de São Paulo, sendo que Gatti também é do Conselho de Administração do Cenpec, cuja presidente é Maria Alice Setúbal. Guiomar Namo de Mello é diretora executiva da Fundação Victor Civita, além de conselheira do CNE. João Batista Araújo e Oliveira é assessor do Instituto Ayrton Senna; Cláudio de Moura Castro é presidente do Conselho Consultivo da Faculdade Pitágoras, de propriedade de Walfrido dos Mares Guia. A Fundação Carlos Chagas, bem como a Fundação Cesgranrio, por meio das revistas *Cadernos de Pesquisa* e *Ensaio,* publicam a maior parte da produção acadêmica desses atores, os quais integram ou integraram os conselhos editorias dessas revistas especializadas.

Para ilustrar um pouco mais as relações da *rede de legitimidade*, podem-se observar as instituições e pessoas que participaram da elaboração do livro *Fontes de educação: guia para jornalistas.* A res-

---

39 Como exemplo, pode-se arrolar o projeto "Raízes e Asas", produzido pelo Cenpec e utilizado pela SEE-SP durante a gestão de Rose Neubauer (1995-2002).

208 GERALDO SABINO RICARDO FILHO

ponsabilidade dessa produção foi do fórum "Mídia e educação: perspectiva para a qualidade da informação", formado pelas seguintes entidades: ANDI, Unicef, Consed, Cenpec, "Projeto Aprendiz", MEC, Instituto Ayrton Senna e Oboré (projetos especiais/comunicações e artes). Esse projeto contou com o apoio financeiro do Comped (Comitê dos Produtores da Informação Educacional) e do Fundescola (Fundo de Fortalecimento da Escola), ligado ao MEC, com financiamento do Banco Mundial. A realização técnica esteve a cargo do Cenpec e contou com informações das seguintes pessoas e entidades: INEP, Ação Educativa, ABT, Guiomar Namo de Mello e Elba de Sá Siqueira Barreto.

O livro acima citado está organizado de forma didática e objetiva, sendo possível encontrar endereços de todas as entidades nãogovernamentais, bem como de órgãos governamentais ligados à educação, além de conselhos estaduais de todos os estados da União, endereços das revistas especializadas em educação, além de fornecer subsídios para uma boa prática do jornalismo em educação.[40] Embora entidades como a Anped e revistas acadêmicas de educação sejam referências no guia, é sintomático a ausência da universidade na elaboração do material.

Assim, a categoria aqui denominada *rede de legitimidade*, ao estender suas ramificações para vários campos, ajudou a perceber os labirintos do poder, onde é possível controlar grande parte da produção de capital estatal, redefinindo, assim, várias estratégias, para que os atores que se encontram nas fronteiras do campo educacional sejam obrigados a reconhecer as "regras do jogo" com as quais se pode disputar a liderança nesse campo. O *slogan boa escola*, apropriado e reconvertido pelos atores da *rede de legitimidade*, obriga os atores situados fora dessa *rede* a criar alternativas para subverter esse campo, sob o risco de reivindicar o monopólio do "nosso campo", mas sem desenvolver formas de luta que permitam demover esse consenso da *boa escola* das bases construídas pela *rede de legitimidade*.

---

40 De acordo com esse guia, as informações serão permanentemente atualizadas em sua versão digital no site http://www.andi.org.br.

Considerações Finais

Este livro foi subsidiado com as reflexões de uma pesquisa que estudou o discurso educacional das revistas especializadas (Cordeiro, 1999), uma vez que vários atores aqui relacionados na *rede de legitimidade* tiveram suas trajetórias delineadas por esse autor. Cordeiro estudou historicamente o discurso pedagógico na imprensa especializada nas décadas de 1970 e 1980 (*Cadernos de Pesquisa, Revista da Ande* e *Educação & Sociedade*), especialmente o discurso que essas revistas veicularam ao tratar do conceito de *tradicional*. Analisou as trajetórias de vários educadores e suas estratégias para disputar hegemonia no campo universitário e, por extensão, no campo educacional. De acordo com o autor, esses educadores faziam parte dos conselhos editoriais dessas revistas pesquisadas, estavam vinculados a programas de pós-graduação nas principais universidades e, por meio de seu prestígio ou influência, acabavam fazendo parte de conselhos editoriais de mais de uma revista, o que facilitava, inclusive, que escrevessem artigos em várias dessas publicações especializadas. Assim, ao prescreverem leis para o campo educacional, num momento em que a sociedade brasileira lutava pela redemocratização do país, desenvolveram com essas estratégias uma representação da realidade em que:

210 GERALDO SABINO RICARDO FILHO

Essas disposições discursivas produzem, como seu efeito, um duplo resultado. De um lado, ao estabelecerem determinadas concepções acerca da escola, do papel dos professores e da função da mudança frente ao já estabelecido no ensino, permitem a constituição de saberes pedagógicos, voltados para a orientação das práticas educativas concretamente efetivadas na escola. De outro, no mesmo movimento, instituem diferentes estratégias de legitimação dos autores das diversas propostas nas lutas travadas no âmbito do campo educacional e que incluíam, dentre outras, a disputa da autoridade de prescrever os rumos das mudanças no sistema escolar, além de adicionarem prestígio e poder, que se expressa na obtenção de verbas, na consagração de certos temas e linhas de pesquisa, na sagração de certas personagens, por exemplo. (ibidem, p.195)

Cordeiro identificou com essas análises as trajetórias de vários atores que construíram liderança no campo educacional por meio de um discurso que negava a idéia de tradicional favorecendo a supremacia de quem reivindicava a ortodoxia no campo, e garantindo a apropriação de capital específico para incursões em regiões de fronteira do campo educacional, como o exemplo da colaboração da FCC na implementação da Lei n.5.692/71, e de atores que, ao mesmo tempo em que açambarcavam posições de destaque nos conselhos editoriais das revistas, publicavam artigos em que demarcavam sua posição no campo, como é o caso de Guiomar Namo de Mello, que à época passou a conhecer o Estado "por dentro", como secretária de Educação. Assim, quando a presente pesquisa foi iniciada, já havia todo um caminho percorrido, com a construção das trajetórias desses atores que tiveram seu véu descerrado, explicitando de que forma o consenso construído no campo universitário, por esses atores, possuía "fios" em outros campos, em especial com poder para normatizar, em leis, toda uma reflexão teórica legitimada no campo universitário, por meio do capital simbólico e pelas formas de difusão com que as revistas especializadas contribuíram para a construção dessa autoridade pedagógica.

Desse modo, com base nessas análises de Cordeiro, foi possível desvendar as outras estratégias que esses atores utilizaram para ga-

A BOA ESCOLA NO DISCURSO DA MÍDIA **211**

rantir a ortodoxia nos campos universitário e educacional, mediante a apropriação de capitais dos campos jornalístico, do terceiro setor e do político (capital estatal), consubstanciados em ações que, pelas estratégias desenvolvidas, sobretudo com a colaboração da imprensa, permitiram transformar o discurso da *boa escola* em senso comum, compartilhado por diversos grupos sociais que possuem acesso à cultura letrada. Cabe esclarecer, portanto, que o discurso da *boa escola* está voltado para os indivíduos que passaram pela escolarização formal e que podem consumir um produto cultural, a rigor, inacessível à maioria da população brasileira, seja por limites simbólicos ou materiais, como é o caso de uma revista semanal de informação, seja pelos ritos de instituição, cujo processo de separação exclui os que não receberam a "investidura" da língua legítima.

Com o estudo de *Veja* foi possível analisar a inserção de um veículo de comunicação no debate educacional, uma vez que essa revista não é mera divulgadora de notícias, cuja preferência estaria em conexão com interesses oficiais do Estado ou, de uma forma mais reduzida, obedeceria aos desígnios do mercado, pois, de outro modo, como entender que essa publicação, cujos leitores têm, em sua maior parte, filhos estudando em colégios particulares, se posicione contra os subsídios a essas escolas (em forma de descontos no imposto de renda) e faça a defesa de uma escola pública e gratuita? (25 jan. 1995). A bem da verdade, o discurso dos atores que integram a *rede de legitimidade* estabelece uma distinção entre os conceitos de público e estatal, na qual "a escola pública de qualidade para todos, ... não será estatal porque será realmente pública e portanto não monopolizada, conforme eu imaginava há pouco mais de uma década, por esse Estado que temos hoje no Brasil nem por nenhum outro Estado" (Mello, 1997, p.25). Reivindica-se, assim, que o conceito de privado necessariamente pode ser público, ao passo que o estatal nem sempre pode ser assim entendido, em virtude de sua redefinição. A idéia de um Estado mínimo, não obstante suas premissas comportarem jargões ideológicos de vários matizes, expressa a "venda" de serviços comunitários a atores ligados ao terceiro setor, mediante a ampliação da participação da sociedade civil organizada. Nesse sentido, a ação social é privada, mas com verbas púbicas, direcionada para as demandas sociais, anulando gradativamente a dicotomia entre o público e o privado.

Contudo, conforme se pôde demonstrar ao longo deste livro, a dualidade entre escola de massas e escola para as "elites" permanece. Todavia, não se encontra uma defesa sistemática da privatização do ensino básico nas páginas de *Veja*, mas a aplicação racionalizada de gastos, obedecendo a critérios da gestão empresarial conforme se vai delineando a própria atuação da *rede de legitimidade*, pois a condição de especialistas permite que, à medida que são produzidas "boas notícias" sobre a educação, em especial com a divulgação das reformas educacionais, à *boa escola* é incorporada a necessidade de avaliações com a finalidade de servir como um "termômetro" para os investimentos no ensino básico. A defesa de uma escola pública, portanto não-estatal, corrobora os ataques à universidade pública, sobejamente com as críticas ao dispêndio de verbas e à baixa produtividade científica, apontando as "corporações de ofícios" como as grandes responsáveis pela situação perdulária das universidades. Assim, firma-se um discurso de que o ensino universitário é culpado pelos próprios pecados, pois um aluno de universidade pública (discurso reiterado de Moura Castro na revista) custa mais que um aluno do ensino básico, sendo necessário, portanto, que o Estado invista nesse nível de ensino, pois, de acordo com os "pais da nova escola", é aí que se encontra o problema do sistema educacional brasileiro. Nesse sentido, incorporam-se à *boa escola* as estatísticas não só das avaliações (SAEB, ENEM), mas os dados dos censos escolares, destinando as verbas para as escolas dentro do princípio da descentralização administrativa, paradoxalmente num contexto em que o Estado centraliza as decisões de políticas educacionais, mas constrói parâmetros de autonomia relativa para que as escolas desenvolvam seus projetos pedagógicos. O Estado assume a função de gestor do público, cabendo a administração às escolas, que por sua vez são controladas mediante avaliações de resultados, muitas vezes em bases pedagógicas alheias à realidade das unidades escolares.

A vinculação nível de escolaridade e emprego recebeu uma abordagem significativa na revista ao longo da década de 1990. A relação escola/trabalho passou a reforçar a necessidade de investimentos no ensino básico, uma vez que as comparações feitas com outros países demonstravam que o crescimento econômico estava comprometido, pois a população apresentava níveis de escolaridade que não permitiriam a competição do país numa economia globalizada.[1] A empregabilidade[2] de um indivíduo foi associada à sua escolaridade, que responderia pelos níveis salariais, construindo, assim, um discurso em que o mercado, concebido como uma entidade física com humores e vontades (Ortiz, 2002), estaria reivindicando trabalhadores qualificados para fazer frente aos desafios das mudanças tecnológicas. A reformulação do Ensino Médio, ao que tudo indica, foi uma resposta para atender a uma suposta demanda de alunos que estavam concluindo o Ensino Fundamental, mas que não estavam podendo desenvolver habilidades nem se preparar para o trabalho (nas escolas técnicas) em virtude da incompatibilidade do Ensino Médio oferecido, sobretudo pelo seu caráter "elitis-

---

1 A relação escola/trabalho, conforme foi demonstrado, não é objeto de consenso nem mesmo entre integrantes da *rede de legitimidade*, apesar de ela ser transformada em parâmetro de qualidade do processo de escolarização dos alunos das escolas públicas.

2 "Empregabilidade é o conjunto de habilidades profissionais que diferencia o trabalhador e que o torna 'empregável' pelo interesse que desperta no empregador, devido o seu conhecimento acumulado. Essa empregabilidade, porém, precisa estar compatível com o conjunto de expectativa da empresa. Para utilizá-la de forma adequada, a empresa precisa saber que tipo de habilidade requer do trabalhador que contrata – que coerente, por exemplo, com as alterações tecnológicas que vem adotando" (Trevisan, 2001, p.172). Embora o autor analise o trabalho e a educação durante os processo de privatização inglesa, ele faz comparações com o caso brasileiro, sobretudo com as reformas educacionais, podendo-se inferir muitas similaridades em relação ao tipo de mão-de-obra reivindicada pelo mercado e a exigência de que a escola deveria responder pela preparação profissional dos alunos, sem que se saiba efetivamente que tipo de trabalhador a empresa requer. Afinal, a escola deveria ser instrumentalizada para o mundo do trabalho?

214 GERALDO SABINO RICARDO FILHO

ta e propedêutico". Desse modo, à *boa escola* foi também incorporado o conceito de "empregabilidade", com uma organização curricular que fosse condizente com as novas tecnologias do trabalho. Não obstante os dados do INEP, de acordo com as avaliações do SAEB, demonstrarem que os níveis de reprovação e evasão no Ensino Médio não corroboravam os escores de qualidade, associados ao crescimento das matrículas nesse nível de ensino, os resultados das avaliações divulgados na revista *Veja* reforçavam a aceitação de parâmetros que norteariam a qualidade da *boa escola* construída durante a gestão do ministro Paulo Renato Souza.

Assim, a *boa escola*, em *Veja*, está direcionada para grupos sociais que necessitam de uma escolaridade que os qualifiquem para o mercado de trabalho, dominando os fundamentos da leitura e das habilidades lógicas da Matemática, em consonância com as tecnologias utilizadas pelas empresas. A qualidade do ensino teria os parâmetros das avaliações, do mercado de trabalho e dos indicadores de renda – e vale dizer, da inserção dos indivíduos na condição de cidadãos consumidores.

Essas afirmações não são conclusivas, mas parte de um processo em que o objeto *boa escola* foi definido com base na constituição de uma série documental das matérias sobre educação da revista *Veja* e que se desdobrou, em razão das próprias evidências empíricas, na necessidade de construção de uma categoria de análise que permitisse entender o objeto *boa escola* para além das formulações discursivas que se encontravam explicitadas na publicação do Grupo Abril. A ampliação do corpo documental, utilizando-se também da imprensa especializada, foi um recurso necessário nesse sentido, em virtude da visibilidade que se pretendeu demonstrar com a aqui denominada *rede de legitimidade*, justificando assim todo o itinerário de análises que, partindo da imprensa geral (*Veja*), encontrou pelo caminho as formulações discursivas da imprensa especializada (revista *Ensaio*, por exemplo), uma vez que o propósito de analisar a *boa escola* na revista *Veja* exigiu que se conhecesse a trajetória dos atores que legitimavam tal prescrição nessa publicação, atores estes que não estavam reduzidos a incursões esporádicas na imprensa,

A BOA ESCOLA NO DISCURSO DA MÍDIA 215

mas que desenvolviam, por meio dessa *rede*, diversas estratégias que visavam ampliar as fronteiras do campo educacional. Desse modo, pôde-se perceber que o discurso sobre a *boa escola* em *Veja* é parte de uma disputa muito mais ampla, definindo que nessa luta se enfrentaram, de um lado, atores com uma concepção estreita do campo, enquanto outros, em especial os ligados à *rede*, procuraram ampliá-lo. Essa luta, portanto, tem o objetivo de saber quem tem o poder de definir a prescrição da *boa escola* no campo educacional, o que implica definir e redefinir a cada momento suas fronteiras.

Assim, foi possível entender que muitas questões pedagógicas enunciadas no campo jornalístico foram produzidas por atores que reivindicavam a ortodoxia no campo universitário, mas que não se utilizavam apenas de seu capital específico nessa área para conquistar posições hegemônicas no campo educacional; ao contrário, o movimento para outros campos (jornalístico, terceiro setor, político etc.) proporcionou a incorporação de *habitus* destes, o que ajudou no estabelecimento de estratégias que permitiram a ampliação das fronteiras do campo educacional, redefinindo, dessa forma, as bases para disputar a hegemonia nesse setor. Primeiro, pela capacidade de construir liderança no campo educacional, consubstanciada na ocupação de posições estratégicas no poder estatal, redefinindo, assim, o próprio volume de capital estatal. Segundo, pela capacidade de definir, por meio de estratégias que podem ser observadas pela transformação de várias formulações do campo universitário em *slogans*, como o caso da "pedagogia da repetência", a "boa escola", entre outros demonstrados no Capítulo 2, e que denotam que parte do monopólio do campo universitário em demarcar suas fronteiras foi comprometida, pois esses *slogans* passam a ser utilizados por diversos atores, em sua maior parte vinculados à *rede de legitimidade* e direcionados às regiões de fronteira do campo educacional. A conseqüência disso é a formação de um consenso pedagógico que chega às raias do senso comum por meio de sua difusão, operada pelos mecanismos de divulgação realizados pelos modernos meios de comunicação, sobretudo com a mídia impressa. Terceiro, a redefinição dos pressupostos de atuação do Estado no campo edu-

216 GERALDO SABINO RICARDO FILHO

cacional, entendido como "empreendedor" e não mais como "centralizador das políticas educacionais", políticas essas encontradas nos discursos enunciativo e prescritivo de atores da *rede de legitimidade*, ampliou a própria noção de rede ao incorporar atores que atuam no denominado terceiro setor, mas com vinculações com as políticas educacionais em torno da *boa escola*, especialmente por conta das parcerias com o Estado, das assessorias a Secretarias de Educação, da produção de material pedagógico, dos cursos de capacitação e treinamento de professores e projetos de alfabetização feitos com subsídios estatais, contribuições de empresários e agências internacionais de financiamento.

Mecenato, filantropia ou participação da sociedade civil organizada? Essa nova forma de participação em trabalhos que denotariam uma "ação social" redefine o conceito de público como espaço de atuação, reduzindo o conceito de estatal apenas em relação ao investimento de recursos, explicitando a aproximação dos atores que atuam nesse campo com a *rede de legitimidade*, como é o caso de Viviane Senna do IAS e de Maria Alice Setúbal, do Cenpec, por exemplo. Contudo, conforme foi possível observar, os projetos de alfabetização, "Bolsa-Escola" e das "Classes de Aceleração" não estão reduzidos a um nicho específico do espectro político, mas incorporados às reformas educacionais nesse campo, uma vez que os atores que lutam pelo alargamento ou demarcação de suas fronteiras compartilham das mesmas regras do jogo, muito embora uma parte deles utilize o silêncio e a censura para desqualificar alguns atores da *rede de legitimidade*. Mas, então, de onde vem o consenso dessa *boa escola*?

Destarte, a tarefa de um pesquisador que se propõe investigar a redefinição do campo educacional brasileiro, em sua constituição temporal da história do presente, com base em documentos da imprensa não especializada, assume riscos e desafios diretamente proporcionais à riqueza de informações que os produtos da indústria cultural divulgam diariamente, pois a cultura da mídia faz parte dos desdobramentos que se operam no campo educacional, muito embora, num primeiro momento, a sensação seja a de que se estaria às voltas com um material sem uma lógica definida, ou orientado por uma pauta jornalística ligada à linha editorial da revista, à filiação política de seus editores ou à agenda oficial do MEC. Contudo, não seria o mais indicado estabelecer que os produtos da cultura da mídia carregam um efeito ideológico "conservador", como pode inferir uma leitura desatenta. Ao contrário, uma vez estabelecida uma série documental, com a devida demarcação do período para a pesquisa, a lógica histórica, conforme define Thompson (1981), permite uma compreensão maior das disputas do campo educacional, mediante as quais se pode perceber melhor quem são os atores que escrevem artigos, bem como conhecer sua trajetória acadêmica e as preferências recíprocas entre veículos de comunicação e o intelectual, além da autoridade que o domínio da língua legítima garante para a publicação de uma notícia que, a rigor, se desdobra em dois níveis de legitimidade. 1) a notícia que se pretende legítima, por diversas razões políticas e preferências pedagógicas dos proprietários e sua linha editorial, e o próprio intelectual, que garante capital específico no campo jornalístico e que será utilizado nas disputas do campo educacional; 2) o outro nível está na própria legitimidade que os atores constroem, mesmo quando estão diretamente ligados à burocracia estatal, para seus projetos de hegemonia no campo educacional. Assim, as notícias sobre educação na imprensa, de acordo com essa pesquisa, representam uma interface de prescrições pedagógicas que, reciprocamente, produziram o consenso a respeito da *boa escola* no campo educacional brasileiro na segunda metade da década de 1990.

O gráfico a seguir procura sintetizar uma demonstração planificada dos mistérios do labirinto do poder percorrido pela *rede de legitimidade*, os verdadeiros "fios de Ariadne". Ao contrário da mitologia, ou abusando um pouco dela, o campo educacional expressa Teseu, pois é com os "fios de Ariadne" que esse campo é desvendado e controlado. Desse modo, pode-se observar que não existe um eixo central expresso no Estado, mas vários eixos com possibilidades de aproximação e repulsão, dependendo dos movimentos dirigidos para a universidade, para a imprensa ou para o terceiro setor.

O campo educacional possui fronteiras com os demais campos, obrigando o Estado a desenvolver estratégias para controlá-lo. Os movimentos tanto podem ser sincrônicos quanto diacrônicos, dependendo do capital simbólico dos atores da *rede de legitimidade*. Os movimentos sincrônicos podem ser definidos pela produção acadêmica e as formas de circulação institucionalizadas e legitimadas que ocorrem, especialmente, entre a universidade, o Estado e o próprio campo educacional. Os movimentos diacrônicos são definidos pela difusão dessa produção acadêmica e ocorrem entre todos os campos, configurando um labirinto no qual a legitimidade só pôde ser desvendada pelas trajetórias dos atores da *rede de legitimidade*, cujos "fios" permitiram conquistar espaços nesses campos para, em seguida, se dirigir ao centro do poder, mas realizando com esse movimento uma nova configuração no campo educacional, estabelecendo novas regras para disputar o jogo e se apropriando do *slogan boa escola*. Portanto, a *rede de legitimidade*, reconhecidamente, criou um consenso pedagógico que confirma sua ortodoxia no campo educacional brasileiro.

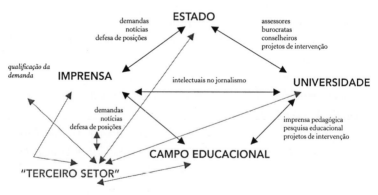

Quadro 1 – Relações da rede de legitimidade.

FONTES PESQUISADAS

Artigos da revista *Veja* (por título)

A CONSTRUÇÃO do cérebro. São Paulo, ano 29, n.12, p.84-9, 1996.

A ESCOLA está paga. São Paulo, ano 32, n.50, p.198, 1999.

A ESCOLA faz prova. São Paulo, ano 33, n.52, p.78, 2000.

A FORÇA da palavra. São Paulo, ano 29, n.35, p.53-4, 1996.

AULA virtual. São Paulo, ano 31, n.19, p.67, 1998.

A TEORIA da involução. São Paulo, ano 28, n.33, p.82, 1995.

A ÚLTIMA prova. São Paulo, ano 28, n.12, p.48-50, 1995.

BANHO de cultura geral. São Paulo, ano 29, n.24, p.55, 1996.

BARRADAS no baile. São Paulo, ano 24, n.30, p.54-5, 1991.

CABO de guerra. São Paulo, ano 28, n.4, p.75, 1995.

COLA high tech. São Paulo, ano 31, n.41, p.135, 1998.

CORREÇÃO de rumo. São Paulo, n. 965, p. 54-5, 1987.

CURIOSIDADE sem fim. São Paulo, ano 28, n.17, p.66-7, 1995.

DEBANDADA na sala de aula. São Paulo, ano 28, n.21, p.84, 1995.

DEUS é dez. São Paulo, ano 32, n.47, 1999.

DIPLOMA rápido. São Paulo, ano 32, n.33, p.107, 1999.

EROTISMO liberado para menores. São Paulo, ano 28, n.30, p.86-92, 1995.

ESCOLA turbinada. São Paulo, ano 32, n.6, p.120, 1999.

ESCOLAS de lazer. São Paulo, ano 31, n.45, p.152, 1998.

ESCOLINHA do professor Fernando. São Paulo, ano 28, n.7, p.18-25, 1995.

ESSA é de doer. São Paulo, ano 33, n.44, p.94, 2000.

FÁBRICAS de trabalho. São Paulo, ano 29, n.1, p.58-9, 1996.

GESTO simbólico. São Paulo, ano 31, n.25, p.51, 1998.

HABITO de ricaço. São Paulo, ano 29, n.20, p.93, 1996.

HABLAS español? São Paulo, ano 28, n.45, p.123, 1995.

INGLÊS online. São Paulo, ano 32, n.35, p.147, 1999.

INGLÊS radical. São Paulo, ano 31, n.41, p.136, 1998.

LIÇÃO de eficiência. São Paulo, ano 26, n.25, p.48-51, 1993.

MITO derrubado. São Paulo, ano 28, n.39, p.66, 1995.

MUTRETA baiana. São Paulo, ano 32, n.49, p.142, 1999.

NOTA vermelha. São Paulo, ano 29, n.27, p.87, 1996.

O BOM negócio do Kumon. São Paulo, ano 28, n.21, p.84, 1995.

O JOIO do trigo. São Paulo, ano 33, n.52, p.35, 2000.

O PADRÃO dinamite. São Paulo, ano 29, n.14, p.44, 1996.

O PAÍS arrisca o futuro nas universidades. São Paulo, ano 24, n.19, p.66-73, 1991.

O PAPO ideal. São Paulo, ano 32, n.14, p.136, 1999.

O PLANETA teen. São Paulo, ano 28, n.16, p.106-13, 1995.

O "X" da questão. São Paulo, ano 34, n.6, p.68-9, 2001.

OUTRO ritmo. São Paulo, ano 32, n.13, p.65, 1999.

PALAVRA de ordem. São Paulo, ano 32, n.46, 1999.

POBREZA de terceiro grau. São Paulo, ano 28, n.10, p.97, 1995.

PROFESSOR nota 10. São Paulo, ano 31, n.42, p.106, 1998.

PROVA de arrogância. São Paulo, ano 28, n.3, p.64, 1995.

QUEM chega lá. São Paulo, ano 32, n.33, p.84, 1999.

RUMO contestado. São Paulo, n.722, p.70, 1982.

TRABALHO escolar. São Paulo, ano 32, n.15, p.122-3, 1999.

TUDO pelo bê-á-bá. São Paulo, ano 28, n.43, p.54-6, 1995.

UNIDOS na bagunça. São Paulo, ano 29, n.22, p.54-6, 1996.

Artigos da revista *Veja* (por autor)

ABBUD, Lia. Eles estão aprendendo cedo demais. São Paulo, ano 34, n.34, p.74-5, 2001.

ALCÂNTARA, Eurípedes. A máquina que cospe crianças. São Paulo, ano 24, n.47, p.46-58, 1991.

A BOA ESCOLA NO DISCURSO DA MÍDIA **221**

_____. A rede que abraça o planeta. São Paulo, ano 29, n.9, p.48-58, 1996.

ALTMAN, Fábio. Fantasmas da academia. São Paulo, ano 28, n.8, p.62-3, 1995.

AMARAL, Luís Henrique. Isso é uma revolução. São Paulo, ano 34, n.36, 2001.

BACCEGA, Maria Aparecida. Novela é cultura. São Paulo, ano 29, n.4, p.7-10, 1996.

BERTONI, Sérgio. Escola do capital. São Paulo, ano 30, n.3, p.40-1, 1997.

BRITO, Manuel Francisco. Lição de cautela. São Paulo, ano 29, n.39, p.66-7, 1996.

BUCHALLA, Anna Paula. Aula online. São Paulo, ano 33, n.33, p.87, 2000.

CAMARGO, Daniella, LEITE, Virginie. Receitas para feras. São Paulo, ano 31, n.37, p.78-9, 1998.

CAMAROTTI, Gérson. Vestibular para sair da faculdade. São Paulo, ano 29, n.45, p.120-2, 1996.

CAMPELLO, Rachel. Nova profissão. São Paulo, ano 32, n.45, p.126, 1999.

CARTA, Mino. Carta ao leitor. São Paulo, n.157, 8 set. 1971.

_____. Carta ao leitor. São Paulo, set. 1972. (Edição Especial).

_____. Carta ao leitor. São Paulo, n.213, 4 out. 1972.

CARVALHO, Joaquim de. Vergonha nacional. São Paulo, ano 30, n.24, p.122-5, 1997.

CARVALHO, Joaquim de, BALTHAZAR, Ricardo. A diáspora de cérebros. São Paulo, ano 30, n.49, p. 112-9, 1997.

CASTRO, Claudio de Moura. Os males da qualidade. São Paulo, n.716, p.5-8, 1982.

_____. É burrice acusar os inocentes. São Paulo, n.861, p.106, 1985.

_____. O Brasil tira zero. São Paulo, ano 26, n.18, p.1993.

_____. E se o consumismo engolir o consumidor? São Paulo, ano 29, n.42, p.142, 1996.

_____. Ir às compras: o ópio do povo (americano). São Paulo, ano 29, n.46, p.162, 1996.

_____. Tratar mal os pobres é um mau negócio. São Paulo, ano 30, n.2, p.102, 1997.

222 GERALDO SABINO RICARDO FILHO

_____. Ciência, tecnologia e espionagem industrial. São Paulo, ano 30, n.6, p.90, 1997.

_____. O ano da saúde e os desmancha-prazeres. São Paulo, ano 30, n.14, p.134, 1997.

_____. O dilema da geléia de jabuticaba. São Paulo, ano 30, n.18, p.154, 1997.

_____. Uma herética separação entre ensino e pesquisa. São Paulo, ano 30, n.22, p.142, 1997.

_____. O conto dos alto-falantes baratos. São Paulo, ano 30, n.26, p.126, 1997.

_____. A vendedora de peixe e o custo Brasil. São Paulo, ano 30, n.30, p.114, 1997.

_____. Oficinas mecânicas para formar advogados. São Paulo, ano 30, n.44, p.142, 1997.

_____. Festa de brasilianistas, caboclos e diáspora. São Paulo, ano 30, n.46, p.128-9, 1997.

_____. Afinal, que país é este? Belíndia ou coríndia? São Paulo, ano 30, n.48, p.158, 1997.

_____. Onde estão os puxões de orelha e os prêmios? São Paulo, ano 31, n.1, p.86, 1998.

_____. O sonho do ministro. São Paulo, ano 31, n.5, p.80, 1998.

_____. O mundo atrás do guichê. São Paulo, ano 31, n.8, p.69, 1998.

_____. Acelera Ayrton Senna. São Paulo, ano 31, n.13, p.103, 1998.

_____. O Senai está gagá? Ou são seus críticos? São Paulo, ano 31, n.17, p.122, 1998.

_____. O desenvolvimento está nos detalhes. São Paulo, ano 31, n.20, p.23, 1998.

_____. Os passinhos do gigante desajeitado. São Paulo, ano 31, n.24, p.21, 1998.

_____. Ostentação é burrice. São Paulo, ano 31, n.28, p.17, 1998.

_____. Lições do Provão. São Paulo, ano 31, n.32, p.23, 1998.

_____. Modelo de educação. São Paulo, ano 31, n.33, p.110-5, 1998.

_____. Universitários dirigindo táxi. São Paulo, ano 31, n.36, p.29, 1998.

_____. O que prometem os candidatos. São Paulo, ano 31, n.40, p.18, 1998.

_____. Em defesa da baixa tecnologia. São Paulo, ano 31, n.43, p.22, 1998.

A BOA ESCOLA NO DISCURSO DA MÍDIA **223**

_____. Reformadores de pranchetas. São Paulo, ano 31, n.47, p.24, 1998.

_____. O ensino melhorou ou travou? São Paulo, ano 32, n.4, p.20, 1999.

_____. A floresta e as árvores. São Paulo, ano 32, n.8, p.22, 1999.

_____. A rosa dos ventos Cambial. São Paulo, ano 32, n.12, p.20, 1999.

_____. A melhor escola para seu filho. São Paulo, ano 32, n.20, p.22, 1999.

_____. Como foi que deu certo? São Paulo, ano 32, n.24, p.21, 1999.

_____. Asneira sobre o ensino. São Paulo, ano 32, n.32, p.22, 1999.

_____. O país do presente. São Paulo, ano 32, n.36, p.21, 1999.

_____. O custo da incivilidade. São Paulo, ano 32, n.40, p.20, 1999.

_____. Remédios para a incivilidade. São Paulo, ano 32, n.44, p.21, 1999.

_____. A Universidade do Distrito Federal. São Paulo, ano 32, n.48, p.20, 1999.

_____. O que dizem os testes. São Paulo, ano 33, n.1, p.21, 2000.

_____. Banheiro e desenvolvimento. São Paulo, ano 33, n.5, p.28, 2000.

_____. Livros para gênios? São Paulo, ano 33, n.9, p.22, 2000.

_____. Um antídoto para as favelas. São Paulo, ano 33, n.12, p.20, 2000.

_____. A etiqueta do celular. São Paulo, ano 33, n.16, p.23, 2000.

_____. Piolho não é educação. São Paulo, ano 33, n.19, p.22, 2000.

_____. Queimamos os livros. São Paulo, ano 33, n.22, p.22, 2000.

_____. A informática na sala de aula. São Paulo, ano 33, n.25, p.33, 2000.

_____. Os Wright, Dumont e Batistinha. São Paulo, ano 33, n.28, p.24, 2000.

_____. O frágil império da ciência. São Paulo, ano 33, n.31, p.22, 2000.

_____. De péssimo a medíocre. São Paulo, ano 33, n.34, p.20, 2000.

_____. Smithsonian ou Ibirapuera. São Paulo, ano 33, n.37, p.22, 2000.

_____. O médico da filha do médico. São Paulo, ano 33, n.40, p.22, 2000.

_____. Origens da riqueza americana. São Paulo, ano 33, n.43, p.22, 2000.

_____. O fim do vestibular. São Paulo, ano 33, n.46, p.22, 2000.

_____. A arqueologia da reprovação. São Paulo, ano 33, n.49, p.20, 2000.

_____. A educação é o combustível do crescimento. São Paulo, ano 33, n.52, p.196-9, 2000.

_____. Bisturi ou microfone. São Paulo, ano 34, n.1, p.21, 2001.

_____. Ascensão e queda do canudo. São Paulo, ano 34, n.7, p.22, 2001.

_____. A banalização da informática. São Paulo, ano 34, n.10, p.22, 2001.

_____. O sofisma da especialização. São Paulo, ano 34, n.13, p.25, 2001.

_____. As máquinas de ensinar. São Paulo, ano 34, n.16, p.22, 2001.

_____. Volta a Pindorama. São Paulo, ano 34, n.19, p.22, 2001.

_____. Quem são nossos ídolos. São Paulo, ano 34, n.22, p.22, 2001.

_____. A orangerie tropical. São Paulo, ano 34, n.25, p.22, 2001.

_____. Na contramão da história. São Paulo, ano 34, n.28, p.22, 2001.

_____. A liberdade e o consumo. São Paulo, ano 34, n.31, p.20, 2001.

_____. Árabe, islã e fundamentalismo. São Paulo, ano 34, n.34, p.20, 2001.

_____. Duelo de titãs. São Paulo, ano 34, n.38, p.20, 2001.

_____. Tecnologia em escolas de ofício. São Paulo, ano 34, n.41, p.22, 2001.

_____. O dever da impopularidade. São Paulo, ano 34, n.44, p.18, 2001.

_____. O drama da evasão de cérebros. São Paulo, ano 34, n.47, p.22, 2001.

_____. Roubaram a Amazônia. São Paulo, ano 34, n.50, p.22, 2001.

CHIARI, Tatiana. Véspera do vestibular. São Paulo, ano 32, n.39, p.124-5, 1999.

COLAVITTI, Fernando. Inferno na escola. São Paulo, ano 34, n.23, p.142-3, 2001.

CORRÊA, Marcos Sá. A grande revolução silenciosa. São Paulo, ano 29, n.28, p.48-53, 1996.

A BOA ESCOLA NO DISCURSO DA MÍDIA 225

COUTINHO, Leonardo. O nível melhorou. São Paulo, ano 33, n.19, p.90, 2000.

DIEGUEZ, Consuelo. Ação entre amigos. São Paulo, ano 34, n.17, p.104-5, 2001.

_____. Jornada múltipla. São Paulo, ano 34, n.20, p.52-3, 2001.

_____. Cabeça cortada. São Paulo, ano 34, n.21, p.93, 2001.

_____. Fim da farra. São Paulo, ano 34, n.23, p.98, 2001.

_____. Aposta arriscada. São Paulo, ano 34, n.33, p.83, 2001.

EDWARD, José, SANCHES, Cristiane. Bê-á-bá global. São Paulo, ano 31, n.45, p.108, 1998.

FERNANDES, Manuel, JUSTE, Raul. Sem giz nem lousa. São Paulo, ano 31, n.39, p.72-3, 1998.

_____. Mestres de elite. São Paulo, ano 31, n.50, p.142-3, 1998.

FERRAZ, Silvio. Doutor metalúrgico. São Paulo, ano 34, n.1, p.74-7, 2001.

FERREIRA, Roger. O funil estreitou. São Paulo, ano 29, n.49, p.116-22, 1996.

FINKENZELLER, Karin. Bem-vindos ao A. São Paulo, ano 33, n.13, p.164-6, 2000.

FISCHMANN, Roseli. Nas escolas, não! São Paulo, ano 28, n.45, p.7-10, 1995.

FRANÇA, Valéria. Do you speak...? São Paulo, ano 29, n.33, p.62-4, 1996.

FRANÇA, Valéria, PAIXÃO, Roberta. Escravos da angústia. São Paulo, ano 30, n.45, p.78-85, 1997.

_____. Nó na cabeça. São Paulo, ano 31, n.2, p.45, 1998.

FRANCO, Simon. Não pare de estudar. São Paulo, ano 29, n.9, p.7-9, 1996.

GAILEWICH, Monica. Eles entraram... eu não. São Paulo, ano 33, n.4, p.148-9, 2000.

_____. Meus pais se entendem. São Paulo, ano 33, n.6, p.118-9, 2000.

GOMES, Laurentino. Bom exemplo na roça. São Paulo, ano 28, n.13, p.62-7, 1995.

GONÇALVES, Daniel Nunes. Volta às aulas. São Paulo, ano 30, n.21, p.92, 1997.

_____. Mudança radical. São Paulo, ano 30, n.48, p.99, 1997.

226 GERALDO SABINO RICARDO FILHO

GRANATO, Alice. A segunda onda. São Paulo, ano 31, n.18, p.93, 1998.

_____. Estudar vale ouro. São Paulo, ano 31, n.38, p.110-7, 1998.

_____. Por que é preciso dizer não. São Paulo, ano 32, n.24, p.124-30, 1999.

GUIA, Walfrido dos Mares. A nova cartilha. São Paulo, ano 29, n.32, p.7-10, 1996.

JÚNIOR, Policarpo, BRASIL, Sandra. Casa e escola. São Paulo, ano 30, n.40, p.74-8, 1997.

JUNQUEIRA, Eduardo. Garotão nota 10. São Paulo, ano 31, n.31, p.9-13, 1998.

_____. A geração da onda. São Paulo, ano 30, n.38, p.84-7, 1997.

JUSTE, Raul. Um bom exemplo. São Paulo, ano 32, n.2, p.64, 1999.

LEITE, Paulo Moreira. A febre de aprender. São Paulo, ano 31, n.43, p.72-8, 1998.

LEITE, Virginie, VERANO, Rachel. A hora de dizer não. São Paulo, ano 32, n.4, p.136-40, 1999.

LIMA, Maurício. Ensino a jato. São Paulo, ano 32, n.28, p.104, 1999.

_____. Lugar marcado. São Paulo, ano 32, n.30, p.47-8, 1999.

_____. Aula longe de casa. São Paulo, ano 32, n.38, p.104-9, 1999.

LUNA, Fernando. Olá, vizinhos! São Paulo, ano 31, n.36, p.106-7, 1998.

LUNA, Fernando, CARDOSO, Rodrigo. Os pequenos imperadores. São Paulo, ano 31, n.40, p.136-41, 1998.

LUZ, Sérgio Ruiz. Garoto propaganda. São Paulo, ano 30, n.42, p.58, 1997.

MANSO, Bruno Paes. Um funil econômico. São Paulo, ano 30, n.32, p.78-88, 1997.

_____. Acabou o vestibular. São Paulo, ano 31, n.47, p.126-8, 1998.

_____. Tupi or not tupi. São Paulo, ano 31, n.50, p.140-2, 1998.

MELTZOFF, Andrew. Pais são cobaias. São Paulo, ano 33, n.20, p.11-5, 2000.

MENCONI, Darlene. De olho no futuro. São Paulo, ano 30, n.22, p.103-4, 1997.

NEGREIROS, Adriana. Aula da casinha. São Paulo, ano 24, n.7, p.73, 2001.

NETTO, Vladimir. Só com fiador. São Paulo, ano 33, n.10, p.73, 2000.

NUNES, Angela. Ficou mais fácil. São Paulo, ano 33, n.27, p.145, 2000.

_____. De escola nova. São Paulo, ano 33, n.46, p.123, 2000.

NUNOMURA, Eduardo. Internato na roça. São Paulo, ano 32, n.43, p.124, 1999.

_____. Alunos quase iguais. São Paulo, ano 32, n.51, p.71-2, 1999.

_____. Diplomas na berlinda. São Paulo, ano 33, n. 8, p. 48-49, 2000.

_____. Vagas para todos. São Paulo, ano 33, n.14, p.75, 2000.

_____. Canudos esquisitos. São Paulo, ano 33, n.22, p.2000.

OINEGUE, Eduardo. O rosto do ensino superior. São Paulo, ano 30, n.17, p.86-93, 1997.

OLIVEIRA, Maurício. Língua traída. São Paulo, ano 33, n.48, p.134, 2000.

_____. O número 1 dos negócios. São Paulo, ano 34, n.4, p.70-1, 2001.

_____. Executivos das quadras. São Paulo, ano 34, n.14, p.138, 2001.

OYAMA, Thaís, MANSO, Bruno Paes. O dono do ensino. São Paulo, ano 32, n.35, p.92-8, 1999.

_____. A boa linha dura. São Paulo, ano 32, n.41, p.68-9, 1999.

PACELLI, Márcio. Aula em casa, com os pais. São Paulo, ano 34, n.16, p.74-5.

PAIVA, Esdras. O simples funciona. São Paulo, ano 31, n.17, p.94-7, 1998.

_____. Silêncio geral. São Paulo, ano 31, n.20, p.107, 1998.

PAIVA, Esdras, LIMA, Maurício. A espera da reforma. São Paulo, ano 31, n.28, p.38-43, 1998.

PASTORE, Karina. Luz e trevas. São Paulo, ano 29, n.40, p.75-6, 1996.

_____. Pais e filhos com hora marcada. São Paulo, ano 30, n.30, p.82-9, 1997.

PINHEIRO, Daniela. Onde você aprendeu isso? São Paulo, ano 32, n.16, p.112-8, 1999.

PIVETTA, Marcos. Aulas do barulho. São Paulo, ano 29, n.47, p.109-10, 1996.

POLES, Cristina. Ultrapassando os limites. São Paulo, ano 33, n.10, p.98-9, 2000.

PRIETO, Carlos. A prática na teoria. São Paulo, ano 33, n.40, p.153-4, 2000.

228 GERALDO SABINO RICARDO FILHO

RAMALHO, Cristina. O curso da moda. São Paulo, ano 34, n.44, p.67, 2001.

RIBEIRO, Sérgio Costa. A mentira da evasão. São Paulo, ano 26, n.30, p.7-9, 1993.

SANTA CRUZ, Angélica. Mapa do caos. São Paulo, ano 31, n.49, p.94-5, 1998.

SANTA CRUZ, Angélica, MANSO, Bruno Paes. O sábio joga a toalha. São Paulo, ano 30, n.34, p.86-7, 1997.

SANTORO, André. Esses vão se dar bem. São Paulo, ano 33, n.17, p.166-7, 2000.

SARDENBERG, Izalco, PASTORE, Karina. Navegando num mar de profissões. São Paulo, ano 30, n.33, p.48-79, 1997.

SAYÃO, Rosely. Sexo é educação. São Paulo, ano 29, n.49, p.7-10, 1996.

SCHIRATO, Maria Aparecida Rhein. Empresa não é mãe. São Paulo, ano 32, n.15, p.11-3, 1999.

SECCO, Alexandre. Os novos colegas. São Paulo, ano 32, n.10, p.122-3, 1999.

SEKEFF, Gisela. Golpe na pobreza. São Paulo, ano 33, n.26, p.78, 2000.

SÉRVULO, Priscila. A vida longe de casa. São Paulo, ano 32, n.7, p.94-5, 1999.

SETTI, Adriana. Onde está a resposta? São Paulo, ano 33, n.16, p.138-9, 2000.

_____. A empresa na sala de aula. São Paulo, ano 33, n.18, p.148-9, 2000.

SIMONETTI, Eliana, VALENTINI, Cintia. Melhores que os pais. São Paulo, ano 31, n.50, p.160-8, 1998.

SOARES, Lucila. Assim não dá. São Paulo, ano 34, n.41, p.9-13, 2001.

SORIMA, João Neto. O poder da galera. São Paulo, ano 28, n.47, p.120-3, 1995.

TEBEROSKY, Ana. Ensinar sem castigar. São Paulo, ano 28, n.17, p.7-10, 1995.

TRAUMANN, Thomas. Aula via satélite. São Paulo, ano 29, n.41, p.96-7, 1996.

VEIGA, Aida. Pais para quê? São Paulo, ano 31, n.34, p.82, 1998.

_____. Tão lindo, tão caro. São Paulo, ano 31, n.45, p.98-104, 1998.

_____. Surfe a sério. São Paulo, ano 32, n.9, p.60-1, 1999.

VERANO, Rachel. Escola sob medida. São Paulo, ano 31, n.22, p.152-3, 1998.

VILLELA, Ricardo. Diploma lá fora. São Paulo, ano 30, n.19, p.86-8, 1997.

_____. Fim do sufoco. São Paulo, ano 31, n.9, p.59, 1998.

WEIBERG, Monica. Campeões do Provão. São Paulo, ano 34, n.11, p.106-111, 2001.

_____. Em busca do tempo perdido. São Paulo, ano 33, n.9, p.63-7, 2000.

_____. Recorde histórico. São Paulo, ano 33, n.51, p.98-9, 2000.

_____. Viva a periferia. São Paulo, ano 34, n.9, p.63-4, 2001.

ZAGURY, Tânia. Pai precisa mandar. São Paulo, ano 32, n.13, p.9-13, 1999.

Livros e artigos de atores da rede de legitimidade

CASTRO, Claudio Moura. Investimentos em educação no Brasil: comparação de três estudos. *Pesquisa e Planejamento*, v.1, n.1, p.141-52, 1971a.

_____. Investimentos em educação no Brasil: uma réplica. *Pesquisa e Planejamento*, v.1, n.2, p.393-401, 1971b.

CASTRO, Claudio Moura, GUSSO, Divonzir Arthur. *O ensino básico*: necessidades, prioridades e dúvidas. Brasília: CNRH/IPEA, 1983. 27p.

_____. *Computador*: deliciosa subversão ou fera domada. Rio de Janeiro: Campus, 1988. 117p.

_____. Onde está o desastre? *Em Aberto (Brasília)*, ano 8, n.44, out./dez., p.31-2, 1989.

_____. *Educação brasileira*: consertos e remendos. Rio de Janeiro: Rocco, 1994. 236p.

_____. *O secundário*: esquecido em um desvão do ensino. Brasília: INEP, 1997a. 27p.

CASTRO, Claudio Moura, CARNOY, Martin. *Como anda a reforma da educação na América Latina?* Trad. Luiz Alberto Monjardim e

230 GERALDO SABINO RICARDO FILHO

Maria Lúcia Leão Velloso de Magalhães. Rio de Janeiro: Editora FGV, 1997b. 203p.

_____. Escolas feias, escolas boas? In: FUNDAÇÃO CESGRAN-RIO. *Ensaio*: avaliação e políticas públicas e educação, v.7, n.25, p.343-54, out./dez. 1999.

_____. *Provão*: como entender o que dizem os números. Brasília: INEP, 2001a.

_____. Fiat Uno e bicicleta, quanta diferença. *Caros Amigos*, n.9, p.23, nov. 2001b. (Edição Especial).

CASTRO, Claudio Moura, SOARES, José Francisco, CÉSAR, Cibele Comini. Escolas de ensino médio de Belo Horizonte: as campeãs e as que oferecem mais ao aluno. In: FUNDAÇÃO CESGRAN-RIO. *Ensaio*: avaliação e políticas públicas e educação, v.10, n.34, p.101-22, jan./mar. 2002a.

_____. Por que o MEC virou o xodó do BID? *Educação*, ano 6, n.61, p.50-2, maio 2002b.

CASTRO, Maria Helena Guimarães de. Apresentação. In: CASTRO, Claudio Moura. *O secundário*: esquecido em um desvão do ensino. Brasília: INEP, 1997.

CENPEC. Fontes de educação: guias para jornalistas. In: *Fórum Mídia & Educação*. Brasília, 2001. 440p.

CORREA, Marcos Sá. Prefácio. In: CASTRO, Claudio Moura. *Educação brasileira*: consertos e remendos. Rio de Janeiro: Rocco, 1994. p.7-11.

DI PIERRO, Maria Clara. Ação educativa: assessoria, pesquisa e informação. *Educação em Revista*, n.32, p.139-48, 2000.

EDUCAÇÃO & SOCIEDADE. Campinas: Cedes, 2002. (Revista quadrimestral, ISSN 0101-7330).

FLETCHER, Philip, CASTRO, Claudio Moura. Mitos, estratégias e prioridades para o ensino de 1º grau. *Estudos em Avaliação Educacional (Fundação Carlos Chagas)*, n.8, p.39-56, jul./dez. 1993.

GOIS, Antonio. Pai e professor culpam alunos por repetência. *Folha de S.Paulo*, São Paulo, 30 mar. 2002. Caderno Cotidiano. p.C1.

GUIA, Walfrido dos Mares Neto. A realidade da educação em Minas Gerais. *Estudos em Avaliação Educacional (Fundação Carlos Chagas)*, n.6, p.9-28, jul./dez. 1992.

_____. O cenário da pós-modernidade. *Estudos Avançados*, n.11, 1994a. Série Educação para a Cidadania. 11p.

_____. Educação e desenvolvimento: conscientização, vontade política e participação. *Estudos em Avaliação Educacional (Fundação Carlos Chagas)*, n.9, p.5-16, jan./jul. 1994b.

_____. A reforma educativa em Minas Gerais. In: CASTRO, Claudio Moura, CARNOY, Martin. *Como anda a reforma da educação na América Latina?* Trad. Luiz Alberto Monjardim e Maria Lúcia Leão Velloso de Magalhães. Rio de Janeiro: Editora FGV, 1997. p.105-19.

KLEIN, Ruben, RIBEIRO, Sérgio Costa. O censo educacional e o modelo de fluxo: o problema da repetência. *Revista Brasileira de Estatística*, v.52, n.197/198, p.5-45, jan./dez. 1991.

MELLO, Guiomar Namo. Fatores intra-escolares como mecanismos de seletividade no ensino de 1º grau. *Educação & Sociedade*, n.2, p.70-8, 1979.

_____. *Educação escolar*: paixão, pensamento e prática. São Paulo: Cortez, Autores Associados, 1986.

_____. *Magistério de 1º grau*: da competência técnica ao compromisso político. 7.ed. São Paulo: Cortez, Autores Associados, 1987. 151p.

_____. *Cidadania e competitividade*: desafios educacionais do terceiro milênio. 6.ed. São Paulo: Cortez, 1997. 204p.

OLIVEIRA, João Batista Araújo e. Repensando o ensino de segundo grau: subsídios para discussão. In: FUNDAÇÃO CESGRANRIO. *Ensaio*: avaliação e políticas públicas e educação, v.3, n.8, p.212-285, jul./set. 1995a.

_____. O futuro do SAEB e a consolidação de políticas públicas. *Em Aberto (Brasília)*, ano 15, n.66, abr./jun. p.3-11, 1995b.

OLIVEIRA, João Batista Araújo e, GOMES, Cândido. As questões recorrentes da pesquisa comparada. In: SEMINÁRIO INTERNACIONAL SOBRE AVALIAÇÃO DO ENSINO MÉDIO E ACESSO AO ENSINO SUPERIOR. Brasília: INEP, 1998. 110p.

_____. Com pressa e à frente: entrevista a Aloysio Biondi. *Educação*, v.26, n.220, p.3-6, ago. 1999.

_____. Quem ganha e quem perde com a política do ensino médio no Brasil? In: FUNDAÇÃO CESGRANRIO. *Ensaio*: avaliação e políticas públicas e educação, v.8, n.29, p.459-96, out./dez. 2000a.

_____. *A pedagogia do sucesso*: uma estratégia política para corrigir o fluxo escolar e vencer a cultura da repetência. 4.ed. São Paulo: Saraiva, Instituto Ayrton Senna, 2000b. p.157.

232 GERALDO SABINO RICARDO FILHO

_____. Custos e benefícios de programas para regularizar o fluxo escolar no ensino fundamental: novas evidências. In: FUNDAÇÃO CESGRANRIO. *Ensaio*: avaliação e políticas públicas e educação, v.9, n.32, p.305-342, jul./set. 2001.

_____. Construtivismo e alfabetização: um casamento que não deu certo. In: FUNDAÇÃO CESGRANRIO. *Ensaio*: avaliação e políticas públicas e educação, v.10, n.35, p.161-200, abr./jun. 2002a.

OLIVEIRA, João Batista Araújo e, SCHWARTZMAN, Simon. *A escola vista por dentro*. Belo Horizonte: Alfa Educativa Editora, 2002b. 144p.

_____. Correção do fluxo escolar: um balanço do Programa Acelera Brasil (1997-2000). *Cadernos de Pesquisa*, n.116, p.177-215, 2002c.

PEREIRA, Raimundo. Idéias e lutas. In: MELLO, Guiomar Namo de. *Educação escolar*: paixão, pensamento e prática. São Paulo: Cortez, Autores Associados, 1986. p.7-24.

PONTUAL, Pedro. In: DAGNINO, Evelina, ALVAREZ, Sonia E. *Os movimentos sociais, a sociedade civil e o "terceiro setor" na América Latina*: reflexões teóricas e novas perspectivas. Campinas: IFCH/UNICAMP, 2001. p.12-5. (Coleção Primeira Versão).

RIBEIRO, Sérgio Costa. A escolaridade média no ensino primário brasileiro: M. A. Teixeira de Freitas. Comentário na republicação do artigo na *Revista Brasileira de Estatística*, v.50, n.194, p.153-60, jul./dez. 1989.

_____. A pedagogia da repetência. *Estudos Avançados*, n.12, p.7-21, 1991a.

_____. A pedagogia da repetência. *Estudos em Avaliação Educacional* (*Fundação Carlos Chagas*), n.4, p.73-85, jul./dez. 1991b.

_____. A educação e a inserção do Brasil na modernidade. *Cadernos de Pesquisa*, n.84, p.63-82, 1993.

RIBEIRO, Sérgio Costa, PAIVA, Vanilda. Autoritarismo social e educação. *Educação & Sociedade*, ano 16, n.53, p.634-47, 1995.

SENNA, Viviane. Depoimento a Maria Alice Setúbal. In: SETÚBAL, Maria Alice (Coord.) *Educação básica no Brasil nos anos 90*: políticas governamentais e ações da sociedade civil. São Paulo: CENPEC, 2001. p.74-5.

SÉRGIO Costa Ribeiro: uma trajetória. (Editorial). In: FUNDAÇÃO CESGRANRIO. *Ensaio*: avaliação e políticas públicas em educação, v.2, n.1, p.5-10, 1995.

A BOA ESCOLA NO DISCURSO DA MÍDIA   233

SETÚBAL, Maria Alice (Coord.) *Raízes e asas*. São Paulo: Cenpec, 1996. 8 v.

_____. *Educação básica no Brasil nos anos 90*: políticas governamentais e ações da sociedade civil. São Paulo: Cenpec, 2001. 120p.

Legislação

BRASIL. Conselho Nacional de Educação. Câmara de Educação Básica. Parecer n.15/98. Relatora Guiomar Namo de Mello. In: SÃO PAULO (Estado), Secretaria da Educação, Coordenadoria de Estudos e Normas Pedagógicas. *Diretrizes e bases da educação nacional*: legislação e normas básicas para sua implantação. Comp. e org. de Leslie Maria José da Silva Rama. São Paulo: SE/CENP, 2001.

BRASIL. Lei n.9.424, de 24 de dezembro de 1996. Dispõe sobre o Fundo de Manutenção do Ensino Fundamental e de Valorização do Magistério na forma prevista no artigo 60, 7ª, do Ato das Disposições Constitucionais Transitórias, e dá outras providências. In: SÃO PAULO (Estado), Secretaria da Educação, Coordenadoria de Estudos e Normas Pedagógicas. *Diretrizes e bases da educação nacional*: legislação e normas básicas para sua implantação. Comp. e org. de Leslie Maria José da Silva Rama. São Paulo: SE/CENP, 2001.

REFERÊNCIAS BIBLIOGRÁFICAS

ADORNO, Theodor W., HORKHEIMER, Max. *Dialética do esclarecimento*: fragmentos filosóficos. Rio de Janeiro: Jorge Zahar Editores, 1985. 254p.

AS MELHORES 50 escolas da cidade. *Veja São Paulo (São Paulo)*, n.170, p.3, out. 2001.

ARAGÃO, Daniella Amâncio. *Novas mídias*: a síndrome do círculo vicioso – evolução e apropriação de modelos entre novas e velhas mídias. São Paulo, 2001. 190p. Dissertação (Mestrado em Comunicação) – Escola de Comunicação e Artes, Universidade de São Paulo.

ARANTES, Paulo Eduardo. Esquerda e direita no espelho das ONGs. *Cadernos ABONG/Editora Autores Associados*, n.27, p.3-27, maio 2000.

ARENDT, Hannah. *Entre o passado e o futuro*. São Paulo: Perspectiva, 1972.

AZANHA, José Mario Pires. Democratização do ensino: vicissitudes da idéia no ensino paulista. *Cadernos de Pesquisa*, n.30 p.13-20, 1979.

BEISIEGEL, Celso de Rui. Relações entre a quantidade e a qualidade no ensino comum. *ANDE*, ano 1, n.1 p.49-56, 1981.

BENJAMIN, Walter. Teses sobre a filosofia da história. In: KOTHE, Flávio R. (Org.) *Walter Benjamin*. 2.ed. São Paulo: Ática, 1991. 256p. (Coleção Grandes Cientistas Sociais).

236 GERALDO SABINO RICARDO FILHO

BISSERET, Noëlle. A ideologia das aptidões naturais. Trad. Leonilde Servolo de Medeiros, Maria Lúcia de Souza B. Pupo Tavares. In: DURAND, José Carlos Garcia (Org.) *Educação e hegemonia de classe*: as funções ideológicas da escola. Rio de Janeiro: Jorge Zahar Editores, 1979. p.30-67.

BOURDIEU, Pierre. *Questões de sociologia*. Rio de Janeiro: Marco Zero, 1983. 208p.

_____. *O poder simbólico*. Trad. Fernando Tomaz. Rio de Janeiro: Bertrand Brasil, 1989. 311p. (Coleção Memória e Sociedade).

_____. *Coisas ditas*. São Paulo: Brasiliense, 1990. 234p.

BOURDIEU, Pierre, PASSERON, Jean-Claude. *A reprodução*: elementos para uma teoria do sistema de ensino. Trad. Reynaldo Bairão. 3.ed. Rio de Janeiro: Francisco Alves Editora, 1992. 238p.

_____. *Sobre televisão*. Trad. Maria Lúcia Machado. Rio de Janeiro: Jorge Zahar Editores, 1997. 143p.

_____. *Contrafogos*: táticas para enfrentar a invasão neoliberal. Trad. Lucy Magalhães. Rio de Janeiro: Jorge Zahar Editores, 1998a. 151p.

_____. *A economia das trocas lingüísticas*: o que falar quer dizer. Trad. Sérgio Miceli. 2.ed. São Paulo: Edusp, 1998b. 188p.

_____. *A economia das trocas simbólicas*. Trad. Sérgio Miceli. 5.ed. São Paulo: Perspectiva, 1999. 361p.

_____. *O campo econômico*: a dimensão simbólica da dominação. Trad. Roberto Leal Ferreira. Rev. Daniel Lins. Campinas: Papirus, 2000. 119p.

_____. *Escritos de educação*. Org. Maria Alice Nogueira e Afrânio Catani. 3.ed. Petrópolis: Vozes, 2001a. 251p.

_____. *O costureiro e sua grife*: contribuição para uma teoria da magia. *Educação em Revista (Belo Horizonte)*, n.34, p.7-66, dez. 2001b.

_____. *Razões práticas*: sobre a teoria da ação. Trad. Mariza Corrêa. Campinas: Papirus, 2001c. 224p.

CAMPOS, Maria Malta. Falas provocativas. *Mídia e educação*: perspectiva para a qualidade da informação. Brasília: ANDI, MEC, UNICEF, NEMP, FUNDESCOLA E CONSED, 2000. 78p.

CARVALHO, André Luiz Piva de. *Quadros maquiados*: gênese e produção de sentido da imagem impressa em revistas tendo como modelo a narrativa das capas da revista *Veja* enfocando Collor de Melo.

A BOA ESCOLA NO DISCURSO DA MÍDIA 237

São Paulo, 1998. 214p. Dissertação (Mestrado em Comunicação) – Escola de Comunicação e Artes, Universidade de São Paulo.

CASTRO, Maria Helena Magalhães de. A educação básica na imprensa (1992-1996): muitos passos, mas para onde mesmo? *Série Estudos Ciências Sociais (Rio de Janeiro)*, n.9, 1996. 40p.

CHARTIER, Roger (Org.) *Práticas de leitura*. Trad. Cristiane Nascimento. 2.ed. São Paulo: Estação Liberdade, 2001. 266p.

CHAUÍ, Marilena. *Cultura e democracia*: o discurso competente e outras falas. 4.ed. São Paulo: Cortez, 1989. 309p.

CORDEIRO, Jaime Francisco Parreira. *Projetando a mudança*: o novo e o tradicional na educação brasileira (anos 70 e 80) – um estudo sobre o discurso pedagógico a partir da imprensa especializada. São Paulo, 1999. 248p. Tese (Doutorado em Educação) – Faculdade de Educação, Universidade de São Paulo.

DAGNINO, Evelina, ALVAREZ, Sonia E. *Os movimentos sociais, a sociedade civil e o "terceiro setor" na América Latina*: reflexões teóricas e novas perspectivas. Campinas: IFCH/Unicamp, 2001. 77p. (Coleção Primeira Versão).

ECO, Umberto. *Apocalípticos e integrados*. Trad. Geraldo Gerson de Souza. São Paulo: Perspectiva, 1970. 390p.

FAUSTO NETO, Antônio. *Comunicação e mídia impressa*: estudos sobre a Aids. São Paulo: Hacker Editores, 1999. 162p.

FERNANDES, Rubens César. O que é terceiro setor? In: IOSCHPE, Evelyn Berg et al. *Terceiro setor*: desenvolvimento social sustentado. 2.ed. Rio de Janeiro: Paz e Terra, 2000. p.25-33.

FÍGARO, Roseli. Mino, jornalista de opinião. *Comunicação & Educação*, ano 8, n.23, p.71-90, 2002.

FISCHER, Rosa Maria Bueno. O estatuto pedagógico da mídia. *Educação & Realidade*, n.22, p.59-80, 1997.

GOHN, Maria da Glória. *Mídia, terceiro setor e MST*: impactos sobre o futuro das cidades e do campo. Petrópolis: Vozes, 2000. 182p.

IOSCHPE, Evelyn Berg et al. *Terceiro setor*: desenvolvimento social sustentado. 2.ed. Rio de Janeiro: Paz e Terra, 2000. 173p.

JOHNSON, Richard. O que é, afinal, estudos culturais? In: SILVA, Tomaz Tadeu da. (Org.) *O que é, afinal, estudos culturais?* Belo Horizonte: Autêntica Editora, 1999. p.9-131.

KELLNER, Douglas. *A cultura da mídia*: estudos culturais – identidade e política entre o moderno e o pós-moderno. Trad. Ivone Castilho Benedetti. Bauru: Edusc, 2001. 452p.

238 GERALDO SABINO RICARDO FILHO

LACOUTURE, Jean. A história imediata. In: LE GOFF, Jacques (Org.) *A nova história*. Trad. Eduardo Brandão. 2.ed. São Paulo: Martins Fontes, 1993. p.215-40.

LANGONI, Carlos Geraldo. Investimentos em educação na Brasil: um comentário. *Pesquisa e Planejamento*, v.1, n.2, p.381-92, 1971.

MARTÍN-BARBERO, Jesús, GÉRMAN, Rey. *Os exercícios do ver*: hegemonia audiovisual e ficção televisiva. Trad. Jacob Gorender. São Paulo: Editora SENAC, 2001. 182p.

_____. *Dos meios às mediações*: comunicação, cultura e hegemonia. Trad. Ronald Polito e Sérgio Alcides. 2.ed. Rio de Janeiro: Editora UFRJ, 2003. 369p.

MELLO, Mario Vieira de. *O humanista*: a ordem na alma do indivíduo e na sociedade. Rio de Janeiro: Topbooks, 1996. 378p.

MEYER, John W. Globalização e currículo: problemas para a teoria em sociologia da educação. In: NÓVOA, António, SCHRIEWER, Jürgen (Orgs.) *A difusão mundial da escola*. Lisboa: Educa e Autores, 2000. p.15-32.

MICELI, Sérgio. *Intelectuais à brasileira*. São Paulo: Companhia das Letras, 2001a. 436p.

_____. Sob as asas do poder: entrevista a Carlos Graieb. *Veja (São Paulo)*, ano 34, n.29, p.11-5, 25 jun. 2001b.

MÍDIA e educação: perspectiva para a qualidade de informação. Brasília: ANDI, MEC, UNICEF, NEMP, FUNDESCOLA E CONSED, 2000.

MIRA, Maria Celeste. *O leitor e a banca de revistas*: o caso da Editora Abril. Campinas, 1997. 359p. Tese (Doutorado em Sociologia) – Instituto de Filosofia e Ciências Humanas, Universidade Estadual de Campinas.

MORIN, Edgar. *Cultura de massas no século XX*: o espírito do tempo – I Neurose. Trad. Maura Ribeiro Sardinha. 4.ed. Rio de Janeiro: Forense Universitária, 1977. 204p.

NORA, Pierre. O acontecimento e o historiador do presente. In: LE GOFF, Jacques et al. *A nova história*. Trad. Ana Maria Bessa. Lisboa: Edições 70, 1989. p.45-55.

ORTIZ, Renato. *A moderna tradição brasileira*: cultura brasileira e indústria cultural. São Paulo: Brasiliense, 1995. 222p.

_____. Técnica, magia e mercado. *Folha de S.Paulo*, São Paulo, 6 out. 2002. Caderno Mais. p.15.

A BOA ESCOLA NO DISCURSO DA MÍDIA **239**

PAIVA, Vanilda. Sobre o conceito de "capital humano". *Cadernos de Pesquisa*, n.113, p.185-91, jul. 2001.

PATTO, Maria Helena Souza. *A produção do fracasso escolar*: histórias de submissão e rebeldia. São Paulo: T. A. Queiroz, 1991. 385p.

REIS, Fernando, BORGNETH, Sérgio. Roberto Civita no 10° aniversário de *Veja*. *Meio e Mensagem*, 1ª quinzena, p. 24-5, set. 1978.

RIFKIN, Jeremy. Identidade e natureza do terceiro setor. In: IOSCHPE, Evelyn Berg et al. *Terceiro setor*: desenvolvimento social sustentado. 2.ed. Rio de Janeiro: Paz e Terra, 2000. p.13-23.

SANTOS, Boaventura de Sousa. *Pela mão de Alice*: o social e o político na pós-modernidade. 8.ed. São Paulo: Cortez, 2001.

SCHEFFLER, Israel. *A linguagem da educação*. Trad. Balthazar Barbosa Filho. São Paulo: Edusp, Saraiva, 1974. 132p.

SETTON, Maria da Graça Jacintho. A teoria do *habitus* em Pierre Bourdieu: uma leitura contemporânea. *Revista Brasileira de Educação*, n.20, p.60-70, 2002.

SILVA, Carlos Eduardo Lins da. Quinze anos de *Veja*: revistas semanais de informação consolidam sua posição no mercado. *Revista Crítica da Informação*, p.26-30, set. 1983.

SOARES, Magda. Novas práticas de leitura e escrita: letramento na cibercultura. *Educação & Sociedade*, v.23, n.81, p.143-60, dez. 2002.

SOUZA, Ulysses Alves. A história secreta de *Veja*. *Revista Imprensa*, p.75-105, set. 1988.

THOMPSON, Edward Palmer. *A miséria da teoria ou um planetário de erro*: uma crítica ao pensamento de Althusser. Rio de Janeiro: Jorge Zahar Editores, 1981. 231p.

THOMPSON, John B. *Ideologia e cultura moderna*: teoria social crítica na era dos meios de comunicação de massa. 4.ed. Trad. Grupo de Estudos sobre Ideologia, Comunicação e Representação Social da PUCRS. Petrópolis: Vozes, 2000. 427p.

TREVISAN, Leonardo. *Educação e trabalho*: as receitas inglesas na era da instabilidade. São Paulo: Editora SENAC, 2001. 246p.

VIEIRA, Geraldinho. Primeiras palavras. *Mídia e educação*: perspectiva para a qualidade de informação. Brasília: ANDI, MEC, UNICEF, NEMP, FUNDESCOLA E CONSED, 2000. p.5-7.

ANEXOS

Anexo 1 – Grupo 1 – Ensino básico

Título	Tema	Tipo de publicação	Seção	Autor(a)	Número
A máquina que cospe crianças	Ensino básico	Reportagem	Educação	Eurípedes Alcântara	Ano 24, n.47, 1991
Lição de eficiência	Ensino básico	Reportagem	Educação	–	Ano 26, n.25, 1993
A mentira da evasão	Ensino básico Evasão, Repetência	Entrevista Sérgio Costa Ribeiro	Páginas Amarelas	Marcos Sá Corrêa	Ano 26, n.30, 1993
Cabo de guerra	Mensalidades escolares Ensino particular	Notícia	Educação	–	Ano 28, n.4, 1995
Escolinha do professor Fernando	Ensino básico	Reportagem	Brasil	–	Ano 28, n.7, 1995
Tudo pelo bê-á-bá	Ensino Fundamental	Notícia	Educação	–	Ano 28, n.43, 1995
O padrão dinamite	Mensalidades escolares Escolas particulares	Notícia	Educação	–	Ano 29, n.14, 1996
Banho de cultura geral	Capacitação docente	Notícia	Educação	–	Ano 29, n.24, 1996
Nota vermelha	Avaliação Livros didáticos Ensino fundamental	Notícia	Educação	–	Ano 29, n.27, 1996
A grande revolução silenciosa	Ensino básico Reformas	Reportagem	Educação	Marcos Sá Corrêa	Ano 29, n.28, 1996
A nova cartilha	Ensino básico Reformas	Entrevista Walfrido dos Mares Guia Neto	Páginas Amarelas	Marcos Sá Corrêa	Ano 29, n.32, 1996
Luz e trevas	Ensino Fundamental Avaliação Saresp	Notícia	Educação	Karina Pastore	Ano 29, n.40, 1996
Aula via satélite	Ensino básico Ensino a distância Capacitação docente	Reportagem	Educação	Thomas Traumann	Ano 29, n.41, 1996

242 GERALDO SABINO RICARDO FILHO

continuação

Título	Tema	Tipo de publicação	Seção	Autor(a)	Número
Aulas do barulho	Ensino pré-vestibular	Reportagem	Educação	Marcos Pivetta	Ano 29, n.47, 1996
De olho no futuro	Ensino básico Informática	Notícia	Computador	Darlene Menconi	Ano 30, n.22, 1997
Vergonha nacional	Analfabetismo	Reportagem	Educação	Joaquim de Carvalho	Ano 30, n.24, 1997
Um funil econômico	Escolas particulares	Reportagem	Educação	Bruno Paes Manso	Ano 30, n.32, 1997
Casa e escola	Bolsa-Escola Ensino Fundamental	Reportagem	Educação	Policarpo Júnior Sandra Brasil	Ano 30, n.40, 1997
Mudança radical	Ensino Médio Reformas	Notícia	Educação	Daniel Nunes Gonçalves	Ano 30, n.48, 1997
O simples funciona	Ensino básico Reformas	Reportagem	Educação	Esdras Paiva	Ano 31, n.17, 1998
A segunda onda	Ensino Médio Reformas	Notícia	Educação	Alice Granato	Ano 31, n.18, 1998
Garotão nota 10	Ensino Médio	Entrevista Rui Lopes Viana Filho	Páginas Amarelas	Eduardo Junqueira	Ano 31, n.31, 1998
Professor nota 10	Ensino Fundamental	Notícia	Educação	–	Ano 31, n.42, 1998
Escola turbinada	Ensino Médio Currículo	Notícia	Educação	–	Ano 32, n.6, 1999
Ensino a jato	Ensino Fundamental Classe de Aceleração	Notícia	Educação	Maurício Lima	Ano 32, n.28, 1999
Lugar no mercado	Ensino Médio Cota em universidades públicas	Notícia	Brasil/ Educação	Maurício Lima	Ano 32, n.30, 1999
Internato na roça	Ensino básico Escola técnica	Notícia	Educação	Eduardo Nunomura	Ano 32, n.43, 1999
Alunos quase iguais	Ensino médio Avaliação ENEM	Reportagem	Educação	Eduardo Nunomura	Ano 32, n.51, 1999
Em busca do tempo perdido	Ensino Fundamental Trabalho infantil	Reportagem	Trabalho	Monica Weinberg	Ano 33, n.9, 2000
Vagas para todos	Formação de professores Licenciaturas	Notícia	Educação	Eduardo Nunomura	Ano 33, n.14, 2000
Golpe na pobreza	Educação Básica Pré-escola	Notícia	Educação	Gisela Sekeff	Ano 33, n.26, 2000
Língua traída	Ensino básico	Notícia	Guia	Maurício Oliveira	Ano 33, n.48, 2000
Viva a periferia	Ensino básico Escolas públicas	Notícia	Educação	Monica Weinberg	Ano 34, n.9, 2001
Isso é uma revolução	Ensino básico Universidades Reformas	Notícia	Educação	Luís Henrique Amaral	Ano 34, n.36, 2001

A BOA ESCOLA NO DISCURSO DA MÍDIA · 243

Subgrupo – Escola/trabalho

Título	Tema	Tipo de publicação	Seção	Autor(a)	Número
Fábricas de trabalho	Universidade Mestrado profissional	Reportagem	Educação	–	Ano 29, n.1, 1996
Não pare de estudar	Escola/Trabalho	Entrevista Simon Franco	Páginas Amarelas	Roger Ferreira	Ano 29, n.9, 1996
O funil estreitou	Escola/Trabalho	Reportagem	Emprego	Antenor Nascimento Roger Ferreira	Ano 29, n.49, 1996
Volta às aulas	Escola/Trabalho Supletivo na empresa	Notícia	Educação	Daniel Nunes Gonçalves	Ano 30, n.21, 1997
Navegando num mar de profissões (matéria da capa)	Escola/Trabalho Carreiras universitárias	Reportagem	Especial	Izalco Sardenberg Karina Pastore	Ano 30, n.33, 1997
Estudar vale ouro	Trabalho Escola	Reportagem	Educação	Alice Granato	Ano 31, n.38, 1998
Empresa não é mãe	Escola/Trabalho Novo perfil do trabalhador na empresa	Entrevista Maria Aparecida Rhein Schirato	Páginas Amarelas	Dorrit Harazim	Ano 32, n.15, 1999
Trabalho escolar	Empresa júnior Curso de administração	Notícia	Guia	–	Ano 32, n.15, 1999
Quem chega lá	Vagas de estágio	Notícia	Guia	–	Ano 32, n.33, 1999
A empresa na sala de aula	Universidades corporativas	Reportagem	Guia	Adriana Setti	Ano 33, n.18, 2000
A escola faz prova	Avaliação da escola Trabalho	Notícia	Especial	–	Ano 33, n.52, 2000
O X da questão	Escola Nível salarial	Notícia	Educação	–	Ano 34, n.6, 2001
Esses vão se dar bem	Engenharia de telecomunicações	Reportagem	Guia	André Santoro	Ano 33, n.17, 2000
A prática na teoria	Criação de cursos práticos de administração	Reportagem	Ensino	Carlos Prieto	Ano 33, n.40, 2000
Doutor metalúrgico	Operários poliglotas	Notícia	Educação	Silvio Ferraz	Ano 34, n.1, 2001
O número 1 dos negócios	Ranking dos MBA do mundo	Notícia	Educação	Maurício Oliveira	Ano 34, n.4, 2001
Executivos das quadras	MBA no esporte	Notícia	Guia	Maurício Oliveira	Ano 34, n.14, 2001

Anexo 2 – Grupo 2 – Educação geral

Título	Tema	Tipo de publicação	Seção	Autor(a)	Número
Prova de arrogância	Vestibular	Notícia	Educação	–	Ano 28, n.3, 1995
Fantasmas da academia	Teses falsificadas	Notícia	Educação	Fábio Altman	Ano 28, n.8, 1995
O planeta teen	Comportamento	Reportagem	Comportamento	–	Ano 28, n.16, 1995
Curiosidade sem fim	Orientação sexual	Notícia	Educação	–	Ano 28, n.17, 1995
Ensinar sem castigar	Ensino Fundamental Alfabetização	Entrevista Ana Teberosky	Páginas Amarelas	Flávia Varella	Ano 28, n.17, 1995
Debandada na sala de aula	Crise no magistério	Notícia	Educação	–	Ano 28, n.21, 1995
O bom negócio do Kumon	Ensino de Matemática	Notícia	Educação	–	Ano 28, n.21, 1995
Erotismo liberado para menores (matéria da capa)	Comportamento	Reportagem	Sexo	–	Ano 28, n.30, 1995
A teoria da involução	Currículo Teoria da evolução	Notícia	Educação	–	Ano 28, n.33, 1995
Mito derrubado	Orientação contra as drogas	Notícia	Educação	–	Ano 28, n.39, 1995
Nas escolas, não!	Ensino religioso	Entrevista Roseli Fischmann	Páginas Amarelas	Arlete Salvador	Ano 28, n.45, 1995
Hablas español?	Curso de língua estrangeira	Notícia	Educação	–	Ano 28, n.45, 1995
O poder da galera	Comportamento	Reportagem	Economia & Negócios	João Sorima Neto	Ano 28, n.47, 1995
Novela é cultura	Televisão	Entrevista	Páginas Amarelas	Fábio Sanches	Ano 29, n.4, 1996
A rede que a abraça o planeta	Informática	Reportagem	Computadores	Eurípedes Alcântara	Ano 29, n.9, 1996
A construção do cérebro	Comportamento	Reportagem	Especial	–	Ano 29, n.12, 1996
Hábito de ricaço	Filantropia	Notícia	Educação	–	Ano 29, n.20, 1996
Unidos na bagunça	Indisciplina escolar	Reportagem	Educação	–	Ano 29, n.22, 1996
Do you speak...?	Ensino de língua estrangeira	Notícia	Educação	Valéria França	Ano 29, n.33, 1996
A força da palavra	Politicamente correto	Notícia	Educação	–	Ano 29, n.35, 1996
Lição de cautela	Informática	Reportagem	Computadores	Manuel Francisco Brito	Ano 29, n.39, 1996
Aulas do barulho	Curso pré-vestibular	Reportagem	Educação	Marcos Pivetta	Ano 29, n.47, 1996
Sexo é educação	Orientação sexual	Entrevista Rosely Saião	Páginas Amarelas	Arlete Salvador	Ano 29, n.49, 1996
Diploma lá fora	Ensino Médio no exterior	Notícia	Educação	Ricardo Villela	Ano 30, n.19, 1997
Pais e filhos com hora marcada	Comportamento	Reportagem	Família	Karina Pastore	Ano 30, n.30, 1997

A BOA ESCOLA NO DISCURSO DA MÍDIA 245

continuação

Título	Tema	Tipo de publicação	Seção	Autor(a)	Número
A geração da onda	Comportamento	Reportagem	Comportamento	Eduardo Junqueira	Ano 30, n.38, 1997
Garoto propaganda	Ensino Fundamental	Notícia	Educação	–	Ano 30, n.42, 1997
Escravos da angústia	Vestibular	Reportagem	Educação	Valéria França Roberta Paixão	Ano 30, n.45, 1997
Nó na cabeça	Vestibular	Notícia	Educação	Valéria França	Ano 31, n.2, 1998
Escola sob medida	Orientação para os pais	Notícia	Guia	Rachel Verano	Ano 31, n.22, 1998
Pais para quê?	Orientação para os pais	Notícia	Educação	Aida Veiga	Ano 31, n.34, 1998
Olá, vizinhos!	Ensino de língua estrangeira	Notícia	Educação	Fernando Luna	Ano 31, n.36, 1998
Receitas para feras	Crianças Superdotadas	Reportagem	Educação	Daniella Camargo Virginie Leite	Ano 31, n.37, 1998
Sem giz nem lousa	Informática	Reportagem	Educação	Manuel Fernandes Raul Juste	Ano 31, n.39, 1998
Os pequenos imperadores	Educação de filho único	Reportagem	Comportamento	Fernando Luna Rodrigo Cardoso	Ano 31, n.40, 1998
Cola high tech	Provas falsificadas	Notícia	Educação	–	Ano 31, n.41, 1998
Inglês radical	Ensino de língua estrangeira	Notícia	Guia	–	Ano 31, n.41, 1998
A febre de aprender	Ensino de língua estrangeira	Reportagem	Educação	Paulo Moreira Leite	Ano 31, n.43, 1998
Bê-á-bá global	Escola bilíngüe	Notícia	Educação	José Edward Cristiane Sanches	Ano 31, n.45, 1998
Tão lindo tão caro	Educação dos filhos	Reportagem	Especial	Aida Veiga	Ano 31, n.45, 1998
Escolas de lazer	Curso de férias no exterior	Notícia	Guia	–	Ano 31, n.45, 1998
Tupi or not tupi	Ensino de línguas	Notícia	Educação	Bruno Paes Manso	Ano 31, n.50, 1998
Mestres de elite	Ensino particular	Notícia	Educação	Manuel Fernandes	Ano 31, n.50, 1998
Melhores que os pais	Desenvolvimento infantil	Reportagem	Comportamento	Eliana Simonetti Cintia Valentini	Ano 31, n.50, 1998
A hora de dizer não	Educação dos filhos	Reportagem	Guia	Virginie Leite Rachel Verano	Ano 32, n.4, 1999
A vida longe da casa	Educação dos filhos	Notícia	Guia	Priscila Sérvulo	Ano 32, n.7, 1999
Surfe a sério	Informática	Notícia	Educação	Aida Veiga	Ano 32, n.9, 1999
Os novos colegas	Educação Especial	Notícia	Educação	Alexandre Secco	Ano 32, n.10, 1999

246 GERALDO SABINO RICARDO FILHO

continuação

Título	Tema	Tipo de publicação	Seção	Autor(a)	Número
Pai precisa mandar	Educação dos filhos	Entrevista Tânia Zagury	Páginas Amarelas	Fernando Luna	Ano 32, n.13, 1999
Outro ritmo	Distúrbio de aprendizagem	Notícia	Educação		Ano 32, n.13, 1999
O papo ideal	Educação dos filhos	Notícia	Guia	–	Ano 32, n.14, 1999
Onde você aprendeu isso	Educação sexual	Reportagem	Sexo	Daniela Pinheiro	Ano 32, n.16, 1999
Por que é preciso dizer não	Educação dos filhos	Reportagem	Comportamento	Alice Granato	Ano 32, n.24, 1999
Inglês online	Ensino de língua estrangeira	Notícia	Cursos		Ano 32, n.35, 1999
Véspera do vestibular	Vestibular	Notícia	Guia	Tatiana Chiari	Ano 32, n.39, 1999
Nova profissão	Ensino de língua estrangeira	Notícia	Educação	Rachel Campello	Ano 32, n.45, 1999
A boa linha dura	Indisciplina escolar	Notícia	Educação	Thaís Oyama	Ano 32, n.41, 1999
Mutreta baiana	Ensino Médio Falsificação de Carteira de Estudante	Notícia	Educação	–	Ano 32, n.49, 1999
A escola está paga	Mensalidades escolares	Notícia	Guia	–	Ano 32, n.50, 1999
Eles entraram... eu não	Vestibular	Notícia	Guia	Monica Gailewitch	Ano 33, n.4, 2000
Meus pais se entendem	Educação dos filhos	Notícia	Guia	Monica Gailewitch	Ano 33, n.6, 2000
Ultrapassando os limites	Distúrbio de aprendizagem	Notícia	Guia	Cristina Poles	Ano 33, n.10, 2000
Só com fiador	Crédito educativo	Notícia	Faculdade	Vladimir Netto	Ano 33, n.10, 2000
Onde está a resposta?	Educação dos filhos	Notícia	Guia	Adriana Setti	Ano 33, n.16, 2000
O nível melhorou	Currículo Escola Militar	Notícia	Educação	Leonardo Coutinho	Ano 33, n.19, 2000
Pais são cobaias	Educação dos filhos	Entrevista Andrew Meltzoff	Páginas Amarelas	Flávia Varella	Ano 33, n.20, 2000
Ficou mais fácil	Escola no exterior	Notícia	Guia	Angela Nunes	Ano 33, n.27, 2000
Aula online	Informática na escola	Notícia	Guia	Anna Paula Buchalla	Ano 33, n.33, 2000
Essa é de doer	Educação dos filhos	Notícia	Educação	–	Ano 33, n.44, 2000
De escola nova	Educação dos filhos	Notícia	Guia	Angela Nunes	Ano 33, n.46, 2000
Aula da casinha	Puericultura	Notícia	Educação	Adriana Negreiros	Ano 24, n.7, 2001
Aula em casa, com os pais	Educação alternativa Doméstica	Reportagem	Educação	Márcio Pacelli	Ano 34, n.16, 2001
Inferno na escola	Comportamento	Notícia	Guia	Fernando Colavitti	Ano 34, n.23, 2001
Eles estão aprendendo cedo demais	Alfabetização	Notícia	Educação	Lia Abbud	Ano 34, n.34, 2001
O curso da moda	Vestibular	Notícia	Educação	Cristina Ramalho	Ano 34, n.44, 2001

Anexo 3 – Grupo 3 – Ensino superior

Título	Tema	Tipo de publicação	Seção	Autor(a)	Número
O país arrisca o futuro nas universidades	Universidades públicas	Reportagem	Educação	–	Ano 24, n.19, 1991
Barradas no baile	Credenciamento de universidades	Reportagem	Educação	–	Ano 24, n.30, 1991
A última prova	Avaliação Provão	Reportagem	Educação	–	Ano 28, n.12, 1995
Pobreza de terceiro grau	Universidade Perfil de alunos	Reportagem	Educação	–	Ano 28, n.10, 1995
Bom exemplo na roça	Universidade Produção científica	Reportagem	Educação	Laurentino Gomes	Ano 28, n.13, 1995
Vestibular para sair da faculdade	Universidade Provão	Reportagem	Educação	Gérson Camarotti	Ano 29, n.45, 1996
Escola do capital	Universidade	Reportagem	Educação	Sérgio Bertoni	Ano 30, n.3, 1997
O rosto do Ensino Superior (matéria de capa)	Universidade Resultado do Provão	Reportagem	Educação	Eduardo Oinegue	Ano 30, n.17, 1997
O sábio joga a toalha	Universidade Tráfico de influência	Notícia	Educação	Angélica Santa Cruz Bruno Paes Manso	Ano 30, n.34, 1997
A diáspora de cérebros	Universidade Crise	Reportagem	Educação	Joaquim de Carvalho Ricardo Balthazar	Ano 30, n.49, 1997
Fim do sufoco	Universidade Fim do vestibular	Notícia	Educação	Ricardo Villela	Ano 31, n.9, 1998
Aula virtual	Universidade Ensino a distância	Notícia	Educação	–	Ano 31, n.19, 1998
Silêncio geral	Universidade Greves	Notícia	Educação	Esdras Paiva	Ano 31, n.20, 1998
Gesto simbólico	Universidade Greves	Notícia	Educação	–	Ano 31, n.25, 1998
A espera da reforma	Universidade Greves	Reportagem	Brasil	Esdras Paiva Maurício Lima	Ano 31, n.28, 1998
Acabou o vestibular	Universidade Vestibular e Provão	Reportagem	Educação	Bruno Paes Manso	Ano 31, n.47, 1998
Mapa do caos	Universidade Resultados do Provão	Notícia	Educação	Angélica Santa Cruz	Ano 31, n.49, 1998
Um bom exemplo	Universidade Provão	Notícia	Educação	Raul Juste	Ano 32, n.2, 1999
Diploma rápido	Cursos seqüenciais	Notícia	Guia	–	Ano 32, n.33, 1999
O dono do ensino	Universidade particular (UNIP)	Reportagem	Educação	Thaís Oyama Bruno Paes Manso	Ano 32, n.35, 1999
Aula longe de casa	Universidades Mais vagas no interior do país	Reportagem	Educação	Maurício Lima	Ano 32, n.38, 1999
Palavra de ordem	Curso de Direito Limites da OAB	Notícia	Vestibular	–	Ano 32, n.46, 1999

248 GERALDO SABINO RICARDO FILHO

continuação

Título	Tema	Tipo de publicação	Seção	Autor(a)	Número
Deus é dez	Ciências da religião	Notícia	Vestibular	–	Ano 32, n.47, 1999
Diplomas na berlinda	Universidade Resultados do Provão	Reportagem	Brasil	Eduardo Nunomura	Ano 33, n.8, 2000
Bem vindos ao A	Universidade Provão	Notícia	Educação	Karin Finkenzeller	Ano 33, n.13, 2000
Canudos esquisitos	Universidades Cursos novos	Notícia	Educação	Eduardo Nunomura	Ano 33, n.22, 2000
Recorde histórico	Credenciamento de universidades	Reportagem	Educação	Monica Weinberg	Ano 33, n.51, 2000
O joio do trigo	Avaliação Provão	Notícia	–	–	Ano 33, n.52, 2000
Campeões do Provão	Perfil dos alunos	Reportagem	Educação	Monica Weinberg	Ano 34, n.11, 2001
Ação entre amigos	Tráfico de influência no MEC	Reportagem	Educação	Consuelo Dieguez	Ano 34, n.17, 2001
Jornada múltipla	Tráfico de influência no MEC	Reportagem	Brasil	Consuelo Dieguez	Ano 34, n.20, 2001
Cabeça cortada	Tráfico de influência no MEC	Notícia	Brasil	Consuelo Dieguez	Ano 34, n.21, 2001
Fim da farra	Credenciamento de universidades	Notícia	–	Consuelo Dieguez	Ano 34, n.23, 2001
Aposta arriscada	Cursos rápidos	Notícia	Educação	Consuelo Dieguez	Ano 34, n.33, 2001
"Assim não dá"	Universidade Crise na UFRJ	Entrevista José Henrique Vilhena (UFRJ)	Páginas Amarelas	Lucila Soares	Ano 34, n.41, 2001.

A BOA ESCOLA NO DISCURSO DA MÍDIA 249

Anexo 4 – Grupo 4 – Artigos de Moura Castro

Título	Tema	Tipo de publicação	Seção	Autor	Número
O Brasil tira zero	Ensino básico Universidade	Entrevista	Páginas Amarelas	Flávia Sekles	Ano 26, n.18, 1993
E se o consumismo engolir o consumidor?	Cidadania instrumental	Artigo	Ensaio	Cláudio Moura Castro	Ano 29, n.42, 1996
Ir às compras: o ópio do povo (americano)	Cidadania instrumental	Artigo	Ensaio	Cláudio Moura Castro	Ano 29, n.46, 1996
O meu ministério por um termômetro	Avaliação SAEB, Saresp, Provão	Artigo	Ensaio	Cláudio Moura Castro	Ano 29, n.50, 1996
Tratar mal os pobres é um mau negócio	Cidadania instrumental	Artigo	Ensaio	Cláudio Moura Castro	Ano 30, n.2, 1997
Ciência, tecnologia e espionagem industrial	Ciência e pesquisa	Artigo	Ensaio	Cláudio Moura Castro	Ano 30, n.6, 1997
O ano da saúde e os desmancha-prazeres	Cidadania instrumental	Artigo	Ensaio	Cláudio Moura Castro	Ano 30, n.14, 1997
O dilema da geléia de jabuticaba	Meritocracia na Capes	Artigo	Ensaio	Cláudio Moura Castro	Ano 30, n.18, 1997
Uma herética separação entre ensino e pesquisa	Ciência e pesquisa	Artigo	Ensaio	Cláudio Moura Castro	Ano 30, n.22,1997
O conto dos alto-falantes baratos	Cidadania instrumental	Artigo	Ensaio	Cláudio Moura Castro	Ano 30, n.26, 1997
A vendedora de peixe e o custo Brasil	Cidadania instrumental	Artigo	Ensaio	Cláudio Moura Castro	Ano 30, n.30, 1997
Oficinas mecânicas para formar advogados	Reforma Ensino técnico	Artigo	Ensaio	Cláudio Moura Castro	Ano 30, n.44, 1997
Festa de brasilianistas, caboclos e diáspora	Produção cientifica brasileira	Artigo	Artigo	Cláudio Moura Castro	Ano 30, n.46, 1997
Afinal que país é este? Belíndia ou coríndia?	Educação e crescimento econômico	Artigo	Ensaio	Cláudio Moura Castro	Ano 30, n.48, 1997
Onde estão os puxões de orelha e os prêmios?	Universidade Avaliação	Artigo	Ensaio	Cláudio Moura Castro	Ano 31, n.1, 1998
O sonho do ministro	Ensino básico	Artigo	Ponto de Vista	Cláudio Moura Castro	Ano 31, n.5, 1998
O mundo atrás do guichê	Cidadania instrumental	Artigo	Ponto de Vista	Cláudio Moura Castro	Ano 31, n.8, 1998
Acelera Ayrton Senna	Ensino Fundamental Classe de Aceleração	Artigo	Ponto de Vista	Cláudio Moura Castro	Ano 31, n.13, 1998
O Senai está gagá? Ou são seus críticos?	Ensino técnico	Artigo	Ponto de Vista	Cláudio Moura Castro	Ano 31, n.17, 1998
O desenvolvimento está nos detalhes	Cidadania instrumental	Artigo	Ponto de Vista	Cláudio Moura Castro	Ano 31, n.20, 1998
Os passinhos do gigante desajeitado	Cidadania instrumental	Artigo	Ponto de vista	Cláudio Moura Castro	Ano 31, n.24, 1998
Ostentação é burrice	Cidadania instrumental	Artigo	Ponto de Vista	Cláudio Moura Castro	Ano 31, n.28, 1998
Lições do Provão	Universidade Avaliação Provão	Artigo	Ponto de vista	Cláudio Moura Castro	Ano 31, n.32, 1998
Modelo de educação	Universidade Modelo dos Estados Unidos	Artigo	Artigo	Cláudio Moura Castro	Ano 31, n.33, 1998
Universitários dirigindo táxi	Universidade e conhecimento	Artigo	Ponto de Vista	Cláudio Moura Castro	Ano 31, n.36, 1998

250 GERALDO SABINO RICARDO FILHO

continuação

Título	Tema	Tipo de publicação	Seção	Autor(a)	Número
O que prometem os candidatos	Eleição e economia	Artigo	Ponto de Vista	Cláudio Moura Castro	Ano 31, n.40, 1998
Em defesa da baixa tecnologia	Ciência e pesquisa	Artigo	Ponto de Vista	Cláudio Moura Castro	Ano 31, n.43, 1998
Reformadores de pranchetas	Pesquisa e ciência	Artigo	Ponto de Vista	Cláudio Moura Castro	Ano 31, n.47, 1998
O ensino melhorou ou travou?	Ensino básico Avaliação	Artigo	Ponto de Vista	Cláudio Moura Castro	Ano 32, n.4, 1999
A floresta e as árvores	Cidadania instrumental	Artigo	Ponto de Vista	Cláudio Moura Castro	Ano 32, n.8, 1999
A rosa dos ventos cambial	Variação cambial	Artigo	Ponto de Vista	Cláudio Moura Castro	Ano 32, n.12, 1999
A melhor escola para seu filho	Ensino básico	Artigo	Ponto de Vista	Cláudio Moura Castro	Ano 32, n.20, 1999
Como foi que deu certo?	Crescimento econômico	Artigo	Ponto de Vista	Cláudio Moura Castro	Ano 32, n.24, 1999
Asneira sobre o ensino	Universidades Avaliação Provão	Artigo	Ponto de Vista	Cláudio Moura Castro	Ano 32, n.32, 1999
O país do presente	Cidadania instrumental	Artigo	Ponto de Vista	Cláudio Moura Castro	Ano 32, n.36, 1999
O custo da incivilidade	Cidadania instrumental	Artigo	Ponto de Vista	Cláudio Moura Castro	Ano 32, n.40, 1999
Remédios para a incivilidade	Cidadania instrumental	Artigo	Ponto de Vista	Cláudio Moura Castro	Ano 32, n.44, 1999
A universidade do Distrito Federal	Universidade Administração púbica	Artigo	Ponto de Vista	Cláudio Moura Castro	Ano 32, n.48, 1999
O que dizem os testes	Universidades Avaliação Provão	Artigo	Ponto de Vista	Cláudio Moura Castro	Ano 33, n.1, 2000
Banheiro e desenvolvimento	Cidadania instrumental	Artigo	Ponto de Vista	Cláudio Moura Castro	Ano 33, n.5, 2000
Livros para gênios?	Ensino básico PCN	Artigo	Ponto de Vista	Cláudio Moura Castro	Ano 33, n.9, 2000
Um antídoto para as favelas	Planejamento urbano	Artigo	Ponto de Vista	Cláudio Moura Castro	Ano 33, n.12, 2000
A etiqueta do celular	Cidadania instrumental	Artigo	Ponto de Vista	Cláudio Moura Castro	Ano 33, n.16, 2000
Piolho não é educação	Ensino básico Informação	Artigo	Ponto de Vista	Cláudio Moura Castro	Ano 33, n.19, 2000
Queimamos os livros	Ensino básico	Artigo	Ponto de Vista	Cláudio Moura Castro	Ano 33, n.22, 2000
A informática na sala de aula	Ensino básico Informática	Artigo	Ponto de Vista	Cláudio Moura Castro	Ano 33, n.25, 2000
Os Wright, Dumont e Batistinha	Ciência e pesquisa	Artigo	Ponto de Vista	Cláudio Moura Castro	Ano 33, n.28, 2000
O frágil império da ciência	Ciência e desenvolvimento	Artigo	Ponto de Vista	Cláudio Moura Castro	Ano 33, n.31, 2000
De péssimo a mediocre	Ensino básico Avaliação	Artigo	Ponto de Vista	Cláudio Moura Castro	Ano 33, n.34, 2000
Smithsonian ou Ibirapuera	Cidadania instrumental	Artigo	Ponto de Vista	Cláudio Moura Castro	Ano 33, n.37, 2000
O médico da filha do médico	Universidade Corporativismo	Artigo	Ponto de Vista	Cláudio Moura Castro	Ano 33, n.40, 2000

continuação

Título	Tema	Tipo de publicação	Seção	Autor(a)	Número
Origens da riqueza americana	Educação e crescimento econômico	Artigo	Ponto de Vista	Cláudio Moura Castro	Ano 33, n.43, 2000
O fim do vestibular	Universidade Vestibular	Artigo	Ponto de Vista	Cláudio Moura Castro	Ano 33, n.46, 2000
A arqueologia da reprovação	Ensino básico Avaliação SAEB	Artigo	Ponto de Vista	Cláudio Moura Castro	Ano 33, n.49, 2000
A educação é o combustível do crescimento	Educação e crescimento econômico	Artigo	Ponto de Vista	Cláudio Moura Castro	Ano 33, n.52, 2000
Bisturi ou microfone	Saúde e comunicação	Artigo	Ponto de Vista	Cláudio Moura Castro	Ano 34, n.1, 2001
Ascensão e queda do canudo	Diploma universitário e trabalho	Artigo	Ponto de Vista	Cláudio Moura Castro	Ano 34, n.7, 2001
A banalização da informática	Ensino básico Informática	Artigo	Ponto de Vista	Cláudio Moura Castro	Ano 34, n.40, 2001
O sofisma da especialização	Universidade Qualificação	Artigo	Ponto de Vista	Cláudio Moura Castro	Ano 34, n.13, 2001
As máquinas de ensinar	Ensino básico Informática	Artigo	Ponto de Vista	Cláudio Moura Castro	Ano 34, n.16, 2001
Volta a Pindorama	Desenvolvimento econômico	Artigo	Ponto de Vista	Cláudio Moura Castro	Ano 34 n.19, 2001
Quem são nossos ídolos	Educação Disciplina moral	Artigo	Ponto de Vista	Cláudio Moura Castro	Ano 34, n.22, 2001
A orangerie tropical	Racionalidade e consumo	Artigo	Ponto de Vista	Cláudio Moura Castro	Ano 34, n.25, 2001
Na contramão da história	Pesquisa Capes	Artigo	Ponto de Vista	Cláudio Moura Castro	Ano 34, n.28, 2001
A liberdade e o consumo	Cidadania instrumental Consumo	Artigo	Ponto de Vista	Cláudio Moura Castro	Ano 34, n.31, 2001
Árabe, islã e fundamentalismo	Tolerância religiosa	Artigo	Ponto de Vista	Cláudio Moura Castro	Ano 34, n.34, 2001
Duelo de titãs	Mercado de informática	Artigo	Ponto de Vista	Cláudio Moura Castro	Ano 34, n.38, 2001
Tecnologia em escolas de ofício	Ensino técnico	Artigo	Ponto de Vista	Cláudio Moura Castro	Ano 34, n.41 2001
O dever da impopularidade	Ciência e cidadania	Artigo	Ponto de Vista	Cláudio Moura Castro	Ano 34, n.44, 2001
O drama da evasão de cérebros	Ciência e pesquisa	Artigo	Ponto de Vista	Cláudio Moura Castro	Ano 34, n.47, 2001
Roubaram a Amazônia	Universidade Ciência e informação	Artigo	Ponto de Vista	Cláudio Moura Castro	Ano 34, n.50, 2001

Anexo V – Intelectuais da rede de legitimidade

Intelectual	Formação	Instituição	Produção acadêmica	Carreira	Campos de atuação	Atuação na imprensa
Claudio Moura Castro	Economista	Banco Mundial	Livros e artigos em revistas especializadas sobre educação	INEP, Capes, OIT, Banco Mundial, assessor da Faculdade Pitágoras	Acadêmico Político Jornalístico	Colaborador da revista *Veja* e publicação de artigos esparsos em jornais de grande circulação
Guiomar Namo de Mello	Pedagoga	Fundação Victor Civita	Livros e artigos em revistas especializadas sobre educação	Fundação Carlos Chagas, PUC-SP, USP, secretária de Educação, deputada estadual, MEC	Acadêmico Político Terceiro setor	Artigos esporádicos na grande imprensa
João Batista Araújo e Oliveira	Psicologia	JM-Associados e presidente do Instituto Internacional de Avaliação Sérgio Costa Ribeiro	Livros e artigos em revistas especializadas	Assessor do Banco Mundial, assessor de secretarias de educação, presidente do Instituto Internacional de Avaliação Sérgio Costa Ribeiro	Acadêmico; Político, Terceiro setor	Artigos esporádicos na grande imprensa
Maria Alice Setúbal	Psicóloga	Cenpec	Livros e artigos em revistas especializadas	Ex-consultora da Unicef, diretora-presidente do Cenpec, membro do conselho consultivo da Fundação Abrinq	Acadêmico Político Terceiro setor	Artigos esporádicos na grande imprensa
Paulo Renato Souza	Economista	Unicamp	Livros e artigos em revistas especializadas	Professor de economia da Unicamp, secretário de Educação de São Paulo (1983-1986), ministro da Educação (1995-2002)	Acadêmico Político	Artigos esporádicos na grande imprensa
Walfrido dos Mares Guia	Engenheiro	Presidente do Grupo Pitágoras	Artigos em revistas especializadas	Secretário de Educação de MG, vice-governador de MG (1994-1998)	Econômico; Político	Artigos esporádicos na grande imprensa
Maria Helena G. de Castro	Cientista política	Unicamp	Livros e artigos em revistas especializadas	Professora licenciada da Unicamp, presidente do INEP, autarquia vinculada ao Ministério da Educação	Acadêmico Político	Artigos esporádicos na grande imprensa

A BOA ESCOLA NO DISCURSO DA MÍDIA 253

continuação

Intelectual	Formação	Instituição	Produção acadêmica	Carreira	Campos de atuação	Atuação na imprensa
Rose Neubauer	Pedagoga	USP	Livros e artigos em revistas especializadas	Professora da USP, pesquisadora da Fundação Carlos Chagas, ex-secretária de Educação de São Paulo (1995-2001)	Acadêmico Político Terceiro setor	Artigos esporádicos na grande imprensa
Sérgio Haddad	Pedagogo	PUC-SP	Livros e artigos em revistas especializadas	Professor da PUC-SP, secretário executivo da Ação Educativa, presidente da Abong	Acadêmico Político Terceiro setor	Artigos esporádicos na grande imprensa
Viviane Senna	Psicóloga	Instituto Ayrton Senna	Livros e artigos em revistas especializadas	Presidente da Fundação Ayrton Senna	Acadêmico Político Terceiro setor	Artigos esporádicos na grande imprensa
Bernadete Angelina Gatti	Pedagoga	Fundação Carlos Chagas	Livros e artigos em revistas especializadas	Pesquisadora da Fundação Carlos Chagas, ex-membro do Conselho Estadual de Educação de São Paulo, membro do Cenpec	Acadêmico Político Terceiro setor	Artigos esporádicos na grande imprensa

SOBRE O LIVRO

Formato: 14 x 21 cm
Mancha: 23,7 x 42,5 paicas
Tipologia: Horley Old Style 10,5/14
Papel: Offset 75 g/m² (miolo)
Cartão Supremo 250 g/m² (capa)
1ª edição: 2005

EQUIPE DE REALIZAÇÃO

Coordenação Geral
Sidnei Simonelli

Produção Gráfica
Anderson Nobara

Edição de Texto
Alexandra Costa da Fonseca (Preparação de Original)
Viviane Oshima (Revisão)

Editoração Eletrônica
Lourdes Guacira da Silva Simonelli (Supervisão)
Grupo Editorial (Diagramação)